행복하이소(High笑)

행복하이소

High
笑(웃을 소)

주용국 · 신민주 공저

동 문 사

행복에 관한 책은 무수히 많습니다. 이런 책들은 자신의 삶을 돌아보고 행복한 사람이 되기 위한 변화의 열망을 가져다주는 데는 전혀 부족함이 없습니다. 하지만 이런 책을 읽으면 읽을수록 수많은 고민들이 떠오릅니다. 그 중에서 '과연 행복이 무엇일까?'라는 것과 '어떻게 하면 행복해 질 수 있을까?'하는 고민에 관해서는 그 누구도 해답을 명료하게 제시해 주지 못하고 있습니다. 우리는 자신이 행복해지는 방법을 남에게 묻거나 남이 알려주는 방법대로 찾아가려고 하는 경향이 있습니다. 또한 우리는 자신의 행복을 추구하는 것이 아니라 남이 기대하거나 생각하는 행복을 찾으려고 합니다. 이런 인간 본연의 모습을 자크 라캉(Jacques Lacan)이라는 철학자는 "사람들은 타인의 욕망을 욕망한다."고 묘사하고 있습니다. 우리가 행복에서 추구하는 것은 우리 자신이 행복하기 위해 원한다기 보다는 다른 사람들의 행복 추구 방식을 따라하거나 모두들 좋다고 하니까 모방하는 경우가 많습니다. 하지만, 다른 사람들도 정작 같은 논리로 자신의 행복이 무엇인지, 행복하기 위해 무엇이 필요한지 모른 채 남들이 생각하는 행복을 실천하고 있습니다.

이런 행복 추구 방식은 마치 우리가 학창시절 배운 미적분과 유사하다는 생각이 듭니다. 학창시절 선생님이 가르치는 대로 미적분 공식을 열심히 외워서 시험 문제를 풀었지만 정작 미적분의 의미가 무엇인지 잘 기억이 나지 않고, 또 이것을 배워서 삶에 적용해 본 적은 거의 없는 것 같습니다. 물론 가르치신 선생님은 미적분의 의미가 무엇이고, 활용방법에 대해서 잘 알고 있을 것입니다. 하지만 문제는 여기서 미적분을 배운 우리에게 미적분의 의미가 우리의 마음에 와 닿지 않았으며, 우리의 삶에서 어떻게 써야하는 지는 잘 모른다는데 있습니다. 미적분은 속도, 가속도 같은 일정하게 변하는 양들의 값을 구하는 학문입니다. 실제로 미적분은 도로사정에 따라 시시각각 변하는 자동차의 속도나, 곡선인 땅의 면적을 계산하거나, 공중을 떠가면서 변하는 비누방울의 부피를 계산할 수 있도록 만든 변화를 다룬 학문입니다. 오스카 페르난데스(Oscar E. Fernandez)는 그의 책 「미적분으로 바라 본 하루」에서 미적분이 커피 속에서, 밤하늘에서, 감기에서, 교통체증 속에서 적용되고 있음을 보여주는 사례를 제시하고 있습니다. 행복도 이제는 남의 이야기에서 감동을 받는 것이 아니라 자신만의 의미를 찾고 자신에게 적합한 실천방법을 찾아야 합니다. 이런 관점에서 이 책을 쓸 때 가장 고민한 것은 책을 읽는 분 스스로가 자신에게 맞는 행복의 의미를 만들고, 행복한 삶을 살아가기 위한 아이디어를 찾아서 행복을 실천하도록 만드는 것이었습니다.

행복의 아이디어를 찾고 실천하는 것은 멀리 있는 게 아니라 우리에게 아주 가까이 있습니다. 누구나 아는 '파랑새'란 동화가 떠오릅니다. 이 동화는 가난한 나무꾼 집안의 두 남매인 치르치르와 미치르가 크리스마스 전날 꾸었던 꿈의 내용입니다. 이 꿈 속에서 나타난 요술쟁이 할머니는 치르치르와 미치르에게 초록색 모자를 씌워주며 파랑새를 구해 오라고 했습니다. 그래서 이 두 남매는 전 세계를 다니며 파랑새를 찾으러 다녔지만 결국 파랑새를 찾지 못하고 꿈에서 깹니다. 그러나 정작 파랑새는 치르치르와 미치르가 예상치 못한 곳에 있었습니다. 두 남매가 집에서 기르는 새가 바로 파랑새였던 것입니다. 이처럼 '등잔 밑이 어둡다.'는 속담처럼 우리는 아주 가까이에 있는 행복을 보지도 느끼지도 못하고 다른 곳에서 하염없이 찾으러 헤매고 있는지도 모릅니다. 이 동화는 바로 지금 여기, 우리 곁에 있는 행복을 찾는 '관조(觀照)의 눈'을 뜨자는 소중한 메시지를 전하고 있습니다.

그렇다면 우리가 지금 여기, 행복하기 위해서는 무엇을 먼저 해야 할까요? 무엇보다도 자신에게 적합한 행복의 방향성을 찾고 실천하기 위한 행복 나침반이 필요합니다. 우리가 처한 삶의 지도는 상황이나 지형이 바뀌면 그에 맞는 지도가 필요하지만 행복 나침반은 항상 일정한 방향, 즉 행복의 지향점을 가르킵니다. 우리가 삶에서 부모나 학생, 직업인, 사회인의 어떤 역할 지도에 있더라도 우리가 행복의 방향을 찾고 나아가기 위해서는 필요한 것은 행복 나침반입니다. 본 책은 행복 나침반을 개인 스스로가 만들고, 행복을 실천하는데 도움을 주기 위한 내용으로 구성되어 있습니다.

본 책에서는 행복에 관한 다양한 연구 자료를 분석하고 성찰한 결과, 행복이란 '쾌락과 자아실현, 자아초월의 행복요소를 달성하기 위한 채움, 비움, 쉼의 영역과 행복실천과정'으로 정의하고 있습니다. 말하자면, 행복의 나침반은 '잘 살기(채움) + '참나'로서의 참 살기(비움) + 새롭게 살기(쉼) + 성공적으로 실천하기'의 세 가지 영역과 실천 과정으로 구성되어 있습니다.

첫 번째 영역인 '채움'은 쾌락적 행복과 자아실현의 행복과 관련되어 있습니다. 행복하게 살기 위해서는 지혜와 지식 및 전문성을 갖추고, 신체적으로나 정신적으로 건강하고, 원만한 대인관계를 유지하며, 경제적 풍요(富)를 이루는 쾌락적 행복이 필요합니다. 더불어 자신의 꿈이나 생애 목표를 실천하고 달성하는 가운데 구현되는 자아실현도 행복에서는 반드시 필요합니다.

두 번째 영역인 '비움'은 '나다운 나, 참나(眞我)' 찾기와 관련되어 있습니다. 비움은 남에게 보이기 위하거나 남을 위해 사는 '거짓나'가 아니라 '나다운 나', '참나'를 찾기 위해 삶에서 마음과 물질, 인간관계를 정리정돈하고, 공(空)의 깨달음을 실천하는 것입니다.

세 번째 영역인 '쉼'은 채움과 비움이 자신이 원하는 방향대로 잘 실천되고 있는 지에 대한 평가와 성찰과 관련되어 있습니다. 행복을 자신에게 맞도록 최적화하기 위해서는 쉼의 과정을 통하여 과거를 돌아보고, 현재를 바라보며, 미래를 내다보는 시간을 갖고, 행복의 방향과 과정이 적절한 지 판단하고 조정하거나 새롭게 설계할 필요가 있습니다.

행복 실천은 자신의 행복을 위한 채움과 비움, 쉼의 과정에서 스스로가 행복의 주인으로서 열정적으로 몰입하고, 부딪히는 난관을 극복하며, 감사하고, 행복을 타인과 나누는 내용으로 구성되어 있습니다.

이 책을 읽는 모든 분들이 스스로가 자기 삶의 행복 주인공으로서 머릿속이 아닌, 가슴으로 느끼고 발로 뛰어서 얻는 행복을 경험하시기를 기원합니다. 그리고 이 책이 나오기 까지 옆에서 물심양면으로 도와준 가족과 애써주신 모든 분들께 감사드립니다.

2016년 새해 아침에

꿈너머꿈 행복디자인센터에서 저자 올림

CONTENTS

차례

【제 1 장】

지금 여기, 행복하이소(high笑)

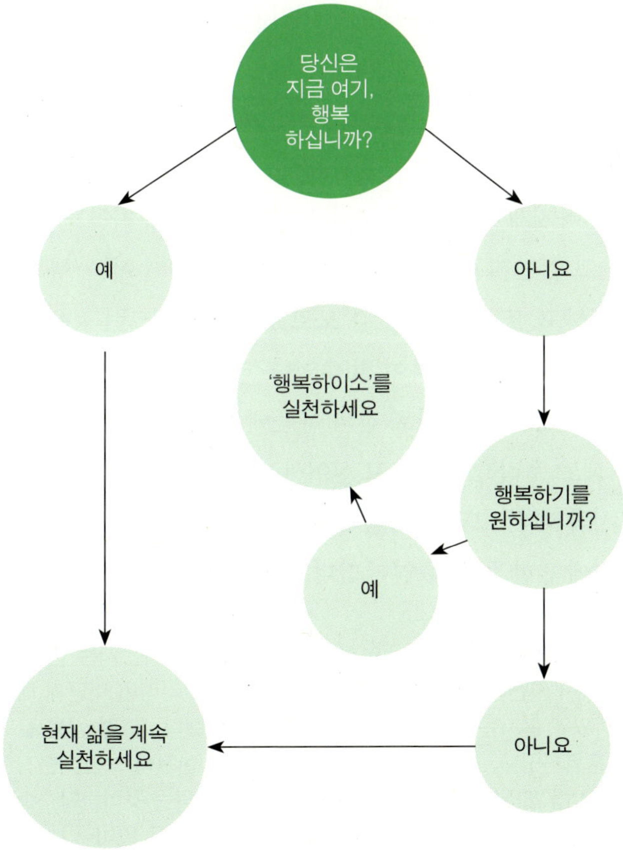

행복하이소(high笑)의 의미는 지금, 여기 행복의 수준을 최대한 높게 올리면서(high) 기쁨(笑)을 만끽하라는 것입니다.

01 지금 여기, 나는 행복한가?

어릴 적 읽은 동화책의 마지막에 나오는 "그래서 이들은 오래 오래 행복하게 잘 살았답니다."라는 문구처럼 누구나 자신의 삶이 행복하기를 소망한다. 하지만 대부분의 사람들은 자신들의 삶이 그저 하루하루 별 탈 없이 잘 흘러가면 그다지 행복에 대하여 고민하지 않는다. 그러던 어느 날 자신의 삶에서 어려운 상황에 처하거나 어느 날 문득 햇살 가득한 아침 거울에 비치는 낯선 자신의 모습을 발견하는 순간 '나는 행복한가?', '잘 살아 오고 있는가?', '앞으로의 내 삶은 행복할까?', '나만 이런 생각을 하는 걸까?'라며 자신에게 질문하는 순간 고민과 혼란에 빠지게 된다. 이런 고민을 해결하기 위해 지인들에게 행복한지, 잘 살고 있는지 여부를 물어본다. 하지만 어떤 이는 '행복하다.'고 답하기도 하고, 또 어떤 이는 '잘 모르겠다.', 또는 '그런 것은 생각할 여유조차 없다.'라거나 '행복이 별거 있나?'라는 답변만 들은 채, 뚜렷한 해법을 구하지 못하고 서로 간의 아픔에 대한 공감과 위로만 주고받는다. 그래도 우리는 행복하고 싶어서 다시 한 번 행복에 관한 책을 뒤적이기 시작한다. 그러다 다음과 같은 「좋은 생각」에 실린 행복의 네 가지 비결에 관한 글을 우연히 만나기도 한다(서승연, 2015, pp. 114-115).

> 어느 날 한 소년이 마을의 현자를 찾아가 말했다. "저는 꿈이 있어요. 저 자신과 남을 행복하게 하는 거예요. 그러려면 어떻게 해야 할까요?" 현자는 부드러운 미소를 지으며 답했다. "그런 꿈을 갖다니 훌륭하구나, 네 가지 방법을 알려줄 테니 실천해 보렴." 현자가 이야기를 꺼냈다. "첫째는 자신을 남처럼 생각하는 것이란다." 소년은 곰곰이 생각했다. "자신을 남처럼 생각하면 좋은 일이나 나쁜 일이 생겨도 감정에 지나치게 빠져들지 않는다는 말씀이지요?" "그렇지, 아주 똑똑하구나." "두 번째는 남을 자신처럼 생각하는 것이란다." "그러면 주변 사람의 어려움을 내 일처럼 여기고 도와줄 수 있

겠네요. 친구가 기쁠 땐 저도 기쁨을 느낄 수 있고요." "잘 아는구나." 이어서 현자는 얘기했다. "세 번째는 남을 남처럼 생각하는 것이란다." 그러자 소년은 답했다. "주변 사람을 바꾸려 들지 말고 존중하라는 뜻이죠?" 현자는 소년에게 말했다. "네 번째는 자신을 자신처럼 생각하는 것이란다. 네가 옳다고 생각하는 대로 사는 것이지. 쉬운 듯해도 행동으로 옮기기는 어렵단다. 이 네 가지를 평생의 좌우명으로 삼거라. 그러면 여러 경험을 통해 확인할 수 있을 게야."

참 좋은 내용이다. 하지만 "자신을 남처럼, 남을 자신처럼, 남을 남처럼, 자신을 자신처럼 생각하라."는 문구는 선문답의 화두처럼 우리를 여전히 오리무중으로 빠지게 한다. 그러다 어느 날 문득 '행복의 파랑새를 찾아 길을 나선 남매인 치르치르와 미치르가 세상의 모든 행복을 모아놓은 나라에서 파랑새를 찾아 헤매었지만, 꿈에서 깨어나면서 자기들의 머리맡에 두고 키우던 비둘기가 행복의 파랑새였음을 알게 되었다.'는 동화가 떠오른다. 우리는 치르치르와 미치르처럼 '우리가 가지고 있는 것이 행복일 거야'라고 스스로 위로하면서 일상에서 행복을 찾으려고 한다. 하지만 일상은 여전히 행복하지 않은 모습 그대로여서 동화는 동화일 뿐이라는 자괴감에 빠지곤 한다.

이런 자괴감의 원인은 우리는 '행복이 무엇인가?', '어떻게 하면 행복해 질 수 있는가?'라는 질문에 대하여 진지하게 고민하거나 생각해 본 적이 드물고, 행복한 삶을 살아가는 방법을 배워본 적이 거의 없는 것에서 기인한다. 무엇보다도 우선 지금 여기, 자신이 얼마나 행복한 지 알아볼 필요가 있다.

지금, 여기 자신의 삶의 만족도 측정

구분	내용	
삶의 만족도 (Diener의 주관적 웰빙*)	1. 내 삶은 내가 바라는 이상에 가깝다.	매우 아니다 보통 매우 그렇다 1 2 3 4 5 6 7
	2. 내 삶의 상황은 좋은 편이다.	매우 아니다 보통 매우 그렇다 1 2 3 4 5 6 7
	3. 나는 내 삶에 만족 한다.	매우 아니다 보통 매우 그렇다 1 2 3 4 5 6 7
	4. 지금까지 내 삶에서 원하는 소중한 것들은 다 가졌다.	매우 아니다 보통 매우 그렇다 1 2 3 4 5 6 7
	5. 다시 삶을 산다면 지금과 같은 삶을 살고 싶다.	매우 아니다 보통 매우 그렇다 1 2 3 4 5 6 7

TIP

에드 디에너(Ed Diener, 2000)의 주관적 웰빙 해석 기준

디에너의 삶의 만족도 평가는 주관적으로 느끼는 행복에 초점을 두고 있다. 하위 영역별 점수를 체크하고 하위 점수를 합한 후, 나온 점수가 31~35은 최고로 만족한 삶, 26~30은 매우 만족한 삶, 21~25는 조금 만족한 삶, 16~20은 평범한 삶, 11~15는 조금 불만족한 삶, 10점 이하는 매우 불만족한 삶을 사는 것으로 해석하면 된다.

우리가 지금보다 더 행복해지려면 무엇이 필요할까? 다음과 같은 것들이 갖추어지면 행복할까? 만약 그렇다면 거기서 얻는 행복은 무엇일까?

- 경제적 풍요(돈)
- 고학력
- 얼짱, 몸짱
- 사회적 인정, 존경과 명예
- 사회적 봉사
- 자아실현
- 좋은 직장
- 전문성
- 많은 여가시간
- 좋은 인간관계, 사랑, 우정
- 목표실현
- 지혜

김상욱 등(2007)이 2006년 18세 이상 남녀 1605명을 대상으로 실시한 '한국종합사회조사(KGSS)'의 한국인의 행복에 관한 인식 조사 결과에 따르면, 한국인은 ① 젊을수록(20~30대가 가장 높음. 유럽은 30대가 가장 낮음), ② 절대적인 소득보다는 자신과 비슷한 타인보다 잘산다고 느낄수록, ③ 고학력일수록(학위와 만족도는 비례), ④ 남과 사회에 대한 신뢰감이 높을수록, ⑤ 종교 행사에 자주 참석할수록(종교의 종류보다 출석 빈도가 중요), ⑥ 가족과 화목할수록, ⑦ 여가를 즐길 수 있으면 행복하다고 느낀다. 한편, 매경이코노미에서 2015년 6월 전국 20~50대 1,300명을 대상으로 조사한 결과에 따르면, 20대가 느끼는 행복의 조건으로는 '경제적인 안정'(21%)을 우선 조건으로 꼽았는데, 그 비율은 40대까지 높아지다가 50대부터 다시 낮아지기 시작했다(30대 28%, 40대 32.8%, 50대 30.4%). 또한 20대는 '자아실현'(17.7%)을 두 번째로 중요한 행복 요인이라고 응답한 반면, 40대 이상은 6.8%만이 자아실현을 중요하게 생각하는 것으로 나타났다.

한편, 문학작품에서는 어떻게 행복이 표현되고 있을까? 프랑스의 저명한 정신과 의사이며 심리학자인 프랑수아 를로르(Francois Lelord)가 그의 경험을 바탕으로 쓴 실화 소설인 '꾸뻬 씨의 행복 여행'에는 행복의 요소를 다음과 같이 제시하고 있다.

1. 행복의 첫 번째 비밀은 자신을 다른 사람과 비교하지 않는 것이다.
2. 행복은 때때로 뜻밖에 찾아온다.
3. 많은 사람들은 자신의 행복이 오직 미래에만 있다고 생각한다.
4. 많은 사람들은 더 큰 부자가 되고 더 중요한 사람이 되는 것이 행복이라고 생각한다.
5. 행복은 알려지지 않은 아름다운 산속을 걷는 것이다.
6. 행복을 목표로 여기는 것은 잘못된 생각이다.
7. 행복은 좋아하는 사람과 함께 있는 것이다.
8. 불행은 사랑하는 사람과 헤어지는 것이다.
9. 행복은 자기 가족에게 아무것도 부족한 것이 없음을 아는 것이다.
10. 행복은 자신이 좋아하는 일을 하는 것이다.
11. 행복은 집과 채소밭을 갖는 것이다.
12. 좋지 않은 사람에 의해 통치되는 나라에서는 행복한 삶을 살기가 더욱 어렵다.
13. 행복은 자신이 다른 사람들에게 쓸모가 있다고 느끼는 것이다.
14. 행복이란 있는 그대로의 모습으로 사랑받는 것이다.
15. 행복은 살아 있음을 느끼는 것이다.
16. 행복은 살아 있음을 축하하는 파티를 여는 것이다.
17. 행복은 자기가 사랑하는 사람의 행복을 생각하는 것이다.
18. 태양과 바다, 이것은 모든 사람들에게 행복을 가져다 준다.
19. 행복은 다른 사람의 의견을 너무 중요하게 생각하지 않는 것이다.
20. 행복은 사물을 바라보는 방식에 달려 있다.
21. 행복의 가장 큰 적은 경쟁심이다.
22. 여성은 남성보다 다른 사람의 행복에 대해 더 배려할 줄 안다.
23. 행복은 다른 사람의 행복에 관심을 갖는 것이다.

이제 시 한 편을 읽어보자. 이 시에서는 행복을 어떻게 표현하고 있을까?

행복한 사람

정용철

사랑하고 있는 사람은 행복합니다.
꿈이 있는 사람은 행복합니다.
시작을 생각하는 사람은 행복합니다.
정직한 사람은 행복합니다.
좋은 말을 전하는 사람은 행복합니다.
성실하여 일이 좋은 사람은 행복합니다.
부모님이 귀하고 가족을 사랑하는 사람은 행복합니다.
세상을 믿고 사는 사람은 행복합니다.
그러므로 나는 행복합니다.

삼성경제연구소와 매경이코노미의 인식조사에서 나타난 행복은 타인과의 비교에 기초한 경제력과 자아실현에 초점을 두고 있는 반면, 를로르의 소설과 정용철의 시에서 제시한 행복의 조건은 타인과의 관계 속에서 나타나고 있다. 이처럼 행복을 추구하는 데 있어서 실제 세계와 문학 세계는 이렇게 차이가 난다. 그렇다면 이상적인 행복과 실제적 삶에서의 행복과는 다른 것일까?

당신은 자신의 삶에서 행복은 무엇이며, 어떤 조건을 갖춘다면 행복할 것이라고 생각하는가? 지금 여기 자신의 행복에 대하여 생각해보고, 행복의 의미와 행복하기 위한 요소들을 작성해보자.

작성해 보기

내가 생각하는 행복의 의미와 요소 찾아보기

행복의 의미	
행복하기 위한 요소	

02 행복 : 채움, 비움, 쉼, 그리고 실천

여러 학자들의 견해나 연구결과를 종합해보면, 행복에 대해 크게 쾌락, 자아실현, 초월적 자아의 3가지 측면에서 접근하고 있다.

첫째는 쾌락적 측면으로, 인생의 목표는 행복이고 행복은 쾌락을 추구함으로써 달성된다는 헤도니즘(hedonism)에 기원을 두었다. 이 헤도니즘은 '쾌락주의, 향락주의'를 뜻하는 말로서 이것은 쾌락 또는 즐거움이 좋은 것(good)이며 선(善)이라고 인식한다. 맛있는 음식을 먹고 친구와 즐거운 시간을 가지고 좋아하는 취미생활을 할 때 느끼는 행복감 등이 여기에 해당된다.

둘째는 자아실현 측면으로, 하나의 가능성으로 잠재되어 있던 자아의 본질을 완전히 실현시키는 일이 행복이라고 인식하고 있다. 개인이 이루고자 하는 꿈이나 바라던 삶의 목표를 달성하면 행복하다고 보는 입장이다.

마지막 셋째는 초월적 자아 측면으로, 진정한 행복이란 자아실현을 넘어서 거짓나(假我)를 버리고 진정한 자아(참나, 眞我)를 찾고 실천하여 자기 존재의 궁극적 목표를 달성하는 것을 의미한다.

1) 행복의 유형

(1) 쾌락(주관적 안녕감)

쾌락 차원의 행복은 일반적으로 기쁘거나 삶에서 만족감을 경험할 때이다. 쾌락에는 지금 당장 느끼는 순간적 쾌락도 있지만, 자신의 삶을 돌아볼 때, 어제보다 나은 오늘, 석 달 전보다 나은 지금, 10년 전보다 나은 현재 등에서 느끼는 쾌락도 여기에 해당된다. 쾌락은 사람마다 주관적으로 인식하기 때문에 다른 용어로 '주관적 행복감'이라고도 한다.

디에너와 라슨(Diener & Larsen, 1984)은 행복에 관한 정의를 인지적인 측면과 정서적인 측면으로 구분하여 순간적인 감정이나 기분이 아닌 상대적으로 지속적인 안녕감을 느끼는 '주관적인 안녕감'으로 표현하고 있다. 이러한 주관적 행복감에 대한 개념은 크게 세 가지로 나누어 설명할 수 있다.

첫째, 일반적으로 통용되는 행복은 주로 외부적 기준에 의해 정의되는 행복으로 주관적인 심리상태가 아니라 바람직한 속성과 환경적 조건을 가지고 있는 삶을 의미한다. 하지만, 건강, 편안함, 부와 같은 외적 기준이나 조건이 행복에 영향을 미칠 수는 있지만, 이러한 외적 조건만이 행복하기 위한 필수적인 조건은 아닐 것이다. 행복의 의미는 물질적 풍요나 신분과 같은 사회·경제적인 지표뿐만 아니라 정신적 가치, 개인이나 사회의 가치체계 등에 따라 달라질 수 있다. 따라서 쾌락

차원의 행복, 즉, 주관적 행복감은 다양한 사회경제적 지표에 의한 내적 판단 기준에 기초하여 자신의 삶의 질을 평가하고 비교하려는 것이다. 다시 말하자면, 행복을 외적 기준인 소득, 교육수준, 여가시간, 건강상태 등의 사회경제적 지표에 따라 판단할 수 있지만, 주관적 행복감이란 개인 스스로가 주관적으로 이런 조건 하에 자신의 행복의 수준이나 질을 평가하고 비교하려는 입장을 말한다.

둘째, 주관적인 행복감은 정서적 반응에 기초한다. 모든 사람의 삶에는 긍정적인 측면과 부정적인 측면이 공존하지만 서로 독립적으로 행복에 영향을 미치므로, 긍정적인 면을 부각시킬 것인지 부정적인 측면을 부각시킬 것인지에 따라 행복을 느끼거나 불행을 느낀다. 긍정적인 측면과 부정적인 측면 두 가지 모두 개인의 정서적 측면을 강조하는 것으로서, 주관적 행복감은 부정적인 감정보다는 긍정적인 감정에 초점을 맞추는 심리상태를 의미한다. 그러므로 주관적 행복감은 긍정-부정의 연속선상에서 개인이 자신의 삶 속에서 이루어지는 경험에 대한 정서적 반응을 총칭하는 개념이다.

셋째, 주관적 행복감은 인지적 판단에 기초한다. 주관적 행복감은 인지적 판단을 통하여 부정적인 감정보다 긍정적인 감정의 양이나 질이 우세한 심리상태를 말한다. 행복은 삶의 모든 측면에 대한 개인의 전반적이고 통합적인 평가이므로, 자신의 삶의 질에 대해서 어떻게 인지하고 있는지에 따라 행복의 수준이 좌우된다고 본다. 주관적 행복감은 한 개인이 주변의 동료들과 비교하여 자신과 세계에 대해서 얼마나 행복하게 판단하는지에 대한 인지적인 판단을 의미한다(Lyubomirsky & Lepper, 1999).

이 세 가지 하위 개념을 통합하면, 주관적 행복감은 한 개인의 정서적·인지적 평가이므로 지극히 주관적인 개인의 정서반응에 따라 달라지며, 자신이 설정한 주관적 기준과 비교해서 높으면 행복하고, 낮으면 불행하다고 판단하는 것을 의미한다.

작성해 보기

내가 생각하는 쾌락적 행복을 정의해보기

1.

2.

3.

행복하이소

1

(2) 자아실현

자아실현 차원의 행복 개념은 단순한 쾌락적 삶이 아닌, 가치 있고 의미 있는 삶, 또는 진정한 자아와 일치하는 삶에서 얻어진다고 보는 관점이다. 따라서 행복은 자아실현을 통해서 이루어지고, 이를 구현하는 성장경험을 통하여 행복을 느끼는 것이다. 자아실현 차원에서 행복수준이 높은 사람은 자기를 있는 그대로 수용하고, 자신의 행동을 독립적으로 혹은 스스로 조절하는 능력이 있으며, 긍정적 대인관계를 지속적으로 유지하고, 주위환경에 대한 통제력이 있으며, 삶의 목적이 있고, 자신의 잠재력을 실현하려는 동기가 높은 특징을 가지고 있다. 이러한 자아실현 차원의 행복을 이루기 위해 사람들이 갖추어야 할 특징은 크게 다음 여섯 가지로 살펴볼 수 있다.

첫째, 자아수용이다. 이것은 긍정적인 태도를 가지고, 자신에 대한 긍정적이거나 부정적인 면을 동시에 인지하고 수용하며, 지나온 삶을 긍정적으로 받아들이는 것을 말한다. 자아수용이 부족한 사람은 자신의 삶에 대해 만족하지 못하고, 과거에 얽매여 있으며, 자기 자신을 신뢰하지 못하는 태도를 보이며, 현재의 자신과 다른 자신이 되기를 원한다.

실제 삶에서 자아수용을 보여준 사례들을 소개하면 다음과 같다.

먼저 팔다리가 없이 태어나 전동 휠체어를 타고 다니지만 의지와 용기로 장애를 극복하고 누구보다 밝고 건강하게 사는 「오체불만족」(五體不滿足)의 저자 오토다케 히로타다(乙武洋匡)를 들 수 있다. 그리고 지금도 전 세계적으로 많은 이들에게 긍정적이고 희망적인 삶의 전도사 역할을 하는 닉 부이치치(Nick Vujicic)도 있다. 또한 시각·청각 중복 장애인이지만 미국의 작가이자 교육자이며, 그와 더불어 사회주의 운동가로 활동한 헬렌 켈러(Helen Keller)도 있다. 이들은 모두 긍정적인 태도를 가지고 살아가면서 많은 사람들에게 희망을 잃지 않도록 끊임없이 메시지를 전해주고 있다. 그들이 모두 이런 삶을 살게 된 계기는 자신의 모습을 있는 그대로 수용하는 것에서 출발하였다.

둘째, 자율성이다. 자율성은 자신에 대해 자기 결정적이고 독립적인 특성을 가지는 것을 말한다. 자율성이 높은 사람은 내적으로 자신의 행동을 스스로 통제하고, 특정한 방식으로 생각하고 행동하라는 사회적 압력에 저항할 수 있고, 다른 사람의 기준이 아닌 철저하게 자기 기준에 의해 자신을 평가한다. 이와 반대로 자율성이 낮은 사람은 자신을 바라보는 타인의 기대와 평가에 민감하며, 중요한 결정을 내리는 데 있어 타인의 판단에 의지하는 모습을 보인다. 또한 특정한 방식으로 생각하고 행동하라는 사회적 압력에 동조하기도 한다.

셋째, 개인적 성장이다. 이것은 지속적인 자기 성장을 통해 발전하고 있다고 스스로 느끼는 정도를 의미한다. 개인적 성장을 지향하는 사람은 새로운 경험에 대하여 매우 개방적이며, 자신의 잠재력을 실현하기 위해 시간을 투자하고 스스로 노력한다. 이 과정에서 자신과 자신의 행동이 향상되는 것을 경험하면서 성장한다.

넷째, 긍정적 인간관계이다. 이것은 수없이 많은 인간관계를 통해 타인을 신뢰하며 따뜻한 관계를 맺는 것을 의미한다. 이러한 긍정적 인간관계 능력이 높은 사람은 공감을 잘 하며, 타인에 대한 배려와 소통을 잘 한다. 반면 긍정적 인간관계가 부족한 사람은 타인과의 관계 형성이 원만하게 이루어지 못하며, 믿음직스러운 관계를 맺지 못하여 타인과의 만남 자체를 어려워하며, 쉽게 고립되고, 좌절하며, 타인과 타협하려 들지 않는다.

다섯째, 환경에 대한 통제력이다. 이것은 자신을 둘러싼 환경을 스스로 지배하고 관리하는 감각이 있으며, 복잡하게 구성되어 있는 외적 행동 계획을 조절하는 능력을 의미한다. 환경통제력이 높은 사람은 자기 자신에게 주어진 기회를 스스로 효과적으로 사용할 줄 알며, 개인적 필요나 가치에 적합한 환경을 선택하거나 적합한 환경으로 변화시키려고 한다. 이와 반대로 환경통제력이 부족한 사람은 일상적인 일들을 다루는 데 어려움을 느낀다. 즉, 주위 환경을 변화시키거나 향상시킬 수 없다고 느끼며, 자신에게 주어진 기회를 인식하지 못하기도 한다. 또한 가끔 스스로 외부세계에 의해 계속해서 떠밀려 가는 듯한 느낌을 받는다.

여섯째, 삶의 목적이다. 이것은 스스로 자신의 삶의 목표와 방향 감각을 갖는 것을 의미한다. 삶의 목적을 가진 사람은 과거와 현재의 삶 자체가 의미 있다고 느끼며, 왜 사는지에 대한 자기 나름대로의 답을 가지고 있다. 그리고 스스로 삶의 의미를 찾고, 삶의 목적을 재정립하며, 삶을 향한 반성적 자세를 가지며, 자기 삶이 나아가야 할 방향을 모색한다.

한편, 셀리그만(Seligman, 2002)은 행복에 대한 의미를 쾌락과 자아실현 차원의 두 가지 흐름을 통합하여 자신만의 행복 이론을 세상에 발표하였다. 그는 행복을 즐거운 삶, 몰입하는 삶, 의미 있는 삶의 3가지로 나누었다(Seligman, Rashid, & Parks, 2006). 먼저 즐거운 삶은 과거, 현재, 미래에 대해서 긍정적인 감정을 느끼며 살아가는 것으로 보았는데, 이는 쾌락적 행복 관점에서 근거하였다. 몰입하는 삶과 의미 있는 삶은 자아실현의 행복 관점에서 제시하였다. 그는 일상의 삶에서 자아실현과 행복을 추구하는 활동에 열정적으로 참여하고 몰입함으로써 자기실현을 이루어 갈 수 있다고 보았다. 또한 개인 차원의 쾌락 추구보다 더 큰 목표를 추구하는 과정(예, 봉사활동, 사회개선활동 등)에서 삶의 의미를 경험한다고 제시하고 있다.

작성해 보기

자아실현을 위해 나에게 필요한 것 적어보기

1.

2.

3.

(3) 초월적 자아 또는 참나(眞我)의 행복 실천

불교와 같은 동양 사상에서는 인간의 깊은 내면에는 신성(神性)의 능력을 가진 진정한 나(眞我, 참나)가 존재한다는 관점에서 누구나 깨달으면 부처가 될 수 있다고 믿고 있다. 서양에서도 인류를 구제한 종교적 성인들, 사회적으로 위대한 업적을 남긴 사람들, 영웅들, 예언자들은 자신의 생물학적인 한계를 넘어서 신성(神性)과 유사한 위대한 잠재력을 갖고 있음을 보여준다. 가령 빅터 프랭클(Victor Frankl)은 아우슈비츠 나치 수용소에서 극한의 고통체험을 하면서도 인간 내면의 위대한 잠재력을 몸소 실천한 사례이다.

이러한 초월적 자아 차원의 행복은 보다 더 진정한 자아, 더 큰 자아, 초월적 자아와의 만남과 실천을 통해서 인식할 수 있다. 또한, 초월적 자아 차원의 행복은 인간이 가지는 근원적인 의문에 대한 답을 찾는 과정에서 나타날 수 있다. '나는 이 세계, 이 우주와 단절된 존재인가?', '분명 우주가 있어 내가 있는 것인데 나와 이 우주와의 관계는 무엇이란 말인가?', '나는 죽을 수밖에 없는 존재인데 죽음은 내 존재의 절대적인 끝인가?', '내가 이 우주와 이 무한의 시간으로부터 왔다면 개체로서의 죽음은 존재해도 절대적인 의미에선 내 존재의 죽음이란 있을 수 없는데 왜 난 이토록 죽음의 두려움에서 벗어나지 못하는가?', '타인, 세계 그리고 우주와의 관계에서 나는 이들과 동떨어진 존재이며 우리는 하나가 아니고 분리된 존재인가?', '우린 필시 하나의 근원에서 나왔을 것인데 왜 나는 이들을 하나로 느끼지 못하며, 이들을 나만큼 사랑하지 못하고, 나아가 이들을 위해 살지 못하는가?', '나의 의식은 늘 느끼는 지금 이 의식상태가 전부인가?', '더 큰 의식 상태와 더 높은 의식수준이란 없는가?' 이러한 여러 의문들을 스스로에게 묻고 답하는 과정들을 통해 초월적 자아를 탐색하며, 더 나아가 진정한 초월적 자아 차원의 행복을 만나게 된다. 이러한 초월적 자아 차원의 행복은 인간에게 유한한 존재에 그치지 않고 언젠가는 무한하고 절대적인 존재로 성장하여, 타인의 행복이나 공동선(共同善)까지도 삶에서 실천해야 한다는 지대한 목표를 제공해 준다. 이런 행복감은 현재 자신의 자아실현 수준이 어디에 위치하고 있다 할지라도 궁극적으로 보다 더 상위의 자아를 향해 나아가고 있다고 보는 점에서 경험할 수 있고, 타인의 행복을 위해 노력하는 점에서도 볼 수 있다.

예를 들어보면, 어떤 성공한 사업가가 중년이 넘어 정신적인 회의에 빠지기 시작했다고 하자. 그가 고민하는 내용은 지금까지 이루어놓은 모든 것들이 허망하게 보이고, 늘 함께 즐기던 친구들도 예전만큼 만나고 싶지 않고, 좋아하던 취미생활들도 시들하게 느껴진 것이다. 그는 학력이나 재산, 그리고 사회적 인정이나 자녀들의 성공에 이르기까지 남부러울 것이 없었다. 하지만 이젠 예전과 같은 세속적이고 사회적인 성공이 그에겐 더 이상 중요하지 않게 된 것이다. 이 사업가에게 행복한 삶은 과연 어떤 삶일까? 단순히 부를 축적하고 사회적으로 성공한 그의 모습은 진정한 행복이 아니라는 것을 말해 준다. 이 사례처럼 우리 주변에는 대단히 능력 있는 사람들, 지성과 사회적 성취에 있어선 상당히 높은 수준에 있는 사람들이 많이 좌절하고 낙담하며 살아가고 있거나 심지어 어떤 사람들은 자살하기도 한다. 세계적인 문호 톨스토이도 그의 문학에 있어서 최고의 성공을 거둔 시점에서 극심한 실존적인 위기를 겪었으며, 그는 이러한 고민을 다음과 같이 표현하였다(김명권, 2003).

> 나의 넓은 땅을 지키며, 내 아들을 교육시키고 아니면 책을 쓰는 일을 하기에 앞서, 나는 내가 왜 그것을 하고 있는지 알아야만 했다. 내가 그 이유를 모르는 한 나는 아무 것도 할 수 없고 살 수도 없었다. …… 나는 사람들이 완전한 행운이라 생각하는 모든 것을 내 주위에 갖고 있었다. 하지만 어느 순간 내가 서 있었던 자리가 와르르 무너져 버렸음을 느꼈다. 그리고 내 발밑에는 아무것도 남겨져 있지 않음을 느꼈다. …… 그 순간 나의 성공이 하나의 망상이며 실제로는 희망하는 바가 아무것도 없다는 것을 나는 알고 있었다.

이러한 초월적 자아 행복 관점에서 보면, 행복은 다음과 같은 특징을 가지고 있다. 첫째, 초월적 자아 행복은 개인적인 건강함이나 사회적인 성공 그 이상의 것을 추구하는 것이다. 초월적 자아 행복을 추구하는 사람들은 흔히 말하는 행복이나 성공에 만족하지 못하며, 삶의 진정한 의미를 찾고, 보다 더 근원적인 자아, 하나의 인격을 떠난 초월적인 자아(transpersonal self)를 만나려고 한다. 초월적 자아를 만나기 위해서는 모든 현상은 한 순간에도 나고(生), 변화하고(老, 病), 멸(死)하므로 상주(常

住)하는 것이 없다는, 즉, 매사가 무상(無常)하다는 관점 하에 매사에 궁극적으로 의미 있는 것을 선택해야 하는 기로에 매번 선다.

둘째, 인간의 일반적 행복은 사람이나 물질과 관련한 과거나 그 외 수많은 요인들에 의해 조건화되어 있어서 모든 사람들은 물질이나 집착과 욕망에 사로잡혀 산다. 이런 인간의 본질적인 조건화라는 덫으로부터 깨어나는 것이 초월적 자아 행복을 향한 첫걸음이다.

셋째, 개인 차원의 행복(쾌락, 자아실현)은 행복의 한 국면에 불과할 뿐, 이 모든 것들을 성공적으로 이룬다 해도 궁극적으로 행복해질 수 없다. 즉, 타인이나 동물, 식물을 포함한 만물의 행복까지도 이루게 해주어야 한다. 왜냐하면 자신이 전체(우주)와 연결되고, 전체와 하나가 되거나 전체 그 자체라고 인식되기 때문이다. 이는 내가 너이고 너가 나인, 우리인 관점이다. 따라서 나의 행복은 타인의 행복이며, 타인의 행복은 우리의 행복이라는 관점이다.

2) 행복의 의미

이 책에서 행복은 쾌락과 자아실현, 초월적 자아의 행복요소를 달성하기 위한 채움, 비움, 쉼의 영역과 행복실천 과정으로 정의한다. 채움에는 쾌락적 행복과 자아실현 행복이 포함되어 있다. 쾌락적 행복을 위해서는 채움이 필요하다. 지혜, 지식 및 전문성, 건강, 대인관계 및 사랑, 경제적 풍요(富)가 필요하다. 한편, 이런 쾌락적 행복 요소는 작은 행복만 안겨줄 뿐이고 오래가지 못한다는 비판도 있지만(Goldberg, 2006; Lyubomirsky, 2007), 류보머스키(Lyubomirsky, 2007)는 친구들과 어울리거나, 가진 것에 대한 감사, 삶의 즐거움 음미, 규칙적인 운동습관 등의 쾌락적 행복요소를 행복한 사람의 특징의 일부로 제시하고 있기 때문에 쾌락적 요소는 행복을 위한 기초적 요소임에 분명하다. 한편, 자아실현을 위해서는 자신의 꿈이나 생애 목표를 달성하는 것이 필요하다.

비움은 초월적 자아와 관련되어 있다. 비움은 남에게 보이기 위하거나 남을 위해 사는 '거짓나'가 아니라 '나다운 나', '참나'를 찾기 위해 삶에서 마음과 물질, 인간 관계를 정리정돈하고 나누며, 공(空)의 깨달음을 실천하는 것이다. 한편, 쉼은 채움과 비움이 자신이 원하는 방향대로 잘 실천하고 있는 지에 대한 평가와 성찰의 과정이다. 쉼의 과정에서 과거를 돌아보고, 현재를 바라보며, 미래를 내다보는 성찰의 시간을 통하여 행복의 방향과 과정이 적절한지 스스로 판단하고 계획할 수 있다. 행복의 실천 과정에서는 채움, 비움, 쉼의 행복 영역을 주도적이며 열정적으로 몰입하고, 난관을 극복해가는 의지력과 감사하는 마음을 가지고 추진해야 한다.

앞에서 제시한 행복의 3가지 유형, 쾌락, 자아실현, 초월적 자아만 가지고는 진정한 행복이 이루어질 수 없다. 3가지 행복을 구현하기 위해서는 실천하는 과정이 필요하다. 이러한 관점은 동양에서도 도(道)가 진리라면 덕(德)은 그것의 실천과정으로, 도덕(道德)을 강조하는 것과 같은 맥락이다(정세근, 2014). 자신이 삶의 과정 속에서 얼마나 행복하냐를 묻는 것은 행복을 위한 과정과 그 과정으로 나타난 결과의 합에 기초하여 답할 수 있다. 셀리그만(Seligman, 2002)이 제시한 즐거운 삶, 몰입하는 삶, 의미 있는 삶도 마찬가지로 행복의 결과이자 행복의 실천과정을 동시에 내포하고 있다. 즉, 즐겁고, 열정적으로 참여하고 몰입하며, 의미 있는 삶을 살아가다 보면 세 가지 행복한 삶을 얻는다는 입장이다. 따라서 실천이 따르지 않는 행복은 머릿속에만 존재할 뿐 현실에서는 행복이 전혀 구현되지 않는다.

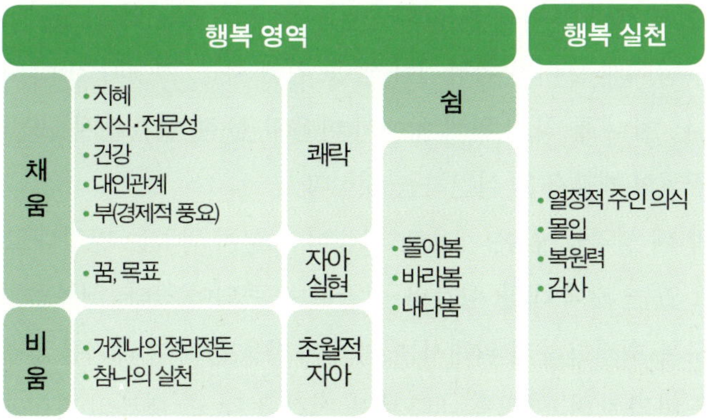

[그림 1-1] 행복의 체계

위의 [그림 1-1]에 기초하여 행복 공식을 만들면 행복은 [그림 1-2]와 같다. 행복의 공식은 '잘살기(채움) + '참나'로서의 참 살기(비움) + 새롭게 살기(쉼) + 성공적으로 실천하기'의 세 가지 영역과 실천 과정으로 구성되어 있다.

$$\text{행복} = \left\{ \frac{\text{채움}^{(\text{잘 살기})}}{\text{비움}^{(\text{참 살기})}} \right\} \times \text{쉼}^{(\text{새롭게 살기})} \times \text{실천}$$

[그림 1-2] 행복의 공식

첫 번째 영역인 '채움'은 쾌락적 행복과 자아실현의 행복과 관련되어 있다. 행복하게 살기 위해서는 잘 살아야 한다. 잘 살기 위해서는 지혜와 지식 및 전문성을 갖추고, 신체적으로나 정신적으로 건강하고, 원만한 대인관계를 유지하며, 경제적 풍요(富)를 이루는 쾌락적 행복이 필요하다. 더불어 자신의 꿈이나 생애 목표를 실천하고 달성하는 가운데 구현되는 자아실현도 행복에서는 반드시 필요하다.

두 번째 영역인 '비움'은 '나다운 나, 참나(眞我)' 찾기와 관련되어 있다. 비움은 남에게 보이기 위하거나 남을 위해 사는 '거짓나'가 아니라 '나다운 나', '참나'를 찾기 위해 삶에서 마음과 물질, 인간관계를 정리정돈하고 공(空)의 깨달음을 실천하는 것이다.

세 번째 영역인 '쉼'은 채움과 비움이 자신이 원하는 방향대로 잘 실천되고 있는 지에 대한 평가와 성찰과 관련되어 있다. 행복을 자신에게 맞도록 최적화하기 위해서는 쉼의 과정을 통하여 과거를 돌아보고, 현재를 바라보며, 미래를 내다보는 시간을 갖고, 행복의 방향과 과정이 적절한 지 판단하고 조정하거나 새롭게 설계할 필요가 있다.

행복 실천은 자신의 행복을 위한 채움과 비움, 쉼의 과정에서 스스로가 행복의 주인으로서 열정적으로 몰입하고, 부딪히는 난관을 극복하며, 감사하고, 행복을 타인과 나누는 내용으로 구성되어 있다.

작성해 보기

자신이 생각하는 행복 공식 만들기

공식	
공식의 근거나 이유	

3) 행복의 특징

본 책에서 다루는 행복은 다음과 같은 특징을 가지고 있다. 첫째, 행복의 중심은 '나'이다. 이 세상은 자신이 존재하기에 모든 것들이 존재한다고 느낄 수 있으며, 그러한 세상의 중심에는 오로지 '나'라는 존재가 있기에 가능한 것이다. 우리는 '행복하기 위해 무엇을 어느 정도 채워야 하는가?'라는 이런 질문에 대해서 몇 가지 기준으로 타인과 비교하려는 성향을 보이는 경우가 허다하다. 행복도 자신이 중심이거나 핵심이 아니라, 타인을 의식하거나 사회적 기준을 고려하여 설정하는 경우가 많다. 만약 행복의 기준이 자신이 아니라 타인이라면 정작 개인은 행복할 수 있겠는가? 또한 이런 삶이 얼마나 피곤하겠는가? 남이 나보다 돈과 권력, 인기나 명예 등을 더 많이 가지고 있다는 것에 관심을 두지 말자. 타인과 비교한다는 것은 행복이라기보다는 욕심이나 욕망이라는 표현이 더 적절하다.

'남들도 하는데 내가 못하겠는가?'라는 관점에서, 타인과 비교하여 자신도 성공할 수 있다고 스스로를 끊임없이 피곤하게 만드는 사회적 현상을 '피로사회'라고 한다(한병철, 2012). 이런 피로사회에서 인간의 욕심이나 욕망은 끝이 없다. 결국은 타인과의 비교를 통한 행복에 대한 불만으로 평생 피로해지고 불행해져서 자신을 불행의 구렁텅이로 몰아넣게 된다. 행복은 '나'라는 존재가 중심이 되어 자신에게 필요한 행복을 추구하는 것에 있다. 피로사회와 같은 맥락에서 인터넷 신문인 허핑턴 포스트(Huffington post)는 행복해지기 위해 버려야 할 습관 10가지를 소개했다.

습관 10가지 중 첫 번째는 근사한 타이틀에 집착하지 않는 것이다. 자신의 직함이나 통장 잔고 등이 자신의 가치를 규정할 수는 없다. 이런 것들은 자신의 일시적 소유물에 불과할 뿐이므로, 온전히 당신 자신으로서 멋진 사람이 되도록 해야 한다고 말했다. 두 번째는 남, 혹은 다른 것들과의 비교다. 사람들은 때때로 자기의 소중함을 잊고 남들이 가진 것을 부러워한다. 60억 인구가 사는 세상에서 행복의 정의는 그들이 가진 것으로 한정지을 수 없다. '뛰는 놈 위에 나는 놈이 있다.'는 속담처럼, 남과의 비교는 불행으로 가는 지름길이다. 추가적으로 행복해지기 위해 버려야 할 습관들로 자신의 마음 알아주기, 자존심 버리기, 지금 자신의 위치에 안주하지 말기, 순간에 집중하기, 감정 조절하기, 재충전 시간 갖기, 부정적인 해석과 고정관념에서 탈피하기 등이 있다.

이제부터는 자신의 삶에 집중하자. 자기 삶의 주인으로서 살자. 우리가 세상을 위해 존재하는 것이 아니라, 이 세상이 우리를 위해 존재하는 것이다. 그 때문에 나는 존엄한 것이다. 내가 중심이 되는 순간 행복은 지금 이 순간 나와 함께 존재한다.

둘째, 행복은 내가 실천함으로써 이루어진다. 누구나 행복을 꿈꾸지만 행복은 꿈만 꾸는 사람에게 오지는 않는다. 그렇다고 다른 사람이 행복을 가져다주지도 않는다. 이와 관련된 종달새 가족 우화 한 편을 소개한다.

> 보리밭에 종달새 가족이 집을 짓고 오손도손 살고 있었다. 그런데 보리가 점점 익어가자 어미 종달새는 걱정이 되었다. 보리가 익어가면서, 새끼들의 먹이를 구하러 간 사이에 혹시 주인이 보리를 수확하지나 않을까하는 근심 때문이었다. 그래서 먹이를 구하러 나갈 때마다 새끼들에게 이렇게 당부하곤 했다. "얘들아, 내가 먹이를 구하러 간 사이에 밭주인이 나타나면 무어라 말하는지 잘 들었다가 내게 꼭 일러 주어라." 그 날, 외출에서 돌아온 어미 종달새에게 새끼들은 이렇게 일러 주었다. "엄마, 큰일 났어! 밭주인이 나타나서 '보리가 잘 익었으니 이웃 사람들을 불러 빨리 베어야겠다!'라고 말했어." 그런데 어미 종달새가 이 말에 아무런 걱정이 없다는 듯 이렇게 말하는 것이었다. "얘들아, 아무 걱정마라! 밭주인이 남의 힘을 빌려 보리를 베려 하는 것을 보니 당장 보리를 베지는 않을 것이다." 사실이었다. 며칠이 지나도록 밭주인이 나타나지 않았다. 그리고 다

시 며칠이 지났을 때, 외출에서 돌아온 어미 종달새에게 새끼들이 이번에는 이렇게 말했다. "엄마! 이젠 정말 이사를 가야겠어. 밭주인이 이번에는 아들을 데리고 나타나서는, '얘야, 어느새 보리가 다 익었구나. 이웃 사람들을 믿다가는 아무 일도 안 되겠으니, 어서 삼촌댁에 가서 내일 보리 베는 걸 도와 달라고 일러라.' 이렇게 말했어." 그 말에 어미 종달새는 여전히 여유를 부리며 말했다. "얘들아, 아직도 걱정할 것이 없다. 밭주인 친척들도 제각기 자기 할 일이 있을 텐데, 누가 친척집 보리 베는데 나서겠니?" "엄마, 그래도 내일 당장 보리를 벤다고 했는데?" "글쎄, 아무 걱정들을 하지 말라니까." 그리고 다시 며칠이 지나도록 역시 밭주인은 나타나지 않았다. 그런 뒤 며칠 후, 외출에서 돌아온 어미 종달새에게 새끼들이 이번에는 이렇게 일러 주었다. "엄마, 이번에는 밭주인이 '이것 봐라! 이웃 사람들과 일가친척을 믿고 있다가는 보리농사를 다 망치겠구나. 일꾼을 사서 당장 베어야겠다.'라고 말했어." 그 말에 어미 종달새가 긴장된 표정으로 새끼들에게 이렇게 말하는 것이었다. "그래? 그렇다면 이제는 정말 떠날 때가 된 것 같구나. 남을 믿지 않고 자신이 직접 나서는 것을 보니 내일 아침 일찍 이사를 가야겠다."

이 종달새 우화는 우리에게 자신의 행복을 남에게 너무 의지하면 불행해진다는 것을 말해 준다. 다른 사람은 남의 행복에 대하여 자신의 행복만큼 절박한 느낌을 갖고 있지 않기 때문이다. 새는 자신의 날개로 날지, 다른 새의 날개로 날지 않는다는 사실을 명심하고, 행복을 스스로 실천하는 습관을 가져야 할 것이다. 그것이 가장 확실한 행복으로 가는 지름길이다.

셋째, 행복은 고통을 겪는 동안에도 존재할 수 있다. 빅터 프랭클(Victor frankl)은 아우슈비츠 죽음의 수용소에서 어떻게 삶의 의미와 행복을 찾았을까? 그는 "우리는 절망적인 상황에 처하거나 설령 변할 수 없는 운명과 마주치더라도 인생에서 의미를 찾아야 한다. 어떤 일에 최선을 다해서 인간의 잠재력을 증명하는 것은 개인의 비극이 승리로 변하는 것과 동시에 곤경에서 인간이 성취를 일구어내는 것이다. 우리가 더 이상 상황을 변화시킬 수 없을 때나 불치의 병이나 수술이 불가능한 병에 걸렸다 할지라도 우리는 스스로 변화할 수 있다는 도전을 해야 한다."라고 하면서 삶의 의미와 행복을 찾았다. 사도 바울도 사형을 기다리면서 삶의 의미와 행복을 찾았다. 사도 바울은 다음 빌립보서 4장 11절~13절에서 고통 속에서도 자족을 배워야 한다고 하였다.

> 내가 궁핍하므로 말하는 것이 아니니라. 어떠한 형편에든지 나는 자족하기를 배웠노니, 나는 비천에 처할 줄도 알고, 풍부에 처할 줄을 알아, 모든 일 곧 배부름과 배고픔과 풍부와 궁핍에도 처할 줄 아는 일체의 비결을 배웠노라. 내게 능력주시는 자 안에서 내가 모든 것을 할 수 있느니라. [빌4:11-13]

넷째, 행복의 양에는 제한이 없다. 탈 벤 샤하르(Tal Ben-Shahar, 2007)는 그의 저서 「Happier : Can You Learn to be Happy?」에서 행복의 양에는 제한이 없다고 제시하고 있다. 어느 한 사람이나 어떤 국가가 행복해진다고 해서 다른 사람이나 다른 국가가 불행해지는 것은 아니다. 행복 추구는 제로섬(zero-sum) 게임이 아니라 모두가 더 잘살 수 있는 윈-윈(win-win) 게임이다. 부처는 "하나의 양초로 수천 개의 양초를 밝힐 수 있고, 그래도 그 양초의 수명은 짧아지지 않는다. 행복은 나누어주는 것으로 줄어들지 않는다."고 말했다. 이처럼 대부분의 물질은 유한하지만 행복은 무한하다.

4) 생애단계별 행복의 적용

영국의 인구사회학자인 피터 라슬렛(Peter Laslett, 1991)이 출간한 「인생의 새로운 지도 : 제 3기 인생의 출현」(A fresh map of life : The emergence of the third age)에서 라슬렛은 인간의 삶을 4기로 구분하고 있다. 일반적으로 인생 1기는 태어나서 청소년 시기까지 해당되는데, 인생 1기는 주로 배움에 전념하는 시기이며, 인생 2기는 취업해서 퇴직할 때까지이다. 인생 3기는 직업전선에서의 은퇴 이후 건강하게 자신의 삶을 살아가는 시기이며, 인생 4기는 혼자로는 독립적으로 살아갈 수 없는, 주로 시설이나 타인의 도움을 받는 시기로 구분하였다. 인생 3기와 인생 4기의 구분은 연령과는 상관없다. 퇴직 후 건강하게 자신의 삶을 살아가는 모든 노인들은 90살이 되건 100살이 되건 인생 3기로 본다. 물론 인생 2기에서 건강하게 지내다가 불의의 사고로 평생 타인의 도움을 받아야만 살 수 있는 삶으로 바뀌는 경우 인생 3기를 생략한 채 인생 4기에 해당된다. 말하자면, 인생 3기와 인생 4기는 스스로 독립적으로 살아갈 수 있느냐 없느냐에 따라 구분된다. 물론 은퇴 이후 학업을 다시 시작하는 경우는 인생 1기와 3기가 공존한다고 볼 수 있다.

다음 [그림 1-3]은 인생 시기별 행복의 초점 변화에 관한 것이다. 인생을 4기로 나누어 보았을 때, 인생 1기에는 쾌락 차원의 행복이, 인생 2기와 3기에는 자아실현 차원의 행복이, 인생 4기에는 초월적 자아 행복이 주 관심사가 된다. 말하자면, 인생 1기와 2기에는 채움이 중심이 되고, 인생 3기와 인생 4기에는 비움의 비중이 늘어난다.

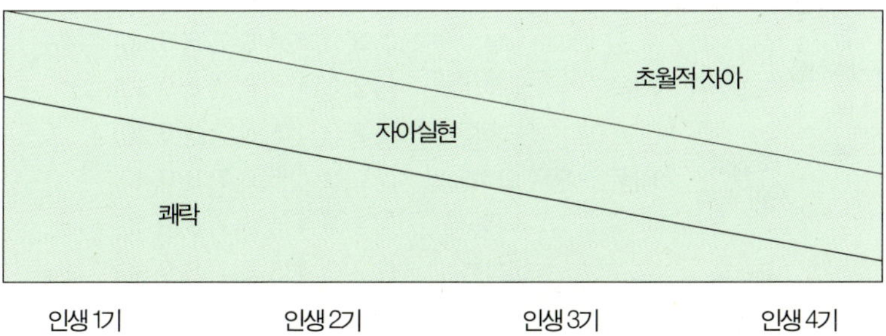

[그림 1-3] 인생 시기별 행복의 초점

03 행복하이소(High笑)

현재 내 삶은 어떠한 모습인가? 진정으로 내가 만족할 만한 삶을 살아가고 있는가? 다음은 자신의 행복에 관하여 자신을 성찰하는 문항이다. 각 문항별로 자신의 삶의 모습은 어떠한 모습인지 체크해보고 분석을 통하여 행복 수준을 점검해보자.

1) 개인별 행복 수준 진단

작성해 보기

개인별 행복 수준 및 희망목표 체크하기

구분		행복의 초점	하위 영역	개인별 수준 (1 : 매우 낮음, 5 : 보통, 10 : 매우 높음)	희망 목표 (숫자기입)
행복 유형	쾌락적 행복	채움	지혜	(1, 2, 3, 4, 5, 6, 7, 8, 9, 10)	
			지식·전문성	(1, 2, 3, 4, 5, 6, 7, 8, 9, 10)	
			건강 (신체적 ·정신적)	(1, 2, 3, 4, 5, 6, 7, 8, 9, 10)	
			대인관계	(1, 2, 3, 4, 5, 6, 7, 8, 9, 10)	
			부	(1, 2, 3, 4, 5, 6, 7, 8, 9, 10)	
	자아실현적	채움	꿈(목표)	(1, 2, 3, 4, 5, 6, 7, 8, 9, 10)	
	초월적 자아 행복	비움	정리정돈	(1, 2, 3, 4, 5, 6, 7, 8, 9, 10)	
			공(空)의 깨달음	(1, 2, 3, 4, 5, 6, 7, 8, 9, 10)	
			나눔	(1, 2, 3, 4, 5, 6, 7, 8, 9, 10)	
	채움과 비움의 조율	쉼	돌아봄	(1, 2, 3, 4, 5, 6, 7, 8, 9, 10)	
			바라봄	(1, 2, 3, 4, 5, 6, 7, 8, 9, 10)	
			내다봄	(1, 2, 3, 4, 5, 6, 7, 8, 9, 10)	
행복 실천	행복 실천	실행	주도적 삶	(1, 2, 3, 4, 5, 6, 7, 8, 9, 10)	
			몰입하는 삶	(1, 2, 3, 4, 5, 6, 7, 8, 9, 10)	
			어려움을 극복하는 삶	(1, 2, 3, 4, 5, 6, 7, 8, 9, 10)	
			감사하는 삶	(1, 2, 3, 4, 5, 6, 7, 8, 9, 10)	

2) 개인별 행복 수준 평가

작성해 보기

위의 점수에 기초하여 자신의 행복유형과 실천에 대한 부분을 평가해보고, 자신의 행복수준을 통해 진정한 행복을 향한 다짐을 작성하고 실천해보기

<table>
<tr><th colspan="2">구분</th><th>내용</th></tr>
<tr><td rowspan="2">행복유형</td><td>강점</td><td></td></tr>
<tr><td>개선점</td><td></td></tr>
<tr><td rowspan="2">행복실천</td><td>강점</td><td></td></tr>
<tr><td>개선점</td><td></td></tr>
<tr><td colspan="2">나의 행복 다짐</td><td>나는 지금 이 순간부터 행복하게 살기 위하여 아래와 같은 사항을 성실히 지키고 실천할 것을 다짐합니다.

1.

2.

3.

4.

5.

년 월 일
성명: (서명)</td></tr>
</table>

성찰 및 계획하기

본 장의 내용에 기초하여 아래의 질문에 대한 자신의 생각을 정리해 보세요.

① 본 장의 요약

1.

2.

3.

② 자신의 의견(학습한 점, 느낀 점)

1.

2.

3.

③ 실천해야 할 사항

1.

2.

3.

행복하이소

제 I 부

채움

【제 2 장】

꿈에 눈이 멀어라. 시시한 현실 따위 보이지 않게

01 그 많던 내 꿈은 어디로 갔을까?

누군가에게 '당신은 꿈이 뭐예요?', '당신은 꿈이 있나요?'라는 질문을 한 번쯤 들어본 적이 있을 것이다. 이 '꿈'이라는 단어는 청소년에게는 희망을, 성인에게는 안타까움을, 노인에게는 서글픔을 가져다 준다. 다가올 희망, 실천하지 못하는 안타까움, 사라진 서글픔. 꿈이 있고 목표가 있는 삶을 산다는 것은 너무나 가슴 뛰는 일이다. 그만큼 도전의식을 갖게 하는 긍정적 에너지를 생성시켜 주기 때문이다. 만약 잃어버린 꿈이 많거나, 아직까지 실천하지 못한 꿈이 있다면 지금부터라도 자신의 가슴을 뛰게 하는 '꿈'을 한 가지씩 가져보는 것은 어떨까? 그리고 그 꿈과 목표를 이루기 위해 하루하루를 멋지게 살아가는 자신을 만들어 가는 것은 어떨까? 나이가 많다고 꿈이 없는 것은 아니다. 나이를 불문하고 누구에게나 살아 있는 한 꿈은 존재했었고, 지금도 존재하고 앞으로도 존재할 것이다. 지나간 과거에서 꿈을 이루지 못했다면 그 꿈을 실현하고자 하는 용기가 없거나 기회가 없었을 뿐이다. 그렇지 않다면 주변의 여러 상황으로 인해 자신의 꿈을 감추고 사는 것일 수도 있다. 이제부터라도 자신의 모습을 다시 한 번 돌아보고, 그동안 꽁꽁 숨겨두었던 소중한 자신의 꿈을 펼쳐보자. 바로 지금 이 순간이 그 꿈을 실현할 용기가 비로소 필요한 시점이다.

사무엘 울만(Samuel Ullman)이 78세에 쓴 '청춘'이란 시처럼, 꿈(목표)이 있는 한 우리는 청춘이다. 꿈이나 목표가 있다는 것은 그만큼 열정적인 삶을 살아가려는 에너지가 존재한다는 것을 의미하며, 그러한 에너지로 인하여 행복한 삶을 살고자 하는 의지가 강해진다. 자신의 꿈이나 목표를 이루기 위해 행동하며 살아가는 한, 우리는 언제나 청춘이다.

청춘

사무엘 울만(Samuel Ullman)

청춘이란 인생의 어떤 한 시기가 아니라 마음의 상태를 말한다. 청춘은 장밋빛 볼, 붉은 입술, 그리고 유연한 무릎을 뜻하는 것이 아니라, 강인한 의지, 풍부한 상상력, 불타는 열정을 말한다.

청춘이란 인생의 깊은 샘에서 솟아나는 신선한 정신, 유약함을 물리치는 용기, 안이함을 뿌리치는 모험심을 의미한다. 때로는 스무 살 청년보다 예순 살 노인이 더 청춘일 수 있다. 나이를 먹는다고 해서 사람은 늙지 않는다. 이상을 잃어버릴 때 비로소 늙는 것이다. 세월은 우리의 주름을 늘게 하지만, 열정을 가진 마음을 시들게 하지는 못한다. 고뇌, 공포, 자신감 부족은 마음을 굴복시키고 영혼은 먼지로 변해버린다.

예순이든 열여섯이든 인간의 가슴 속에는 경이로움에 이끌리는 마음, 어린아이와 같은 미지에 대한 끝없는 탐구심, 삶에서 환희를 얻고자 하는 열망이 있다. 그대에게도 나에게도 마음 한 가운데는 무선국이 있다. 그것은 조물주와 꿈으로부터 나오는 아름다움, 희망, 희열, 용기, 힘의 메시지를 수신하는 한 언제까지나 그대는 젊음을 유지할 것이다.

영감이 끊어져 정신이 싸늘한 냉소의 눈에 파묻히고 비탄이라는 얼음에 갇힌 사람은 비록 나이가 스무 살이라 할지라도 이미 늙은이와 다름없다. 그러나 머리를 드높여 희망의 파도를 탈 수 있는 한, 그대가 여든 살이라도 영원한 청춘의 소유자인 것이다.

꿈을 향한 삶에서 중요한 것은 '나다운 나'를 채워나가는 것이다. 특히 "나는 곧 나다."(I am who I am)라는 것처럼 자신만이 가진 남과는 다른 무언가를 만들어내야 한다. 독특한 나만의 가치 창조! 이것은 현시대를 살아가는 누구에게나 필요한 가치이다. 흔히 말하는 나만의 브랜드(I-Brand)가 필요하다. 현대사회는 브랜드 사회라 할 만큼 수없이 많은 독특한 브랜드들이 쏟아져 나오고 있다. 이렇게 많은 경쟁 속에서 자신만의 브랜드는 그만큼 경쟁력을 가지게 한다. 분명히 나에게도 남들과는 또 다른 무언가가 있으므로 그것을 브랜드화 시켜 보는 것이다. 독특한 브랜드가 엄청난 수익을 창출하듯이, 나 자신의 브랜드는 나를 더욱 성장시키는 밑바탕이 될 뿐만 아니라 나만의 가치를 창출할 것이다. 영원한 청춘으로 살아가는 인생이 될 수 있도록 지금부터 '자신만의 브랜드', '최고의 명품 브랜드'를 만들어보자.

이러한 나만의 브랜드(I-Brand)를 만들기 위해서는 자신의 꿈에 대한 설정에 앞서 자신을 먼저 사랑하고 자신의 잠재력에 대한 무한한 신뢰에서 출발한다. 꿈은 '나'라는 존재가 있기에 존재한다. 내 꿈의 중심은 나 자신이라는 사실을 늘 가슴에 품고 살아가야 한다. 내가 존재하지 않으면 꿈도 존재하지 않으니까. 그리고 꿈을 달성하기 위한 자신의 잠재성이나 역량을 믿어야 한다. 자신을 사랑하고 자신의 잠재력을 신뢰하는 것이 바로 꿈을 향해 나아가는 출발점이다.

1) 나는 나를 믿는가?

그리스의 철학자 소크라테스(Socrates)는 아테네 거리를 걸으면서 사람들에게 늘 이렇게 말했다. "너 자신을 알라." 노자(老子)도 자신을 아는 자가 현명한 자(自知者明)라고 했다. 그렇다면 과연 자기 자신에 관해 정확히 알고 있는 사람은 100명 중 몇 명이나 될까? 또한, 자기자신의 무한한 가능성을 믿는 사람은 100명 중 몇 명이나 될까? 또한 자기 자신의 무한한 가능성을 믿는 사람은 몇 명이나 될까? 남들에게 나는 이러이러한 사람이니 나를 알아달라고 주장하기 이전에 자기 자신을 스스로 바라 볼 줄 알아야 한다. 자신의 이미지로 평소 자주 생각하거나 사용하는 단어나 문장을 생각해보고 지금부터 '나는 ~ 이다.' 또는 '나는 ~ 하다.'라는 문장을 생각나는 대로 최대한 많이 만들어 보자. '~'에 들어가는 말은 명사이든 형용사이든 문장이든 아무런 상관이 없다(시간은 10분 이내). 단, '나는 ~ 아니다(~하지 않다)'라는 부정문이나 '나는 ~ 이고 싶다.'라는 희망문으로 작성해서는 안 된다.

작성해 보기

나에 대한 문장 만들어보기

위에서 서술한 문장들에 기초하여 자신에 관하여 어떻게 생각하는지 다음 계산공식에 대입하여 알아 본다.

작성해 보기

자신을 알아보는 방법 (계산)

[(장점의 수×2)+(중립의 수×1)+(단점의 수×0)] / 전체 문장의 수 =	합계(X)
(계산)	
[(긍정적 감정의 수×2)+(중립적 감정의 수×1)+(부정적 감정의 수×0)] / 전체 문장의 수 =	합계(Y)
(계산)	
(가) X+Y=Z	(나) (계산)

TIP

계산 방법

- ☐ Z의 수치가 1보다 크다면 → 수치가 높을수록 자신을 긍정적으로 받아들이고 있다.
- ☐ Z의 수치가 1보다 작다면 → 수치가 낮을수록 자신을 비관적으로 받아들이고 있다.

위의 계산 결과, 자신을 사랑하는지, 자신을 긍정적으로 생각하는지에 대해 판단해야 한다. 만약 비관적이라면 왜 비관적인지? 이것을 어떻게 변화시킬 수 있는지에 대한 성찰이 필요하다. 물론 긍정적이더라도 자신을 더 긍정적으로 바라볼 수 있도록 하기 위해 자신에 대한 성찰도 필요하다.

2) 내 인생의 행복 곡선

자신의 잠재력을 알아보기 위해 흔히 사용하는 것은 자신의 과거와 현재, 미래의 역사를 살펴보기 위한 인생 곡선을 그려 보는 것이다. 누구에게나 과거는 존재하였고, 현재는 진행 중이며, 미래는 다가올 것이다. 그 속에는 자신이 성공했던(할) 경험이나 실패나 좌절을 맛보았던(볼) 사건들이 있을 것이다. 그 모든 사건들을 다음과 같이 연령별로 구분하여 표로 작성해보면서 자신의 인생 역사를 살펴보자. 단, 여러 사건들 속에 자신의 삶에서 일어난 중요한 사건이나 미래에 일어날 사건 중 중요한 사건만 기록해보자.

작성해 보기

내 삶의 중요한 사건 정리해보기

구분 연령(세)	내 삶에 일어난 중요한 사건/ 일어날 것으로 예상되는 중요한 사건	사회에서 일어난 사건/ 예상되는 사건
0-10		
11-20		
21-30		
31-40		
41-50		
51-60		
61-70		
71-80		
81-90		
91-100		
100-110		
111-120		
121 이상		

앞의 인생 사건에 기초하여 다음의 차트에 자신의 출생에서 현재까지 인생의 행복수준을 실선으로 연결하여 나타내고 미래의 예상 행복수준을 점선으로 연결하여 나타내 보자(출생시점을 0으로 놓고 시작하되, 현재의 나이에 △로 표시하십시오).

작성해 보기

나의 행복곡선 그려보기

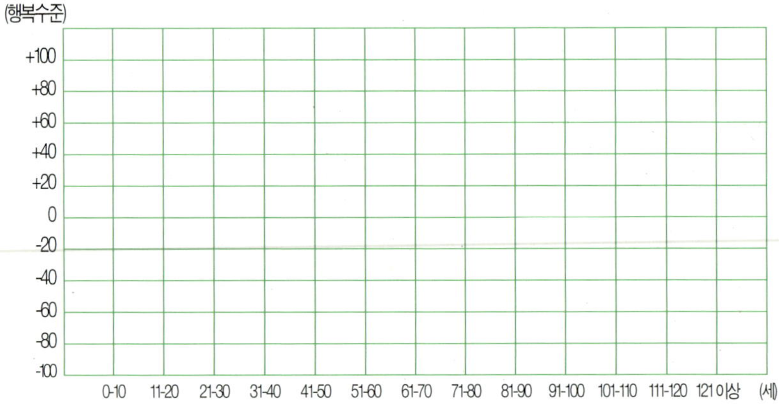

위의 행복곡선에 기초하여 내 삶을 돌아보고 내다보자.

작성해 보기

1. 매우 행복하다고 생각되는 3가지 사건과 그 시기 및 이유는?

사건(상황)/이유		시기

2. 행복했던 3가지 사건과 그 시기 및 이유는?

사건(상황)/이유		시기

3. 미래의 삶에서 행복과 불행할 수 있는 사건과 그 시기 및 이유는?(각 2가지씩)

사건(상황)/이유		시기

이처럼 과거나 현재, 미래의 행복한 사건에서 어떻게 그런 결과를 가져왔는지(또는 가져올 것인지), 그리고 가져오게 된(될) 자신의 성공 요인은 무엇인지를 생각해보고 작성한다. 물론 불행했던 사건에서도 다시 그런 상황을 반복하지 않기 위해서 어떤 역량을 개발해야 하는지 파악하는 것도 필요하다. 분석 결과, 자신을 사랑하고 자신의 잠재력을 믿는다면 이제는 자신의 꿈을 설정할 차례이다.

3) 꿈(목표)의 힘

미국 Success지에서 1953년에 졸업을 앞두고 있는 예일대 학생들을 대상으로 목표에 대한 설문조사를 했다. 응답자의 84%가 목표 설정을 전혀 하지 않았다고 답했으며, 13%는 대략적으로 목표를 세웠다고 응답했다. 반면에 목표를 적거나 그러한 목표를 달성하기 위한 행동 계획을 종이에 적으며 고민했다고 응답한 학생은 3%에 불과했다. 예일 대학은 이 졸업생들이 20년 후 어떻게 살고 있는지 추적해보았고, 그 결과는 놀라웠다. 직업, 재정상태 등 모든 면에서 목표와 행동계획을 구체적으로 설정한 3%의 학생들이 축적한 재산이 나머지 97%의 학생들이 축척한 것보다 훨씬 더 많았다. 1979년 하버드 대학 경영 대학원에서도 10년 후 졸업생이 어떻게 살고 있는지 추적 및 조사해보았다. 하버드 대학에서는 다음과 같은 세 가지 질문을 졸업생들에게 던졌다. 첫째, 장래에 대한 명확한 목표를 설정했는가? 둘째, 목표를 기록해 두었는가? 셋째, 목표를 달성하기 위한 구체적인 행동계획이 있었는가? 이 세 가지의 물음에 응답한 응답 결과를 보면 '특별한 목표가 없었다.'는 A그룹은 84%, '목표는 있지만 그것을 종이에 적어 두지는 않았다.'는 B그룹은 13%, '목표를 구체적으로 설정하고 기록해두었다.'는 C그룹은 3%에 불과했다. 조사 결과는 다음과 같이 나타났다. 첫 번째로 목표는 있지만 그것을 적어두지 않은 B그룹이 특별한 목표가 없는 A그룹에 비해 소득이 평균 2배 이상 높았다. 또한 두 번째로는 목표를 구체적으로 설정하고, 그것을 기록해 두었던 C그룹은 목표만 있었던 A그룹에 비해 소득이 10배 이상 높았다. 이처럼 구체적으로 목표를 설정하고, 그것을 눈으로 확인할 수 있도록 메모하거나 그려보는 것은 매우 중요하다. 최근 '적자생존'이라는 사자성어를 목표를 '적는 자만이 생존한다.'는 것으로 새롭게 해석하는 경향성이 증가하고 있다.

다음 두 가지 사례는 일본 야구선수 스즈키 이치로(鈴木一朗)의 문집 글과 존 고다드(John Goddard)의 꿈 리스트에 대한 내용으로, 목표(꿈)에 대한 중요성을 보여주고 있다.

(1) 꿈 사례 1. 초등학생 이치로의 꿈

제 꿈은 일류 프로 야구선수가 되는 것입니다. 이를 위해 중고등학생 때 전국 대회에 나가서 활약하지 않으면 안 됩니다. 활약하기 위해서는 연습이 필수입니다. 저는 3살 때부터 연습을 시작하였습니다. 3살부터 7살까지는 (매년) 반 년 정도 연습하였는데 3학년 때부터 지금까지는 365일 중 360일은 열심히 연습을 하고 있습니다. 그래서 1주일에 친구들과 놀 수 있는 시간은 5~6시간 정도입니다. 이렇게 연습을 해야만 반드시 프로 야구선수가 될 수 있다고 생각합니다. 그리고 중고등학생 때 활약을 해서 고교를 졸업하고 프로구단에 입단할 예정입니다. 그 구단은 주니치 드래곤즈거나 세이브 라이온즈입니다. 드래프트로 입단해서 계약금은 1억 엔 이상을 목표로 받고 싶습니다.

제가 자신 있는 것은 투수와 타격입니다. 작년 여름, 우리는 전국대회에 나갔습니다. 그리고 대부분의 투수를 보고 왔는데 내가 대회 넘버원 선수라고 확신이 생겼고, 타격에서는 대회 4개 시합에서 홈런을 3개 쳤습니다. 그리고 전체를 통틀어서 타율은 5할 8푼 3리였습니다. 이처럼 스스로도 납득할 수 있는 성적입니다. 그리고 우리는 질 줄을 모르고 야구를 하였습니다. 이런 모습으로 앞으로도 열심히 할 것입니다. 그리고 제가 1류 선수가 되어 시합에 나가게 된다면 신세를 진 사람들에게 초대권을 주고 응원을 받는 것도 하나의 꿈입니다. 어쨌든, 가장 큰 꿈은 프로 야구선수가 되는 것입니다.

그 후 스즈키 이치로는 꿈에 대한 끊임없는 노력과 열정을 보여주며, 1991년 일본의 오릭스 구단에 입단한 후 1994년 일본 야구 최초의 200 안타 기록, 2000년 퍼시픽 리그 타율 신기록인 3할8푼5리를 기록하였다. 2001년 미국 메이저 리그로 진출한 첫 해에 신인왕과 MVP를 거머쥐었고, 2004년 메이저리그 최다 신기록인 262안타를 기록하였고,

2001년부터 2010년까지 200안타를 친 대기록의 주인공이 되었다, 지금도 50세까지 현역으로서 뛰기 위한 꿈을 향해 매진하고 있다.

작성해 보기

이치로의 이야기를 통해 3가지 학습한 점

(2) 꿈 사례 2. 존 고다드의 꿈

1940년 어느 비 내리는 오후, 열다섯 살의 소년 존 고다드(John Goddard)는 로스앤젤레스에 있는 자기 집 식탁에 앉아 자신의 할머니와 숙모가 이야기하는 것을 엿들었다. "이것을 내가 젊었을 때 했더라면……." 고다드는 할머니와 숙모의 이야기 중에 푸념처럼 하셨던 '했더라면'이라는 말을 듣고 적잖은 충격을 받았다. 그는 이후 군대에 입소하지 않기로 결심하고, 그 자리에 앉아서 하나의 계획을 떠올렸다. 이윽고 그는 노란색 종이 한 장을 가져다가 맨 위에 '나의 인생 목표'라는 제목을 쓰고 그 제목 아래에 다음과 같은 '127가지의 인생 목표'를 적어 내려갔다. 고다드의 인생 목표 목록은 다음과 같다. 이것들은 결코 쉽거나 간단한 목표들이 아니며 내용 안에는 그가 탐사할 10개의 강과 등산할 17개의 산의 목록을 비롯해, 의사의 직업을 가지고 세계의 모든 나라를 방문하기를 원했던 것과 비행기 조종법을 배우는 것과, 마르코 폴로의 여행경로를 추적하고, 파사디나의 장미 퍼레이드에서 말 몰아보기, 성경 통독하기, 세익스피어, 플라톤, 아리스토텔레스, 디킨즈, 그리고 그 외의 수십 명의 다른 고전 작가들의 작품을 읽기, 독수리 정찰대 되어보기, 바다 속에서 잠수하기, 플루트와 바이올린을 연주하기, 교회의 선교사업을 하기, 결혼을 해서 자녀를 갖기, '브리태니커 백과사전'(Encyclopaedia Britannica)을 다 읽기, 1마일을 5분에 주파하기 등이 포함돼 있다. 존 고다드는 1972년 미국의 라이프지가 '꿈을 성취한 미국인'으로 대서특필했을 때 127개의 목표가운데 110가지의 목표를 이루어냈다. 이것은 살아가면서 자신의 꿈이 무엇인지 어떤 비전, 어떤 꿈을 가지고 인생을 살아가느냐가 매우 중요한 지를 보여준 사례이다. 인생은 꿈꾸는 대로 이루어지기 때문이다.

존 고다드는 "나는 틀에 박힌 생활을 하고 싶지 않았으며, 끊임없이 자신의 한계에 대해 도전을 하고 싶었습니다. 독수리처럼 말입니다. 이런 경험들을 통해 나는 행동하는 인간의 보람과 삶의 가치를 느낍니다. 사람들은 흔히 위대한 용기와 힘과 인내를 발휘한다는 것이 무엇인지 모른 채 생을 마감하기도 합니다."라고 하였다. 그가 이런 생각과 목표의식으로 노력한 결과, 많은 목록들을 이루었다. 그는 모두 다 이루려고 고민하지는 않았고, 다만 그렇게 살고 싶다는 소망으로 삶을 살았다는 것이 중요한 점이다. 존 고다드처럼 당신의 인생에서 이루고 싶은 목록을 적어보자. 그리고 지금까지 살아온 자신의 인생을 돌아보고 '만일 내가 1년을 더 산다면 무엇을 할 것인가?'에 대해 진지하게 생각해보자. 자신의 마음속에 하고 싶은 일이 무엇인지 끄집어내고 그것들을 실천하고자 계획을 세워보는 것은 어떨까? 긍정적이면서 주도적으로 꿈이나 목표가 있는 멋진 인생을 살아 보자.

존 고다드의 꿈의 목록

〈가고 싶은 곳〉

1. 이집트의 나일 강(세계에서 제일 긴 강)
2. 남미의 아마존 강(세계에서 제일 큰 강)
3. 아프리카 중부의 콩고 강
4. 미국 서부의 콜로라도 강
5. 중국 양자 강
6. 서아프리카 니제르 강
7. 베네주엘라의 오리노코 강
8. 니카라과의 리오코코 강

〈원시 문화 답사〉

9. 중앙 아프리카의 콩고
10. 뉴기니 섬
11. 브라질
12. 인도네시아의 보르네오 섬
13. 북아프리카 수단(존 고다드는 이곳에서 모래 폭풍을 만나 산채로 매장 당할 뻔 했음)
14. 호주 원주민들의 문화
15. 아프리카 케냐
16. 필리핀
17. 탕가니카(현재의 탄자니아)
18. 에디오피아
19. 서아프리카 나이지리아
20. 알래스카

〈등반할 산〉

21. 에베레스트 산(세계 최고봉 8848m)
22. 아르헨티나의 아콘카과 산(남미 최고봉 6960m)
23. 매킨리 산(북미 최고봉 6194m)
24. 페루의 후아스카란 봉
25. 킬리만자로 산(아프리카 최고봉 5895m)
26. 터키의 아라라트 산(노아의 방주가 닿은 곳이라고 알려진 산)
27. 케냐 산
28. 뉴질랜드의 쿡산
29. 멕시코의 포포카테페틀 산
30. 마테호른 산(유럽에서 가장 험한 산)
31. 라이너 산
32. 일본의 후지산
33. 베수비오 산(이탈리아 나폴리 활화산)
34. 자바 섬의 브로모 산
35. 그랜드 테튼 산
36. 캘리포니아의 볼디 마운틴

〈배워야 할 것들〉

37. 의료활동과 탐험분야에서 많은 경력을 쌓을 것(현재까지 원시 부족들 사이에 전해져 오는 다양한 치료요법과 약품을 배웠음)
38. 나바호족과 호피족 인디언에 대해 배울 것
39. 비행기 조종술 배우기
40. 로즈 퍼레이드(캘리포니아에서 해마다 5월에 열리는 장미 축제 행렬)에서 말타기

〈사진 촬영〉

41. 브라질 이과수 폭포
42. 로데시아의 빅토리아 폭포(이 과정에서 존 고다드는 아프리카 흑멧돼지에게 쫓김을 당했음)
43. 뉴질랜드의 서덜랜드 폭포
44. 미국 서부 요세미티 폭포
45. 나이아가라 폭포
46. 마르코 폴로와 알렉산더 대왕의 원정길 되짚어 가기

〈수중 탐험〉

47. 미국 남부 플로리다의 산호 암초 지대
48. 호주의 그레이트 배리어 대암초 지대(이곳에서 존은 135kg의 대합조개 촬영에 성공했음)
49. 홍해
50. 피지 군도
51. 바하마 군도

52. 오케페노키 늪지대와 에버글레이즈 (플로리다 주 남부 습지대) 탐험

〈여행할 장소〉
53. 북극과 남극
54. 중국 만리장성
55. 파나마운하와 수에즈운하
56. 이스터 섬(거석문명의 섬)
57. 바티칸 시(이때 존 고다드는 교황을 만났음)
58. 갈라파고스 군도(태평양상의 적도 바로 아래의 화산섬)
59. 인도의 타지마할 묘
60. 피사의 사탑
61. 프랑스의 에펠 탑
62. 블루 그로토
63. 런던 탑
64. 호주의 아이어 암벽 등반
65. 멕시코 치첸이차의 성스런 우물
66. 요르단 강을 따라 갈릴리 해에서 사해로 건너가기

〈수영해 볼 장소〉
67. 중미의 니카라과 호수
68. 빅토리아 호수
69. 슈피리어 호수
70. 탕가니카 호수
71. 남미의 티티카카 호수

〈해낼 일〉
72. 독수리 스카우트 단원되기
73. 잠수함 타기
74. 항공모함에서 비행기를 조종해서 이착륙하기
75. 전 세계의 모든 국가들을 한 번씩 방문할 것(30개 나라가 남았음)
76. 소형 비행선, 열기구, 글라이더 타기
77. 코끼리, 낙타, 타조, 야생말 타기
78. 4.5kg의 바닷가재와 25cm의 전복 채취하기
79. 스킨다이빙으로 12m 해저로 내려가서 2분 30초 동안 호흡을 참고 있기
80. 1분에 50자 타자하기
81. 플루트와 바이올린 연주
82. 낙하산 타고 뛰어내리기
83. 스키와 수상스키 배우기
84. 복음 전도 사업 참여
85. 탐험가 존 뮤어의 탐험길을 따라 여행할 것
86. 원시 부족의 의약품을 공부해 유용한 것들 가져오기
87. 코끼리, 사자, 코뿔소, 케이프 버팔로, 고래를 촬영할 것
88. 검도 배우기
89. 동양의 지압술 배우기
90. 대학교에서 강의하기
91. 해저 세계 탐험하기
92. 타잔 영화에 출연하기(이것은 이제 시대에 뒤떨어진 소년 시절의 꿈이 되었다)
93. 말, 침팬지, 치타, 오셀롯, 코요테를 키워 볼 것(침팬지와 치타가 남았음)
94. 발리 섬의 장례 의식 참관
95. 아마추어 햄 무선국의 회원이 될 것
96. 자기 소유의 천체 망원경 세우기
97. 저서 한 권 갖기(나일 강 여행에 관한 책을 출판했음)
98. 내셔널 지오그래픽 지에 기사 싣기
99. 몸무게 80kg 유지
100. 윗몸 일으키기 200회, 턱걸이 20회 유지
101. 프랑스어, 스페인어, 그리고 아랍어를 배울 것
102. 코모도 섬에 가서 날아다니는 도마뱀의 생태를 연구함
103. 높이뛰기 1m 50cm
104. 넓이뛰기 4m 50cm
105. 1마일을 5분에 주파하기
106. 덴마크에 있는 소렌슨 외할아버지의 출생지 방문

107. 영국에 있는 고다드 할아버지의 출생지 방문
108. 선원 자격으로 화물선에 승선할 것
109. 브리태니커 백과사전 전권 읽기
110. 성경을 앞장에서 뒷장까지 통독하기
111. 셰익스피어, 플라톤, 아리스토텔레스, 찰스 디킨스, 헨리 데이빗 소로우, 에드가 알렌 포우, 루소, 베이컨, 헤밍웨이, 마크 트웨인, 버로우즈, 조셉 콘라드, 탈메이지, 톨스토이, 롱펠로우, 존 키이츠, 휘트먼, 에머슨 작품 읽기(각 사람의 전작은 아니라도)
112. 바하, 베토벤, 드뷔시, 이베르, 멘델스존, 랄로, 림스키코르사코프, 레스프기, 리스트, 라흐마니노프, 스트라빈스키, 토흐, 차이코프스키, 베르디의 음악 작품들과 친숙해지기
113. 비행기, 오토바이, 트렉터, 윈드서핑, 권총, 엽총, 카누, 현미경, 축구, 농구, 활쏘기, 부메랑 우수한 실력을 갖출 것
114. 음악 작곡
115. 피아노로 베토벤의 월광곡 연주
116. 불 위를 걷는 것 구경하기(발리 섬과 남미의 수리남에서 구경했음)
117. 독사에서 독 빼내기(이 과정에서 사진을 찍다가 등에 마름모 무늬가 있는 뱀에게 물렸음)
118. 영화 스튜디오 구경
119. 폴로 경기하는 법 배우기
120. 22구경 권총으로 성냥불 켜기
121. 쿠푸(기제의 대 피라미드를 세운 이집트의 제4왕조의 왕)의 피라미드 오르기
122. 탐험가 클럽과 클럽의 회원으로 가입
123. 걷거나 배를 타고 그랜드 캐년 일주
124. 배를 타고 지구를 일주할 것(네 차례의 일주를 마쳤음)
125. 달 여행(신의 뜻이라면 언젠가는!)
126. 결혼해서 아이들을 가질 것(여섯 명의 자녀를 두었음)
127. 21세기에 살아 볼 것

작성해 보기

존 고다드 이야기를 통해 3가지 학습한 점

02 사람은 하고 싶은 걸 해야 행복하다

심리학자 지그문트 프로이트(Sigmund Freud)는 이런 말을 남겼다. "돈으로 행복해질 수는 없다. 태어나면서부터 자신의 꿈이 부자인 사람은 아무도 없기 때문이다." 우리 주변에서 엄청난 부를 축적한 사람 중에서도 자신이 불행하다고 여기는 사람들을 간혹 본다. 타인의 관점에서는 남들보다 더 안락한 생활을 하는 것처럼 보여 꿈을 이룬 것처럼 보일지 몰라도, 정작 그 사람의 꿈은 부자가 아닌 경우가 많다.

대부분의 사람들은 자신의 꿈이나 목표 리스트를 작성해 본 경험이 있을 것이다. 물론 그 꿈은 사람마다 제각각이며, 그러한 꿈을 이루기 위해 노력하는 방식도 다르다. 그리고 꿈을 이루는 사람도 있지만 아무리 노력해도 꿈을 이루지 못하는 사람들도 있다. 또 어떤 사람은 꿈을 이루고 나서 또 다른 꿈을 이루기 위해 노력하기도 한다. 이렇듯 사람들은 누구나 자신만의 소중한 꿈이 있으며, 그 꿈을 가지고 살아간다. 이러한 꿈을 실현시키기 위해서는 꿈에 대한 과감한 도전과 이를 이루고자 하는 열정적 실천이 뒷받침되어야 한다.

꿈의 실천은 꿈 리스트를 만드는 것에서 출발한다. 예일대나 하버드대의 조사 결과에서처럼 꿈을 적고 실천하는 자만이 생존하고 발전한다. 그리고 '꿈이 없는 사람은 꿈이 있는 사람을 위해 평생 일하는 노예와 같은 삶을 살게 된다.'는 것은 세상 어디에나 적용되는 진리이다.

만약 당신이 10년 전의 인생으로 돌아간다면 어떤 삶을 살고 싶은지 상상해보자. 10년 전에 했던 행동이나 모습으로 살고자 하는 사람은 거의 없을 것이다. 그렇다면 지금부터 10년 후 나는 어떤 모습으로 살기를 원하는지 상상해보자. 그리고 지금부터 10년이 흘러가서 10년 후의 오늘이 왔다고 가정해보자. 10년 후의 오늘에서 10년 전을 되돌아본다면 10년 전의 첫날이 바로 오늘이다. 그렇다! 바로 오늘이 내가 앞으로 맞이할 10년 후의 첫날이다. 10년 후의 꿈의 달성 여부는 바로 지금 여기에서 어떻게 상상하고 노력하는가에 달려 있다.

만약 아직 꿈이나 목표가 없다면 어떠한 꿈(목표)을 가질 것인가를 생각해보자. 꿈(목표)을 찾기 어렵다면 다음 질문을 참고해보자. 이런 질문 과정에서 자신에게 맞는 꿈(목표)을 나열하고 이에 대한 우선순위를 찾을 수 있을 것이다.

- 어떤 일을 한다면 살아 있음을 느끼겠는가?
- 어떤 것을 성취한다면 기쁨을 느끼겠는가?
- 미디어(TV, 인터넷, 신문), 책 등에서 닮고 싶은 사람이 누구인가? 왜 그 사람을 닮고 싶은가?
- 주변 사람이나 다른 사람이 하는 것을 보고 '나도 해보고 싶다.'는 생각이 든 일은 무엇인가?

구체적인 꿈(목표)의 리스트 작성요령은 다음과 같다.

- 쉬운 것부터, 당장 할 수 있는 것부터 적는다.
- 스마트(SMART)하게 목표를 설정해야 한다: 목표는 구체적(Specific)이어야 한다. 목표는 측정할 수 있어야(Measurable) 한다. 목표는 달성이 가능해야(Achievable) 한다. 목표는 현실적이어야(Realistic) 한다. 목표는 달성 시기가 정해져 있어야(Time-limited) 한다.
- 구체적인 목표 달성 날짜와 실천기간을 적어 놓는다.
- 눈에 보이는 곳에 목표 리스트를 둔다.
- 주기적으로 목표에 대한 평가와 성찰을 한다.
- 목표 달성 시 자신에 대한 보상을 한다.

작성해 보기

내가 이루고 싶은 나의 꿈(목표)

번호	목표	목표 기한	진척도 미착수 : × 진행 중 : △ 완료 : ○

03 꿈은 첫걸음을 떼는 것부터 시작된다

꿈은 품고만 있어서는 안 된다. 꿈은 머리로 생각하는 것뿐만 아니라, 가슴으로 느끼고 손으로 만들고 발로 뛰어야 한다. 우리는 흔히 어떤 상황 앞에서 '이 정도면 됐어.'라거나 '이 나이에 이 정도면 됐어.'라고 생각하는 경우가 많다. 물론 이것 또한 꿈을 이루었다는 측면에서 보면 대단한 일이다. 하지만 성공하는 사람들은 '와! 정말 대단해'라는 말을 듣는 것에서 만족하지 않고 더 큰 목표를 향해서 끊임없이 노력하고 도전한다. 이런 사람을 흔히 '큰 꿈을 이룬 사람', 또는 '남들이 존경하고 부러워하는 사람'이라고 한다. 이런 사람은 누구나 될 수 있다.

다음 사례는 젊은 사람들뿐만 아니라, 나이가 많아도 도전하고자 하는 마음만 있다면 누구든지 가능하다는 것을 보여주고 있다. 다음은 자신의 위대한 꿈을 이룬 사람들의 실천 방법이다.

1) 실천 의지 1. And(~와)는 있어도 End(끝)는 없다

훌다 크룩스(Hulda Crooks)는 60세가 넘어서 자신의 나이가 많다는 생각을 하며 좌절하기보다는 이제 자신의 나이가 등산하기 좋은 나이가 됐다고 생각했고, 실제로 산을 오르기 시작했다. 그녀는 65세에 그녀는 북미에서 가장 높은 산인 4,797m의 휘트니산을 올랐다. 그 이후 91세까지 휘트니 산을 22번 더 등반하였다. 91세가 됐을 때인 1987년 7월 24일에는 최고령 여성으로 일본의 후지산(4,955m) 정상에 올랐다. 더 놀라운 것은 그녀는 81~90세 사이에 97개의 산 정상을 더 밟았다는 사실이다. 이러한 그녀의 불굴의 의지를 기려 캘리포니아 주 입법부는 1991년 휘트니 산 봉우리 하나를 그녀의 이름을 따서 '크룩스 봉(Crooks Peak)'이라고 이름을 붙였다. 94세였을 때 18세 소녀의 심장과 폐를 가지고 있다는 진단을 받았던 훌다 크룩스(1996)는 그녀의 자서전 '인생의 산을 정복하다.'(Conquering life's mountains : A collection of writings)에서 이렇게 말했다. "사용하지 않는 근육은 쇠퇴한다. 힘을 받지 않는 뼈는 미네랄을 잃게 되어 약해지게 된다. …… 둔해졌다는 것은 그대의 몸이 민첩한 관리를 필요로 하고 있음을 말해주는 것이다."

미국 왓킨스사의 최고 영업왕이 된 빌 포터(Bill Porter)는 언어장애와 사지근육마비를 동반하는 뇌성마비 상태로 태어났다. 그 이유는 출산 당시 난산 상황에서 의사가 겸자를 잘못 써서 실수로 빌의 뇌를 손상시켰던 것이다. 성인이 되었을 때 그는 직업상담사의 소개로 처음에는 약국의 재고 담당업무를 맡았으나 선반 위 물건을 자꾸 떨어뜨려서 하루 만에 해고되었다. 그 후 그는 매장의 계산원 일에 도전했으나 이번에는 금전출납기를 잘 다루지 못해 역시 그만두어야 했다. 뒤이어 맡은 화물적재업무도 그가 감당할 수 있는 일이 아니었다. 그 다음으로 찾아간 왓킨스라는 회사도 처음에는 그를 채용하려 하지 않았지만, 그의 끈질긴 요구로 회사는 마지못해 그를 받아들였고, 그는 회사 내 다른 모든 세일즈맨이 회피하는 영업지역을 할당 받았다. 천신만고 끝에 영업사원이 된 빌 포터는 매일 새벽 4시 45분에 일어났다. 몸이 자유롭지 못해 출근을 준비하는 데 3시간 이상 필요했기 때문이다. 또 그는 말투가 어눌했기 때문에 더욱 더 꼼꼼하게 말하려 노력했다. 그리고 손이 너무 뒤틀려 있어서 구두끈을 맬 수 없었기 때문에 그는 아침마다 구두닦이한테 들려서 구두끈을 매달라고 부탁했다. 그는 날마다 고객으로부터 수없이 문전박대를 당했다. 하지만 그는 그때마다 고객의 문전박대를 더 좋은 물건을 가지고 다시 방문하라는 의미로 해석했다. 그는 고객이 'NO'라고 말했을 때 '오지 마세요'가 아니라 더 좋은 제품을 가지고 '다시 오세요'라는 의미로 받아들였다. 그래서 거절을 당해도 늘 한결같은 모습으로 고객들을 찾아가 꼼꼼하게 상품을 설명했다. 빌은 어떤 가정이 2개월 만에 세제를 구입한 사실을 알고, 2개월 뒤에는 다시 찾아가 "세제 떨어지셨죠?"라고 묻기도 했다. 철저한 고객관리를 한 덕분에 날이 갈수록 그를 반갑게 맞아들이는 집이 많아졌다. 24년간 수백만 가구의 문을 두드린 빌 포터는 마침내 미국 서부 지역 최고의 판매왕 자리에 올랐고, 그가 세운 기록은 그 이후 40년이 넘도록 깨지지 않고 있다.

이처럼 아무리 자신이 처한 상황이 힘들어도 하고자 하는 실천의지가 샘솟는다면 그 어떤 어려움도 극복할 수 있다. 어려울수록, 힘들수록 크룩스나 포터처럼 'And(~와)는 있어도 End(끝)는 없다.'는 말처럼 끊임없이 노력하는 사람은 반드시 그 노력의 결실을 얻게 된다.

2) 실천 의지 2. 꿈의 크기를 극대화하라

세상에는 우리의 상상을 초월하는 일들이 수없이 많다. 그리고 바로 눈앞에 보고도 믿지 못할 만큼 특이한 일들이 펼쳐지기도 한다. 바로 코이라는 일본산 잉어가 그러하다. 코이는 작은 어항에서 키우면 어항의 크기만큼 10cm 정도 자란다. 그러나 커다란 수족관에서 키우면 30cm까지 자란다. 그리고 더 넓은 강물에 방류하면 1m 이상까지 성장한다. 누가 상상이나 했겠는가? 이 코이라는 물고기는 자기가 숨

쉬고 활동하는 세계의 크기에 따라 작은 코이가 될 수도 있고, 대어(大魚)가 되기도 하는 것이다.

그렇다면 물고기만 그럴까? 사람도 마찬가지다. 자신의 '꿈 크기'가 미래의 자신으로 만들어 간다. 누구나 가지고 있는 그 꿈의 크기가 자신을 성장시키는 것이다. 앞에서 제시한 당신의 꿈은 어떠한 크기인가? 작은 어항? 수족관? 아니면 큰 강물? 꿈의 크기가 어느 쪽에 가까운지 살펴보고, 실천의지를 통해 이제부터라도 자신의 꿈의 크기를 키워나가도록 하자.

3) 실천 의지 3. 가슴 뛰는 꿈에 과감히 결단을 내려라

소리꾼 장사익은 고등학교를 졸업하고 25년 동안 바꾼 직업만 14개이다. 어떤 분야에서도 환영 받지 못했던 그는 거세된 수컷과 같은 자신을 느끼고 무기력하게 살아가고 있었다. 그런데 어느 햇살이 유난히 밝던 5월의 어느 날, 그는 집 앞 화단에 흐드러진 장미를 바라보며 행복해 했다. 아름다운 외양에 은은한 향기라니. 그는 향기에 취하고 싶었다. 코를 가까이 댔지만 꽃에선 아무 향기도 없었다. 향기는 장미 뒤에 숨은 찔레꽃에서 흘러나왔다. 그는 이렇게 말했다. "아! 이게 내 모습이구나. 화려한 장미에 가려진 볼품없는 외양이라니……." 지난 세월을 생각하니 눈물이 절로 났다. 그는 그 자리에 주저앉아 하염없이 울었다. 그는 집에 들어와 시를 썼다. 그리고 마침내 45세에 소리꾼으로 데뷔하였다. 그리고 지금까지도 소리꾼 장사익은 열정적인 모습으로 대중들에게 멋진 무대를 보여주며 많은 사랑을 받고 있다. 만약 그가 자신의 꿈을 향한 과감한 결단을 내리지 않았다면, 그저 볼품없는 모습으로 살고 있을 것이다. 이처럼 무슨 일이든 하고자 하면 과감하게 실천하는 자세가 필요하다.

4) 실천 의지 4. 내 꿈(목표)을 향해 내 삶을 완전 연소시켜라

부처님께서 길을 가시는 도중 특이한 능력을 가진 사람을 만났다. 그는 죽은 사람의 해골만 보고도 그 사람이 살아생전 무슨 직업에 종사했는지, 어떻게 살다 어떻게 죽었으며, 다음 생에는 어디에서 태어날지 정확히 알아맞히는 사람이었다. 말 그대로 그는 족집게였다. 어떠한 해골을 갖다 대어도 틀림이 없었던 것이다. 하지만 한 해골 앞에서 그는 망연자실하게 되었다. 도저히 알아맞힐 수가 없었던 것이다. 그때 부처님께서 말씀하셨다. 삶을 완전연소(完全燃燒) 하게 되면 윤회의 고리를 끊고 해탈에 이루게 된다고. 완전연소를 통하여 찌꺼기가 남지 않아 죽은 이후에도 자취를 남기지 않는다는 것이다.

부처님의 이 같은 말씀처럼 생을 마감할 시점에 '~하였더라면' 하는 흔적을 남기지 않기 위해서는 꿈을 향해 자신의 삶을 완전 연소시키는 것이 필요하다. 자신이 가진 모든 것을 아낌없이 바쳐서 후회하지 않을 만큼 열정을 다해 도전하고 실천하게 되면 반드시 그 꿈을 이루게 된다. 아낌없이 주는 나무처럼 마지막에 아무 것도 남지 않은 삶이야말로 후회하지 않거나 아쉬움이 남지 않는 인생이다.

04 꿈은 상상하는 대로 이루어진다

만약 내일 주요 신문에 위대한 꿈을 이룬 당신에 관한 기사가 실릴 예정이라면, 그 신문기사에 게재될 당신의 모습을 그려보자. 자신이 신문기사의 주인공이 되어서 신문 메인 페이지에 나올 내용을 상상하여 그 기사 내용을 작성해보는 것이다. 어떤 식의 기사가 될지는 모두 당신의 상상이다. 당신이 원하는 꿈(목표)을 실현하였는데 그 꿈이나 목표의 내용이 어떤 것인지, 그리고 어떻게 그 꿈을 이루고 목표를 달성하였는지 이에 관해 상상하여 작성해보는 것이다. 상상만으로도 가슴이 두근거리지 않는가? 이치로나 고다드처럼 간절히 원하고 실천하면 반드시 이루어진다. 반드시 이루어질 꿈의 기사가 지금 이 시간 이후부터 당신의 삶을 바꿀 것이다. 자신 있게 도전해보자.

작성해 보기

나의 꿈 기사로 써 보기

본 장의 내용에 기초하여 아래의 질문에 대한 자신의 생각을 정리해 보세요.

① 본 장의 요약

1.

2.

3.

② 자신의 의견(학습한 점, 느낀 점)

1.

2.

3.

③ 실천해야 할 사항

1.

2.

3.

【제 3 장】

산처럼 흔들림 없이, 강물처럼 미련 없이 지혜롭게 살아라

01 솔로몬도 말년에는 지혜롭지 못했다

'지혜'라 하면 누구나 가장 먼저 솔로몬의 일화 두 가지를 떠올릴 것이다. 하나는 한 아이를 두고 다투는 두 여인에게 '아이를 반씩 나눠 가지라'고 판결해 친어머니를 찾아준 이야기이고, 또 하나는 좌우명을 찾는 선왕인 다윗왕의 반지에 '이 또한 지나가리라'는 문구를 새겨준 이야기이다. 전자의 경우 진정한 사랑과 욕심을 구별한 명 판결이고, 후자의 경우 지나친 교만과 절망을 경계한 명문이다. 그러나 안타깝게도 솔로몬은 말년에 대성전을 건축하느라 막대한 세금을 부과하였고, 동족 일부를 노예처럼 부리며 훗날 민족분열의 빌미를 제공하였다.

「국립국어원 표준국어대사전」에 따르면, 지혜란 '사물의 이치나 상황을 제대로 깨닫고 그것에 현명하게 대처할 방도를 생각해 내는 정신의 능력'이나 '인생문제에 관한 지식을 포함하여 인생의 근본적인 실용주의적 영역에서 훌륭한 판단과 충고를 가능하게 하는 전문적인 지식'으로 정의되고 있다. 그렇다면 우리는 살면서 이러한 지혜를 한 번이라도 배워 본 적이 있는가? 아마 그 누구도 지혜를 공식적으로 배운 적은 없을 것이다. 하지만 지혜는 늘 우리 곁에 존재해 왔다. '탈무드'나 '채근담'에 나오는 지혜, 솔로몬의 지혜처럼 누구에게나 알려진 지혜뿐만 아니라 누구나가 자신만이 아는 지혜 이야기가 있을 것이다. 이렇듯 지혜는 우리 삶의 모든 부분에 배어 있다. 다음의 세 이야기를 보고 지혜에 관해 생각해보자.

1) 지혜 사례 1. 사자의 지혜

어느 날, 숲속 마을 동물나라에서 전쟁이 일어났다. 동물의 왕 사자가 총 지휘관이 되었고 여기저기서 동물들이 우르르 몰려들었다. 그 모습을 본 동물들은 서로를 바라보며 한심하다는 듯이 혀를 끌끌 차며 말했다. "쯧쯧쯧, 저 당나귀는 멍텅구리라서 전쟁에 방해만 될 테니 집으로 돌아가는 게 나으련만……." "토끼 같은 겁쟁이가 어떻게 싸움을 한다고 여기에 온 거야? 정말 한심하다. 한심해." "저 조그만 개미처럼 작고 힘이 없는 동물을 어디에다 쓰겠어?" "특히 저 코끼리는 너무 덩치가 커서 적군에게 금방 들통 나고 말거야." 이렇게 수군거리는 소리를 듣고 총 지휘관인 사자가 큰 소리로 호통을 쳤다. "시끄럽다, 이놈들아! 저 당나귀는 입이 길어서 나팔수로 쓸 것이다. 그리고 저 토끼는 걸음이 빠르니 전령으로 쓸 것이며, 개미는 작아서 눈에 안 띄니 적진에 게릴라로 파견할 것이고, 저 덩치 큰 코끼리는 힘이 세니 전쟁 물자를 운반하는 일을 시킬 것이다."

이 이야기에서 동물의 왕 사자는 각 동물들의 장점과 단점을 정확히 파악하고 있었으며, 여기에서 알 수 있었던 것은 바로 사자의 지혜로움이었다. 이 이야기처럼 지혜로운 사람은 단점에서도 장점을 찾아낸다. 당신의 주변 사람이나 친구에게서 단점에서 장점이 보이는가? 아니면, 어떠한 일 앞에서 자신의 단점으로 인해 그 일을 도전도 해보지 않고 포기하지는 않았는가? 지혜로운 삶을 살기 위해서는 자신의 단점도 장점으로 접근하는 지혜가 있어야 한다. 그것이 바로 지혜로운 삶을 살아가는 방법인 것이다.

2) 지혜 사례 2. 토끼와 거북이

옛날 옛날에 토끼와 거북이가 살고 있었다. 토끼는 매우 빨랐고, 거북이는 매우 느렸다. 어느 날 토끼가 거북이를 느림보라고 놀려대자, 거북이는 토끼에게 달리기 경주를 제안하였다. 경주를 시작한 토끼는 거북이가 한참 뒤진 것을 보고 안심을 하고 중간에 낮잠을 잤다. 그 덕분에 거북이는 토끼를 이기고 승리를 하게 되었다. 나중에 잠에서 깬 토끼는 거북이가 산 정상에 올라있는 것을 보게 되고 자신이 거북이에게 졌다는 사실을 알고 후회하였다.

이 우화에서 우리는 '천천히 그리고 꾸준히 노력하는 자가 승리한다.'는 교훈을 배울 수 있다. 그러나 과연 이런 교훈만 있을까? 요즘에는 여기서 이야기가 끝나지 않고 창의적인 상상력을 가미시켜 더 이어지는 이야기를 만들거나, 전혀 다른 이야기로 패러디하거나, 그 이야기 이후의 상황을 상상해서 만들어 보는 경우가 많다. 그렇다면 위의 토끼와 거북이 이야기도 전혀 다른 상황으로 이야기를 전개하여 만들어 보면 다음과 같다.

▶다시 쓴 토끼와 거북이

산 정상으로 가서 거북이를 다시 만난 토끼는 속이 많이 상했다. 그래서 거북이에게 다시 제안을 했다. 산 정상에서 보이는 산 아래 마을 입구까지 누가 먼저 가는지 달리기 시합을 하자는 제안이었다. 거북이는 그 제안에 동의했다. 출발신호가 떨어짐과 동시에 토끼는 산 아래로 달리기 시작했다. 그 순간 거북이는 등껍질 속에 목을 넣고 산 아래로 굴러가기 시작했다. 물론 당연히 또 거북이의 승리였다. 산 아래 마을에 도착한 토끼는 화가 머리끝까지 났다. 그래서 거북이를 반드시 이기고 싶은 마음에 또 하나의 꾀를 생각해 내었다. 자신의 집으로 먼저 돌아가는 사람이 이기는 시합을 하면 이번에는 평지에서의 경주라서 자신이 거북이를 이길 것 같았기 때문이다. 그래서 토끼는 거북이에게 마지막으로 먼저 집에 가는 사람이 이기는 경주를 하자고 제안하였다. 거기에 '지는 사람이 이기는 사람 소원 하나 들어주기 하자'라고 제안하였다. 거북이가 동의하였다. 이윽고 시작! 이라는 출발 신호와 동시에 토끼는 토끼 굴로 있는 힘을 다해 뛰기 시작하였다. 하지만 그것을 바라보던 거북이는 등껍질 속으로 자기 목을 쏙 집어넣어 버렸다. 거북이는 자신의 껍질이 집이었던 것이다. 결과는 모든 경기를 거북이가 이긴 것이다. 거북이의 소원은 빠른 자신을 비유하여 앞으로 '닌자거북이'로 불러달라는 것이었다. 그 이후 만화와 영화에서 닌자거북이의 이야기를 만나볼 수 있었다. 믿거나 말거나.

이 이야기에서 우리가 추가적으로 알게 된 교훈은 다음과 같다.

- 겉모습만 보고 사람을 판단하지 말자.
- 너무 잘난 체하지 말자. 잘난 척하다간 큰 코 다친다.
- 할 일을 미루지 말자. 천리 길도 한 걸음부터라는 말이 있다. 천리마는 하루에 천리를 간다. 하지만 조랑말도 열흘간 쉬지 않고 가면 또한 천리에 이를 것이다(中庸. 夫驥一日而千里, 駑馬十駕則亦及之矣).
- 서로 다른 종의 동물들도 소통이 되는데, 왜 사람 간에는 소통이 잘 되지 않을까?
- 감언이설로 제안할 때 속지 마라. 세상에 믿을 놈 아무도 없다.
- 그 경주 이후로 토끼의 눈이 처음에는 까만색이었으나, 이후 동그랗고 빨갛게 변했다고 한다. 그리고 토끼의 눈이 동그래진 이유는 첫 번째는 산꼭대기에 있는 거북이를 발견하고 깜짝 놀라서였고, 두 번째는 산 아래로 굴러가는 거북이를 보고 놀라서였고, 세 번째는 너무나 재빨리 목을 집어넣는 거북이를 보고 놀라서라고 한다. 그리고 토끼의 눈동자 색이 빨간 이유는 낮잠을 자다가 깨어난 토끼가 산 정상의 거북이를 정말 거북이가 자기를 이긴 것이 맞는지, 그리고 그 다음 경기에서 산 아래로 굴러가는 것이 거북이가 맞는 지, 마지막으로 목을 집어넣은 동물이 거북이가 맞는지 확인하려고 너무 눈을 여러 번 세게 비벼서 눈이 빨개졌다고 한다. 그 이후 '닌자거북이'가 만화나 영화로 나오고 나서 토끼는 괄목상대(刮目相對)라는 사자성어를 사용하였고, 중국의 삼국시대 오나라의 여몽이 이 말을 사용하여 후세에 전해온다고 한다. 물론 이 또한 믿거나 말거나.

3) 지혜 사례 3. 삶 속의 지혜

누구나 어릴 적 할머니나 주변 어른들로부터 '문지방 밟지 마라 복 나간다.', '문지방을 베고 자지 마라'는 얘기를 들어본 경험이 있을 것이다. 할머니의 이 말 속에는 문지방을 밟다가 잘못하면 문지방에 걸려 넘어지는 경우가 많아서 안전사고를 방지하고자 한 것도 있고, 예전은 대부분 흙으로 만든 집이라 밟으면 문지방 아래의 흙이 흐트러져서 집이 무너질 수 있다는 이유에서였다. 또한 온돌문화에 따라 문지방을 두고 방 안은 따뜻하고 방 밖은 차다. 이런 온도 차이가 발생하므로 문지방을 베고 자면 온도 차이로 건강에 안 좋을 수도 있어서였다. 한편, 흔히 누구나 식당에 가면 신발장에 신발을 넣을 때 대부분 자신의 손이 쉽게 가는 편한 자리에 놓는 경우가 허다하다. 하지만 우리 조상들은 신발장에 신발을 놓는 경우 맨 아래 칸의 왼쪽부터 놓았다고 한다. 이것은 타인을 배려하는 우리 조상들의 지혜를 엿볼 수 있는 행동인 것이다. 이처럼 아주 사소한 것에서도 우리 조상들의 지혜를 알 수 있다.

한편, 말로 모건(Marlo Morgan, 2003)은 자신이 쓴 '무탄트 메시지'(Mutant Message Down Under) 중 '생일 축하'에 대하여 다음과 같이 이야기했다.

> 내가 생일파티에 대해 이야기하자, 그들은 열심히 귀를 기울였다. 나는 케이크와 축하노래, 생일선물 등을 설명하고, 나이를 한살 더 먹으면 케이크 꽂는 양초의 수도 하나 더 늘어난다고 이야기했다. 내 이야기를 듣던 그들이 나에게 물었다. "왜 그렇게 하죠? 축하란 특별한 일이 있을 때 하는 건데, 나이를 먹는 것이 무슨 특별한 일이라도 된다는 말인가요? 누구나 나이를 먹는 데는 아무 노력도 들지 않아요. 나이는 그냥 절로 먹는 겁니다." 다시 내가 물었다. "나이를 먹는 걸 축하하지 않는다면, 당신들은 무엇을 축하하죠?" 그러자 그들이 대답했다. "나아지는 걸 축하합니다. 작년보다 올해 더 훌륭하고 지혜로운 사람이 되면 그걸 축하하는 겁니다. 하지만 그건 자기 자신만이 알 수 있습니다. 따라서 파티를 열어야 할 때가 언제인가를 말할 수 있는 사람은 오로지 자기 자신뿐이지요."

박목월 시인은 매년 자녀들의 생일이 돌아오면 생일상에 삶은 달걀 두 개를 내어 놓았다. 그 당시에는 달걀이 명절 선물로 줄 정도로 매우 귀한 품목이었다. 하지만 세월이 흘러 달걀이 반찬으로 매일 나올 정도로 흔해져도 항상 자녀의 생일상에는 달걀 두 개가 올라갔다. 그 달

갈의 의미는 알을 깨고 나와서 자신답게 성장하라는 의미가 함축되어 있었다.

이처럼 무탄트 메시지와 박목월 시인의 이야기는 생일의 의미를 돌아보게 한다. 우리는 매년 그냥 찾아오는 생일을 아무 의미 없이 형식적으로 축하한다. 이제는 매년 생일을 맞이하여 생일 당사자의 성장과 발전을 축하해주고, 당사자도 생일의 의미를 '더 나은 나를 위한 날'이라는 것으로 의미를 붙인다면 그 생일의 의미는 더 값질 것이다. 생일에서 '축하'라는 말을 '매일 매일 나아지는 자신'으로 해석한다면, 우리의 생일 축하는 더 멋지고 의미 있는 것이 될 것이다.

위의 지혜 사례에서도 알 수 있듯이 살아가면서 지혜가 중요하고 필요하다는 것에는 누구나 공감할 것이다. 성경의 잠언 3장 13-18절에서도 지혜가 필요함을 언급하고 있다. "지혜를 얻은 자는 복이 있나니 지혜를 얻는 것이 은을 얻는 것보다 낫고 그 이익이 금보다 나음이니라. 지혜는 진주보다 귀하니 네가 원하는 모든 것도 이에 비교할 수 없도다. 그 오른손에는 장수가 있고 그 왼손에는 부귀가 있나니 그 길은 즐거운 길이요 다 평강이니라. 지혜는 그 얻은 자에게 생명나무라 지혜를 가진 자는 복되도다." 최근의 지혜 연구에서도 지혜가 신체적 건강, 수입, 사회경제적 지위, 물리적 환경, 사회적 관계보다 삶의 만족에 더 큰 영향을 준다고 보고하고 있다. 한편, 지혜는 학력과 관련성이 거의 없으며, 나이 많은 사람에게 자동적으로 주어지는 것이 아니고 나이 든 사람들이 더 가질 수 있는 것도 아니다.

02 지혜 사례, 인간 처세를 말하다

지혜로운 사람들은 대체로 삶 자체로부터 초연해질 수 있다. 이들은 삶에서 자신이 통제할 수 없는 상실을 인정하고, 신체적 질병에 대해 의학적인 방법뿐 아니라 유머로 대처함으로써 만족과 평화로움을 보인다. 철학자 블라세 파스칼(Blaise Pascal)에 따르면, "지혜로운 사람은 이해관계를 떠나 누구에게나 친절하고 어진 마음으로 대하게 되는데, 그것은 어진 마음 자체가 자신에게 따스한 체온이 되기 때문이다."라고 하였다. 이처럼 지혜는 인간 처세에 매우 필요하다.

1) 지혜 사례 1. 아버지의 유언

한 노인이 숨을 거두면서 세 아들에게 유언했다. "내 재산은 오로지 소 17마리뿐이다. 큰아들은 반을, 둘째아들은 3분의 1을, 막내아들은 9분의 1을 갖도록 해라." 아버지가 죽자 세 아들은 17마리 소를 아버지의 유언대로 나누려 했다. 그런데 그 계산이 쉽지가 않았다. 그도 그럴 것이 큰아들의 몫인 절반은 17×1/2=8.5로 8마리하고도 반이니 산 소를 반으로 잘라야 했고, 둘째 아들은 17×1/3=5.666…, 셋째 아들은 17×1/9=1.888… 즉, 계산 자체가 되지 않았기 때문이었다. 그리하여 세 아들은 마을에서 가장 지혜롭다는 노인을 찾아가 도움을 청했다. 이들의 이야기를 들은 노인이 잠시 생각에 잠기다가 빙그레 웃더니 자신의 소 한 마리를 더 가져와 계산을 했다. "자 이제부터 자네들 아버지의 유언을 집행하겠네. 큰 아들 몫은 절반이라고 했으니 여기 18마리 중 9마리를 갖게. 그리고 둘째 아들은 3분의 1인 6마리를 갖고, 마지막으로 막내아들은 9분의 1인 2마리를 갖도록 하게. 그러면 17마리가 되어 한마리가 남으니, 그것은 원래 주인인 내가 도로 가져가겠네." 노인의 이 해결책에 세 아들이 무릎을 쳤다. 왜냐하면 노인의 지혜로운 집행 방법으로 아버지의 유언을 받들었고, 또 원래의 자기 몫보다 더 많은 분배를 받았기 때문이다. 노인이 소 한 마리를 더 가져와 세 아들의 문제를 해결해주고 다시 한 마리를 가져간 해결 방법은 참으로 특이한 방법이다. 왜냐하면 노인 자신도 손해를 보지 않았고, 또 자칫 잘못하면 형제간의 우애를 망칠 수도 있었지만, 노인의 지혜로 형제들의 우애도 지켜주었고 세 아들의 고민도 말끔히 풀어준 획기적인 방법이었기 때문이다.

2) 지혜 사례 2. 멈추지 않는 기차 딜레마

마이클 센델(Michael Sandel, 2014)의 정의에 관한 강의를 보면, '고장 난 기차 딜레마'라는 내용이 나온다. 그는 다음의 두 가지 딜레마 상황을 가정하게 하고, 우리에게 '어떤 행동을 할 것인지?', 과연 '정의로운 행동은 어떠한 것인지?'에 관한 질문을 던져서 정의에 관하여 스스로 생각해 보게 한다. 물론 정해진 정답은 없다. 각자 다음 상황의 주인공이 되어 그 해결책을 고민해보자. 당신은 과연 어떤 해답을 내 놓을 것인가?

(1) 첫 번째 상황

당신이 운전하는 기차 앞에는 5명의 인부가 일을 하고 있다. 황급히 브레이크를 잡아보지만 브레이크가 고장이 났는지 말을 듣지 않는다. 이 때 옆 선로로 운행방향을 변경하면 되지 않을까 하는 생각이 든다. 하지만 다른 선로에도 인부 1명이 일을 하고 있다. 이제 시간이 없다. 당신은 이제 선택해야만 한다. 선로를 바꿀 것인가?, 말 것인가?, 인부들의 목숨은 당신 손에 달려 있다. 이 상황에서 당신은 어떤 고민을 할 것인가? 기차를 그냥 가게 둔다면 5명이 죽겠지만 만약 방향을 바꾸면 1명만 죽게 될 것이다. 기차를 어떤 방향으로 향하든 결국 누군가는 죽게 되는 상황이다. 그렇다면 과연 1명을 희생해서 5명의 목숨을 구하는 게 옳은가? 아니면 더 많은 사람의 목숨을 구한다 해도 죄 없는 한 사람을 죽여서는 안 된다고 생각하는가? 이러한 위급한 상황에서 또 다른 방법을 모색한다면 당신은 어떤 방법을 찾을 수 있을 것인가?

(2) 두 번째 상황

당신은 전차선로가 내려다보이는 다리 위에 있다. 기차는 브레이크가 고장 난 상황이고, 철로에는 인부 5명이 있다. 어쩔 줄 몰라 하던 중 당신 옆에는 뚱뚱한 사람이 한 명 서 있다. 뚱뚱한 남자를 밀면 그는 죽겠지만 기차를 세울 수 있고 5명을 살릴 수 있다. 그렇다면 그를 밀어서 5명을 살려야 할까? 당신이라면 이 상황에 어떤 선택을 할 것인가?

과연 어떤 선택이 정의로운 선택이 될 것인가? 마이클 센델은 이런 식으로 여러 가지 딜레마적인 상황을 제시한다. 누구나 이러한 상황이 주어지면 나름대로 자신의 논리를 들어서 입장을 내세운다. 하지만 이걸 선택하자니 저것이 걸리고, 저걸 선택하자니 이것이 걸리는 이런 딜레마 상황은 늘 우리 삶에 도사리고 있다. 우리는 삶의 딜레마 상황에서 선택해야 하는 일은 쉽지 않다. 왜냐하면 대부분의 우리네 삶은 정답이 없는 딜레마적 상황들로 가득 차 있기 때문이다. 마이클 센델의 이 딜레마적인 상황은 우리에게 고정관념의 틀에서 이성의 불안을 일깨워서 혼란을 초래하게 한다. 이런 혼란과정에서 우리는 멈추지 않는 기차를 두고 벌어지는 대 위기 극복 영화인 '언스토퍼블'(Unstoppable)처럼 급하게 대응하기 보다 생각하는 시간을 만들어 대안을 풀어 가는 것이 필요하다. 그렇다. 해답은 의외로 간단한 것이다. 우선은 인부들에게 고함을 치거나 경적을 울리면서 피하라고 신호를 보내면 하나의 문제는 일단 해결된다. 물론 본질적인 해결책은 아직 남아 있겠지만, 이처럼 딜레마 상황을 어떻게 극복하느냐 하는 고민에서 때로는 작은 것부터 하나씩 풀어가면서 전체를 푸는 지혜도 필요하다.

3) 지혜 사례 3. 네 명의 부인을 둔 왕

> 어느 나라에 네 명의 부인을 둔 왕이 있었다. 이 왕은 네 명의 부인을 대하는 이유가 각각 달랐다. 첫째 부인은 너무 사랑한 나머지 자나 깨나 늘 곁에 두고 살아가고 싶어 했으며, 둘째 부인은 사람들과 피투성이가 되어 싸우면서 쟁취한 아내이기 때문에 사랑하며, 셋째 부인은 마음이 잘 맞아 늘 같이 즐겁게 어울려 다닐 수 있는 것이 그 이유였다. 하지만 유독 넷째 부인에게는 별반 관심이 없었다. 그런 왕의 태도로 인해 넷째 부인은 늘 하녀 취급을 받으며 온갖 궂은 일만을 도맡아 했지만 전혀 싫은 내색을 하지 않았다. 어느 날, 왕이 머나먼 나라로 떠나야 할 일이 생겼다. 왕은 생각하였다. 첫째 부인은 함께 가줄 것이라 예상하면서 같이 가자는 얘기를 꺼냈다. 하지만 같이 가줄 거라는 왕의 생각과는 달리 첫째 부인은 혼자 펄쩍 뛰면서 같이 가줄 수 없다고 했다. 첫째 부인에게 실망한 왕은 둘째 부인에게 가서 같이 가줄 것을 부탁했지만, 둘째 부인은 첫 번째 부인이 가지 않는데 왜 자기가 가야 하냐고 하면서 단호히 거절했다. 그 다음 셋째 부인도 자신은 성문 입구까지만 함께 가줄 수 있다며 그 이상은 가줄 수 없다고 했다. 그러나 넷째 부인은 자신은 왕이 가는 곳이라면 어디라도 같이 갈 수 있으며, 함께 가주겠다고 하였다.

이 이야기는 불교 경전에 나오는 이야기이다. 이 이야기가 전하고자 하는 지혜에 관한 의미는 다음과 같다. 머나먼 나라는 저승길을 의미한다. 그리고 첫째 부인은 인간의 육신을 의미하는 것으로서, 이 육신은 지금 함께 살아가지만 언젠가는 죽게 되고 누구나 이 육신을 저승까지 데리고 갈 수 없다는 것을 의미한다. 둘째 부인은 재물과 권력을 비유하는데, 세상살이에서 사람들과 피투성이가 되어 싸우면서 얻은 재물과 권력도 저승까지 영원히 함께 가지 못한다는 것을 우회적으로 표현한 것이다. 셋째 부인은 우리 주변의 일가친척과 친구들을 비유한 것인데, 마음이 맞아 늘 같이 어울려 다니던 이들도 성문 앞(화장터)까지는 따라와 주지만, 저승까지 함께 가 줄 수는 없다는 의미이다. 죽음 앞에서는 누구나 혼자이고, 시간이 지나면 대부분의 사람들은 죽은 사람을 잊어버릴 것이다. 넷째 부인은 마음을 말한다. 즉, 살아 있는 동안은 별 관심도 보여주지 않고 궂은 일만 도맡아 하게 했지만, 죽을 때 어디든 따라가겠다고 나서는 것은 자기 자신의 마음뿐인 것이다. 이 이야기가 주는 교훈은 누구나 세상을 살아가면서 자신의 신체꾸미기, 재물, 권력, 사람과의 교류에 시간을 뺏기기보다는 항상 자신의 마음 닦기를 게을리 하지 말아야 한다는 것을 의미한다.

4) 지혜 사례 4. 공주와의 달리기 시합

> 어느 작은 나라의 황제는 아주 용감하고 능력 있는 사위를 맞이하고 싶어 했다. 왜냐하면 황제는 자신의 나라를 제대로 다스리기 위해서는 능력 있는 사윗감이 필요했기 때문이다. 그래서 황제는 사위가 될 사람은 자기 딸인 공주와 달리기 시합에서 이겨야만 사위가 되며, 지는 경우에는 목숨을 내어놓아야 한다고 공표했다. 하지만 공주는 누구보다도 빨리 달리는 능력을 가지고 있어서 아무도 선뜻 나서려고 하지 않았다. 그 때 어떤 기사가 나와 그녀와 달리기 시합을 하겠다고 자청했다. 시합에서 지면 목숨이 날아갈 판이지만, 그 기사는 공주와 달리기 경주에 나섰다. 기사는 꾀를 내었다. 그것은 달리기 시합에 나설 때 황금구슬 3개를 미리 준비해서 공주가 자신을 앞지를 때마다 황금 구슬을 하나씩 던지는 계획이었다. 그렇게 되면 공주는 황금 구슬을 줍느라 멈칫 거릴 것이며, 그 때 자신이 공주를 앞서겠다는 생각이었다. 기사의 계획대로 그 경주에서 공주는 지고 기사가 승리를 거두게 되었으며, 공주와 결혼을 하여 황제의 사위가 될 수 있었다.

이 이야기가 제시하는 지혜의 의미는 다음과 같다. 이야기에 등장하는 황제는 하느님으로 비유되며, 공주는 인간, 기사는 악마를 의미한다. 즉, 황금구슬은 악마의 유혹인데, 첫 번째 구슬은 청년기의 육체적 욕망, 두 번째 구슬은 중년기의 오만, 세 번째 구슬은 노년기의 탐욕을 의미한다. 누구나 인생을 살면서 여러 가지 유혹이나 욕망 상황을 만나게 된다. 악마가 던지는 세 가지 구슬을 이겨내지 못하면 결국 패가

망신하는 사례를 우리는 주위에서 흔히 보게 된다. 이처럼 살아가면서 누구에게나 다가오는 육체적 욕망이나 오만, 탐욕을 스스로 버릴 수 있는 마음가짐이 있어야 한다.

5) 지혜 사례 5. 오류를 고려한 설계

요즘은 화장실 문화가 잘 발달하여 공중화장실이 예전에 비해 상당히 깔끔하다. 공중화장실에 시나 그림이 걸려 있기도 하고, 아름다운 문구나 기본 에티켓 등을 적어 놓는 경우가 많다. 남자라면 누구나 남자 화장실에서 이런 문구를 한 번쯤 본 적이 있을 것이다. '남자가 흘리지 말아야 할 것은 눈물만이 아닙니다.', '한발 더 다가서는 당신이 아름답습니다.', '당신이 한발 더 다가선다면 오늘 제가 본 것을 비밀로 하겠습니다.' 등 이런 문구들은 소변이 소변기 밖으로 튀는 것을 방지하기 위해서 적어 놓은 것이다. 이것 외에도 소변이 튀는 방지를 위해 기발한 아이디어들을 만들곤 한다. 암스테르담의 스키폴 공항에서는 남자 화장실의 소변기에 파리 모양을 붙여서 파리에 대한 남자의 사냥 본능을 자극함으로써 소변이 소변기 밖으로 새어나가는 것을 80%나 줄인 일화가 있다. 또 어떤 맥주 가게에서는 소변기에 스키 게임을 설정하여 새어나가는 양도 줄이고 게임을 통한 경쟁심리를 자극하여 매출액도 늘렸다. 국내에서도 영동고속도로의 양평 자연휴게소 내 남자화장실에 비디오 게임기가 설치되어 있다. 이 소변기에 설치된 게임에서 화면 속 라이벌과 경쟁도 해보고, 소변을 보는 세기(km/h)와 양(ml)을 알아볼 수 있게 설계되어 있다.

우리 주변에서 흔히 누구나 한 번씩 겪는 일 중에서 자동차 키를 두고 차문을 잠근 경우가 더러 있다. 이를 해결하기 위해서는 자동차 키를 차 안에서 꺼내지 않았을 경우 자동차 문이 잠기지 않게 설계하는 것이 필요하다. 복사기에 원본을 깜빡 잊고 복사물만 챙겨온 경우에도 원본에 대한 경고 메시지나 경고음을 띄우는 등 다양하게 설계되고 있다. 이처럼 다양한 제품에서 사람이 저지를 수 있는 오류를 줄일 수 있도록 지혜롭게 제품을 만드는 것이 필요하다.

6) 지혜 사례 6. 누가 팝콘을 더 많이 먹을까?

2000년 코넬 대학교 식품 및 브랜드 연구소의 브라이언 원싱크(Brian Wansink) 연구팀은 '먹는 것'과 관련해 매우 흥미로운 실험을 했다. 연구팀은 미국의 어느 극장에서 영화를 보러 온 사람들에게 공짜로 음료수 한 병과 팝콘 한 통을 주고, 영화 관람 후에 잠깐 남아서 구내 매점에 관한 설문조사에 응해 달라고 했다. 그런데 관객들이 받은 팝콘은 뭔가 이상했다. 그 팝콘은 연구팀이 일부러 눅눅하게 만들어 맛이 너무 없었다. 어떤 사람들은 중형용기에 담긴 팝콘을 받았고, 어떤 사람들은 대형 용기에 든 팝콘을 받았다. 사실 이 실험은 구내매점에 관한 것이 아니라 과연 '대형용기를 가진 사람들이 더 많이 먹게 될 것인가?'라는 질문에 대한 해답을 찾기 위한 것이었다. 중형이든 대형이든 용기가 매우 컸기 때문에 팝콘을 다 먹은 관객은 단 한 명도 없었다. 연구자들은 영화 관람 후 용기를 수거해 '누가 팝콘을 얼마나 먹었는지' 정확하게 측정했다. 결과는 어떻게 나왔을까? 결과는 놀라웠다. 대형용기를 받은 사람들이 중형용기를 받은 사람들보다 팝콘을 53%나 더 많이 먹은 것이다. 이것은 대형용기를 받은 사람들이 용기에 손이 약 21차례나 더 갔다는 것을 의미한다. 그것도 눅눅해서 씹으면 눅진거리는, 맛이 형편없는 팝콘을 말이다. 이후 여러 곳에서 같은 실험을 했는데 역시 비슷한 실험결과가 나왔다.

우리 주위를 둘러보면 다이어트 광풍이라고 할 만큼 많은 사람들이 다이어트에 관심이 많다. 추측컨데 누구나 한두 번쯤은 다이어트를 시도해 본 경험이 있을 것이다. 그리고 성공해 본 경험보다는 실패한 경험이 더 많을 것이다. 그렇다면 다이어트에 성공하기 위해서 필요한 것은 무엇이겠는가? 그렇다. 평소에 자기가 늘 사용하던 그릇보다 더 작은 밥그릇이나 숟가락을 이용하면 된다. 우리는 다이어트가 어렵기 때문에 그것을 성공하려면 많은 것들을 동원해야 한다고 생각한다. 다이어트에 대해 공부도 많이 하고 음식의 칼로리도 자세히 점검하며 엄청난 의지력을 발휘해야 한다고 말이다. 하지만 우리가 어렵게 생각하는 큰 과제들도 오직 '작은 변화'만을 통해서 얼마든지 해결할 수 있다. 우리는 다이어트에 대한 우리의 의지와 약속을 믿어서는 안 된다. 기억하자. 대형용기가 아니라 소형용기가 필요한 것이다. 사람들의 다이어트를 위해서는 사람들에게 사고방식을 바꾸도록 납득시키는 것보다 용기의 크기를 줄이는 일이 쉽고 확실한 방법이라는 것이다.

이것은 해결하기 어려운 문제나 도전 과제도 사고의 틀을 바꾸면 쉽게 풀 수 있다는 것을 말해준다. 개인의 행동방식에 변화를 가하려면 그의 가슴과 머리에도 영향을 주어야 하지만, 무엇보다 환경을 바꾸어 주면 된다는 것이다. 누군가의 행동방식에 변화를 가하려면 먼저 '맹모삼천지교(孟母三遷之敎)'처럼 그 사람의 상황을 바꿔주는 것도 지혜로운 발상이다.

7) 지혜 사례 7. 합리적 소비

합리적 소비란 무엇일까? 합리적 소비는 '먼 미래까지 내다보고 가지고 있는 돈을 고려해서 여러 가지 상품 가운데서 적절한 물건을 선택하고, 최대 만족을 얻는 소비행위'를 의미한다. 하지만 많은 소비자는 1+1의 함정에 쉽게 빠진다. 하나만 필요함에도 불구하고 필요 없는 것에 소비를 한다. 이는 흔히 커피숍에 가면 보이는 현상이다. 커피가 3,000원, 샌드위치가 3,000원이지만 커피와 샌드위치 두 가지를 동시에 사면 4,500원이라고 제시되어 있다. 이런 경우 커피만 마시러 왔다가도 커피와 샌드위치를 둘다 사는 성향을 보인다. 왜냐하면 1,500원을 아낀다고 생각하기 때문이다. 현실은 1,500원을 더 지출함에도 사람들은 순간적으로 자신에게 이득이 된다고 착각하는 것이다. 또한 식품 매장에서 선착순 10명으로 호객행위를 하면 주변의 고객들이 달려가기 시작하는 경우를 허다하게 볼 수 있다. 이런 경우 대부분 팔리다 남은 마지막 물건이거나 정리해야 할 물건, 아니면 매장 운영상 시간 단위로 선착순을 외쳐 고객들을 모으는 매장 측의 영업 전략인 것이다. 이런 경우에도 고객들은 쉽게 소비심리를 자극하는 함정에 빠져 물건을 구매하는 것이다. 그 물건이 마치 싼 것인 양 느껴지고 굳이 필요하지도 않은 물건인데 말이다. 이러한 함정에 쉽게 빠지지 않기 위해서는 합리적인 소비를 하기 위한 계획을 미리 세우는 지혜가 필요하다.

8) 지혜 사례 8. 인생의 성공 비결

옛날에 한 청년이 왕을 찾아가 인생의 성공 비결을 가르쳐 달라고 간청했다. 왕은 말없이 컵에다 포도주를 가득 따라 청년에게 건네준 뒤에 큰 소리로 군인을 불러 명령했다. "이 청년이 포도주 잔을 들고 시내를 한 바퀴 도는 동안 너는 칼을 빼 들고 그를 따라 가거라. 만약 그가 포도주를 엎지를 때에는 즉시 목을 내리쳐라!" 청년은 식은땀을 흘리며 잔을 들고 천신만고 끝에 시내를 한 바퀴 돌아 왕 앞에 섰다. 왕은 청년에게 물었다. "그래, 시내를 도는 동안 무엇을 보고 들었느냐?" 땀으로 흠뻑 젖은 청년은 휘둥그레진 눈으로 왕에게 더듬거리며 대답했다. "잔에 있는 포도주가 쏟아질까 봐 아무 것도 보지 못했습니다." 청년의 말이 끝나자 왕은 화가 난 목소리로 다시 물었다. "넌 거리에 있는 거지도, 장사꾼들도 못 보고 술집에서 노래하는 소리도 듣지 못했단 말이냐?" 청년은 왕의 호통에 겁을 벌벌 떨며 말했다. "네 저는 아무 것도 보지도, 듣지도 못했습니다." 그 순간 왕의 표정이 밝아지더니 웃으며 말했다. "그래, 그것이 인생의 성공 비결이다. 네가 거리를 한 바퀴 돌면서 정신을 집중시킨 것처럼 모든 일에 집중하면 어떤 유혹과 나쁜 소리도 네게 들려오지 않을 것이다."

이처럼 인생을 성공하기 위한 비결은 의외로 매우 간단한 것일 수 있다. 주변에서 돈을 벌었다는 소문을 듣고는 따라하는 팔랑귀가 되지 말고 무슨 일에든 집중하여 최선을 다한다면 인생의 성공이 찾아올 것이다. 다음은 자신이 알고 있는 지혜 사례를 작성해보자.

작성해 보기

나만이 알고 있는 지혜 사례 써 보기

03 삶을 산처럼, 강물처럼 살자

지혜롭게 살기 위해서는 다음과 같은 6가지 지혜의 구성요소를 배우고 실천해야 한다. 통찰, 창의, 상대주의적 사고, 문제발견, 변증법적 사고, 그리고 상생이다.

1) 통찰

통찰의 사전적 의미는 '예리한 관찰력으로 사물을 환히 꿰뚫어 보는 것'이다. 현상 이면에 존재하는 개념이나 그 이면에 작용하는 원리를 볼 수 있는 것을 흔히 '통찰'이라고 한다. 이러한 통찰은 주어진 문제를 새로운 관점에서 바라보는 사고과정이 요구되며, 문제 상황에 대한 재구조화(restructuring)를 통해 '아하!' 하고 깨달을 때 발생한다.

쾰러(Kohler)는 침팬지 연구에서 통찰이론의 아이디어를 발견하였다. 쾰러의 실험을 보면 침팬지를 폐쇄된 우리 안에 가두어 놓고 손이 닿지 않는 곳에 바나나를 매달아 놓았다. 바나나를 본 침팬지는 그것을 먹기 위해 손을 뻗거나 발돋움을 하거나 뛰어 오르는 행동을 하였다. 이러한 시도가 실패하자 침팬지는 주변을 주의 깊게 살폈으며, 결국 상자를 쌓아 발판으로 이용하고 막대기를 이용하여 바나나를 땄다. 이 과정에서 알 수 있는 것은 침팬지는 몇 번의 시행착오 과정을 거치다가 바나나와 사태, 도구의 관계를 발견하여 문제를 해결한 것이다. 우리에 갇힌 침팬지는 '장(Field)' 또는 '형태(Gestalt)'가 되는 우리 안에서 바나나를 따기 위하여 상자나 장대를 수단으로 사용하였다. 쾰러는 침팬지가 주어진 장 혹은 형태를 활용하여 목적과 수단을 연결시키는 '통찰'을 한다고 보았다. 이러한 통찰의 실제 사례를 소개하면 다음과 같다.

(1) 사례 1. 대박집의 비밀

길가에 즐비하게 늘어선 음식점 중에서 많은 사람들이 찾는 대박집을 종종 볼 수 있다. 이런 대박집의 비밀은 무엇이며 쪽박집의 원인은 무엇일까? 일반적으로 대박집의 비밀로 쉽게 떠올릴 수 있는 것은 맛은 기본이고 좋은 원재료를 사용하고, 맛 이외에 특별한 무엇으로 차별화된 서비스나 화려하고, 특이한 인테리어 등이 있고, 고객을 세심하고 따뜻하게 배려하며, 단골손님을 만들며, 몇 번의 실패나 시행착오를 거쳤다고 생각한다. 물론 실제로 대박집을 방문하면 이런 현상을 볼 수 있다. 하지만 현실적으로 대박집을 가보면 최소한 30분 이상은 줄을 서거나 기다려야 하고, 메뉴 선택권도 없고, 종업원도 손님을 그다지 배려하지 않거나 불친절한 경우가 종종 있다. 또한 대박집이 잘되어 점포를 확장하거나 분점을 내면 망하거나 일반집으로 변하는 경우를 허다하게 볼 수 있다.

대박집의 비밀은 무엇일까? 대박집의 비밀은 대박집이 영업을 끝내고 난 후에 볼 수 있다. 이 시간에 요리사들은 끊임없이 새로운 메뉴를 개발하고 실험하며, 맛집으로 소문난 곳을 찾아가서 잘 되는 원인을 벤치마킹하면서 끊임없이 연구에 몰입한다. 하지만 단순히 겉모습만 보고 맛집을 모방하거나 이런 기본 정신을 망각한 채 분점을 늘리면 일반집으로 전락하거나 망하게 된다.

(2) 사례 2. 가수 싸이의 성공 비결

가수 싸이의 성공 비결을 얘기하라면 대부분 다음과 같은 것들을 얘기한다. 패러디하기 쉬운 춤과 노래, 유창한 영어 구사 능력, SNS와 유투브에 의한 패러디 영상물의 확산, 노래와 뮤직비디오의 조화와 타이밍, 저작권 방임, 세계 어느 지역이라도 동화될 수 있는 에너지와 흥(신명) 등이다. 하지만 이것만으로 충분한가? 결코 이런 것만으로 싸이가 세계적인 스타가 된 것은 아니다. 싸이의 성공 스토리의 숨겨진 비밀은 대중 아웃소싱(crowd outsourcing), 버클리음대 브라운 총장이 얘기한 싸이의 낮은 수업출석률, A급이 아닌 B급으로서의 자신의 주제 파악, 자기 비하, 싸이만의 개성과 강점 살리기, 보타이와 블랙 의상 등이 비결로 작용하여 현재 세계적인 스타로서의 싸이가 될 수 있었던 것이다.

이런 통찰력을 개발하기 위해서는 다음과 같은 인식의 전환과 적용 능력이 필요하다.

① 방법 1. 점, 선, 면, 입체, 그리고 역동을 보는 것이 필요하다.

삶에서의 문제해결을 위해서는 점으로만 보이는 문제해결 지식의 조각을 선으로 인식하고, 선으로 보이는 지식을 면으로 인식하고, 면을 입체로 인식하고, 입체는 역동적으로 회전하는 입체로 인지하여 문제를 접근하여 해결하는 것이 필요하다. 예를 들어, 삶이 단조롭고 무의미하다면 지나온 삶에 흩어져 있는 꿈과 희망, 아쉬움의 조각(점)을 찾고 그 점들을 선으로 연결하여 꿈 리스트를 만들고, 이것들을 자신의 삶의 목표나 비전(입체)으로 세우고 이를 자신의 삶에서 역동적으로 실천하면 누구나 부러워하는 행복한 사람이 되어 있을 것이다.

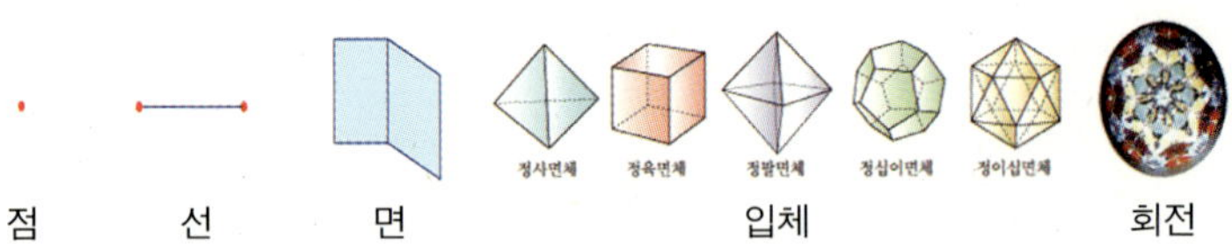

[그림 3-1] 점, 선, 면, 입체를 통한 통찰

② 방법 2. 보이지 않는 것을 보는 것이 필요하다.

흔히 '빙산의 일각(一角)'이라는 말을 많이 들어보았을 것이다. 빙산의 일각은 어떤 일의 대부분이 숨겨져 있고 겉으로 드러나는 것은 극히 일부분에 지나지 않음을 이르는 말이다. 하지만 이런 말에도 불구하고 사람들은 빙산이 녹는다고 하면 눈으로 볼 수 있는, 즉 수면 위로 보이는 빙산만을 전체로 생각하는 경향이 있다. 하지만 빙산의 90%는 수면 아래에 있고, 수면 위에 나와 있는 것은 빙산의 일각이라고 판단해야 한다. 이처럼 통찰은 눈앞에 보이는 것만 볼 것이 아니라 사물 전체를 꿰뚫어 보는 사고이므로, 드러난 빙산 표면뿐 아니라 하부 구조까지 봐야 한다. 단순히 '사건이 일어났구나' 하는 반응을 넘어서서 [그림 3-2]처럼 사건의 원인이나 '과거-현재-미래'의 관점에서 원인이나 배경, 향후 예상되는 결과를 파악해야 한다. 특히 전체를 판단하는 자신의 신념이나 가치관이 적절한지, 아니면 이에 대한 수정과 변화가 필요한지에 대해서도 생각해보아야 한다.

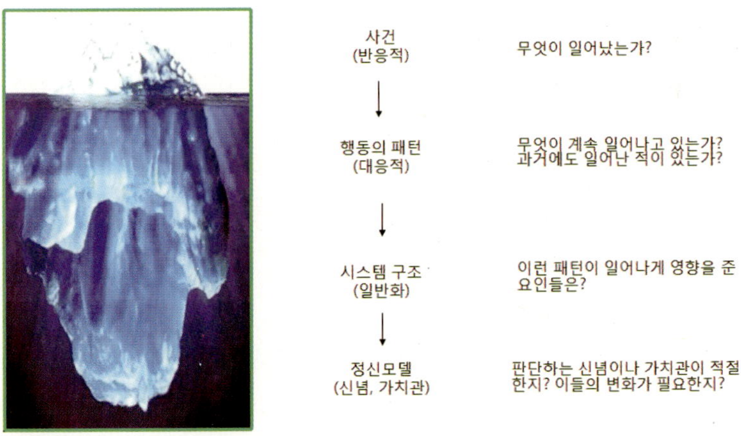

[그림 3-2] 통찰적 사고

③ 방법 3. 시스템적 사고(systemic thinking)를 하라.

우리나라의 속담에 '나무를 보고 숲을 보지 못한다.'라는 말이 있다. 시스템적 사고라는 말은 나무와 숲을 동시에 보되, 나무를 큰 전체인 숲과 숲을 둘러 싼 더 큰 전체인 환경의 맥락 속에서 나무와 숲을 이해하고 이들 환경, 나무, 숲 간의 상호작용을 이해하는 것이다. 통찰에는 이런 시스템적 사고를 하는 것이 필요하다. 시스템적 사고를 하기 위해서는 다음과 같은 인식 전환이 필요하다.

첫째, 나무를 보되 숲을 동시에 보는 능력을 가져야 한다. 군맹무상(群盲撫象)이란 여러 명의 장님이 코끼리를 어루만진다는 뜻이다. 「열반경」(涅槃經)에 나오는 이 어구는 식견(識見)이 좁아 자기 주관대로만 사물을 판단하는 경우를 비유한 고사이다. 인도의 경면왕(鏡面王)은 어느 날 장님들에게 코끼리라는 동물의 생김새를 가르쳐주기 위해 궁궐로 모이게 했다. 그들이 모두 모이자, 신하에게 코끼리를 끌고 오게 하고는 그들로 하여금 만져 보게 했다. 그리고 왕은 물었다. "코끼리가 어떻게 생겼는지 알겠느냐?" 그들 중 상아를 만져 본 장님은 "무와 같습니다."라고 답했고 귀를 만져 본 자는 "키와 같습니다."라고 말했다. 또한 머리를 만져 본 자는 "돌과 같습니다."라고 말했으며 코를 만져 본 자는 "절굿공이 같습니다."라고 말했다. 이처럼 장님들은 각자 자신들이 만져 본 부위가 코끼리의 전부인양 착각했다. 이런 경우처럼 부분만 보고 전체를 본 것으로 착각하는 경우를 빗대는 말로 "장님이 코끼리 만지기식이다."라는 표현으로 널리 쓰인다.

한편, 부분만을 보고 전체를 왜곡하는 경우도 많다. 한 예로 여자가 달려가고 있다. 그리고 그 뒤를 남자가 달려가고 있다면 여러 가지 상상을 할 수 있다. 연인관계인가? 아니면 친구관계로 '나 잡아봐라' 놀이를 하는가? 아니면 도둑과 경찰인가? 이런저런 생각들을 할 것이다. 하지만 이와 다르게 남자 뒤로 사자가 달려가는 것을 본다면 '사자를 피해 달아나고 있구나'라고 생각할 수 있다. 하지만 사자 뒤로 산불이 나는 것을 보게 되면 '불을 피해서 모두가 달아나는구나'라고 생각할 것이다. 이런 경우처럼 부분을 가지고 전체를 왜곡해서 해석하는 경우가 허다하다. 따라서 타인과의 의견 대립이나 논쟁이 있을 때, 우리는 우리의 견해가 완전하다는 생각을 버리고 상대방의 시각(視覺)을 먼저 수용하고 받아들임으로써 자신의 생각을 보완하려는 자세가 필요하다. 더 나아가 상대방의 관점을 인정하고 수용함으로써 새로운 관점이나 전체를 볼 수 있는 넓은 사고를 할 수 있을 것이다.

둘째, 멀리 떨어져서 관조(觀照)하는 능력이 필요하다. 인간의 눈으로 볼 수 있는 것은 한계가 있다. 도구를 사용하지 않고 맨 눈으로 세포를 본다거나 상상하지 않고 사회나 지구를 본다는 것은 거의 불가능에 가깝다. 하지만 관조의 눈을 사용하면 충분히 볼 수 있다. 문제나 현상을 바라볼 때 세포처럼 정밀하게 보거나 인간의 눈높이에서, 조직의 차원, 사회적 관점, 지구 밖의 시점에서 바라볼 수 있는 다양한 접근이 필요하다. 특히 문제가 잘 풀리지 않을수록 한 발짝 떨어져서 다양한 시각에서 관조하는 것이 필요하다.

셋째, '통찰 2'에서도 제시되었듯이, '과거-현재-미래'를 동시에 볼 수 있는 관점이 필요하다. 누구나 감기에 걸려서 머리가 아프면 일시적으로 통증을 감소시키기 위해서 감기약을 먹는 경우가 많다. 하지만 이런 것은 일시적인 해결책(quick fix)일 뿐 근원적인 해결방법은 아니다. 감기는 충분한 휴식과 영양보충이 필요하다고 우리 몸이 보내는 신호임에도 불구하고 일시적인 신경안정을 통한 해결책을 쓰는 경우가 많다. 한편, 감기처럼 기간이 짧은 문제의 경우는 대부분 원인과 증상, 결과를 쉽게 인지하지만, '과거-현재-미래' 간의 기간이 길어 원인과 증상, 결과 간의 관계를 충분히 이해하지 못한 채 문제해결 방안을 실천한다면 지금의 문제해결방법이 잘못되어 몇 개월, 아니 몇 년 후의 문제를 초래하는 경우를 허다하게 볼 수 있다. 예를 들어, 현재 앓고 있는 당뇨병은 오랜기간동안 과도한 음식물 섭취와 운동량 부족으로 인한 생활습관에서 생겨났으며 미래의 당뇨합병증을 유발할 수 있다. 따라서 근원적인 처방은 생활습관의 개선에서 찾을 수 있다. 따라서 나무와 숲을 동시에 보면서 과거, 현재, 미래의 숲과 나무에 대한 전체를 동시에 볼 수 있는 시각이 필요하다.

2) 개선, 기회, 창조의 창의적 사고

길을 가다가 붕어빵 장수들을 본 적이 있을 것이다. 흔히 붕어빵 장수들이 고객으로부터 자주 듣는 불만 중의 하나는 '붕어빵에는 붕어가 없더라'라는 이야기이다. 예를 들어, 여러분이 붕어빵 장수를 하고 있는데 붕어빵 속에 붕어가 없다고 불평하는 고객을 만나면 어떻게 할 것인가? 붕어모양 팥빵이라고 정확하게 표기할 것인가? 아니면 포장지에 '실제 붕어는 전혀 들어 있지 않습니다.'라고 문구를 적어 놓을 것인가? 또한 가끔씩 붕어빵을 먹다가 내용물이 흘러 손에 묻는 것을 한번쯤은 경험해보았을 것이다. 이럴 경우 내용물을 흘리지 않도록 할 방법에는 어떤 것들이 있을까? 그냥 닦을 티슈를 건네 줄 것인가? 아니면 크기를 조절할 것인가? 아니면 종이컵에 담아줄 것인가? 장사하는 사람들은 누구나 한 번쯤 이런 고민을 했을 것이다. 한편, 피자나 햄버거에 익숙한 세대들이 붕어빵에 대한 기호가 달라서 사먹지 않는다면 여러분은 어떻게 할 것인가? 장사가 되지 않는다고 시작한 장사를 접을 것인가?

여기서 우리는 발상을 전환하여 이러한 문제들을 해결 할 수 있는 방법을 찾는 것이 필요하다. 간단한 생각의 전환만으로 매출을 높여서 대박이 나는 경우를 자주 볼 수 있다. 우선 문제가 있다면 그 문제가 되는 부분을 개선할 수 있는 여러 방법들을 생각할 수 있다. 예전에 스타킹이라는 TV 프로그램에서 방영한 사례로 한 입에 들어갈 수 있는 멸치붕어빵이나 파티용으로 10명 이상이 먹을 수 있는 대왕붕어빵으로 개선하여 대박이 난 경우가 그 예이다.

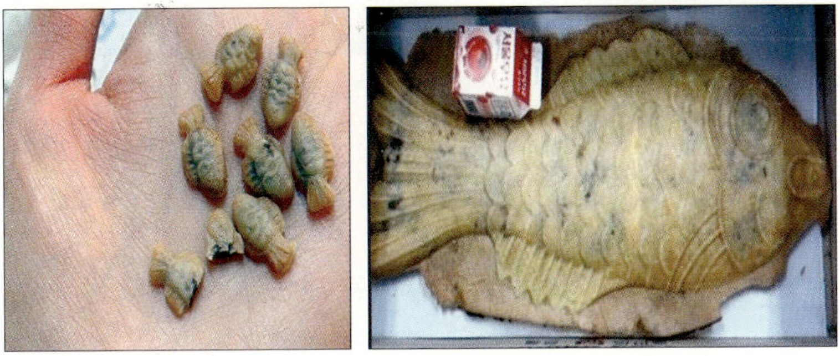

출처 _ SBS 스타킹

[그림 3-3] 멸치붕어빵과 대왕붕어빵

뿐만 아니라, 크기를 조절하는 것 외에 붕어빵 안에 들어가는 내용물을 단팥 외에 붕어살이나 어묵살, 슈크림이나 초콜릿, 사과잼 등 여러 가지 상상을 초월하는 기발한 내용물을 넣어 새로운 기회를 창조할 수 있다. '서울풀빵' 프랜차이즈를 운영하고 있는 이창렬 사장은 자동차 세일즈를 하다 '서울풀빵'이라는 브랜드를 창업하고, 중국 연변에 진출하여 성공을 거두었다. 글로벌 시장을 대상으로 새로운 기회를 찾아 나선 결과이다. 이제 기존 붕어빵만으로는 한계가 온 것이다.

한편, 기존의 붕어빵을 넘어서서 새롭게 붕어빵을 대체할 10만 원짜리 파티용 왕만두를 만들어 성공한 경우도 있다. 만두 안에 순대, 어묵, 햄, 소시지 등을 넣어서 파티용으로 팔아서 성공을 거둔 경우이다. 문제가 있는 경우에는 전혀 다른 새로운 것으로 창조하는 것이다. 따라서 문제가 있다면 개선이나 기회, 창조를 생각하는 것이 필요하다. 이와 같이 기존에 자신이 가지고 있는 생각의 폭을 넓히고 기발한 아이디어로 새로운 것들을 끊임없이 만들고, 도전하며, 시도한다면 성공은 우리 눈앞에 펼쳐지는 것이다.

출처 _ SBS 스타킹

[그림 3-4] 파티용 왕만두

3) 상대주의적 인식

다음의 자전거를 보고 어떤 생각이 드는가? 대부분의 사람들은 이 자전거는 작동하지 않거나 잘못 만들어졌다고 생각할 것이다. 하지만 이 자전거는 실제로 사용하는 자전거이다.

출처 _ Noman, D. A. (2013). The design of everyday things: Revised and expanded edition. Basic books.

[그림 3-5] 자전거의 정신모형

다음은 실제로 존재하는 다양한 종류의 자전거들이다. 기존에 우리가 알던 자전거와 달리, 세상의 자전거는 무궁무진하다는 것을 알 수 있다.

출처 _ Google website의 독창적이고 특이한 자전거 사진

[그림 3-6] 다양한 종류의 자전거

이처럼 앞의 자전거가 잘못되었다는 생각, 우리가 알고 경험한 것만이 정답이라는 생각의 원인이나 배경은 어디서 오는 걸까? 이런 사고의 배경이나 원인은 다음 두 가지이다.

첫째, 이런 사고의 배경에는 사물이나 사람에 대한 정신모형(mental model)이 존재한다는 것이다. 컴퓨터를 켜는 법이나 자동차를 시동 거는 법, 현금 인출기를 사용하는 법 등 복잡한 세상을 간단하게 이해하기 위한 정신모형이 존재한다는 것이다. 특히 기존의 정신모형에 벗어나는 것은 '다르다.'라는 것보다 '틀리다 또는 잘못되었다.'라는 인식체계가 작동한다.

둘째, 우리들은 어릴 때부터 시험을 통해서 정답이 존재한다는 생각에 젖어왔다. 이런 정답/비정답, 흑백의 이분법적인 사고는 중·고등학교 시기까지 흔히 볼 수 있다. 이후 대학에 입학하거나 사회생활을 하면서 흑과 백 외에 회색이 존재한다는 다양성을 인식하게 된다. 더 나아가 흑과 백, 회색이 상황에 따라 바뀔 수 있다는 상대주의를 인식하게 된다. 이 상대주의라는 의미는 우리의 눈앞에 보이는 모든 가치의 절대적 타당성을 부인하고, 그러한 모든 것들이 상대적이라고 보는 입장이다. 지혜로운 사람은 상대주의적 사고 하에 세상에 정답은 없다는 것을 인식하고 그에 따라 행동한다. 진리란 모두 주관적이라고 판단하는 포스트모더니즘(post-modernism)도 여기에 해당된다고 볼 수 있다. 물론 대다수의 사람들은 나이가 들어감에 따라 여기서 다양성이나 이분법으로 인식유형이 쇠퇴하는 경우가 많다. 노화가 원인임에도 불구하고, 노인이 되면 고집이 세어진다는 잘못된 관점도 흔히 볼 수 있다.

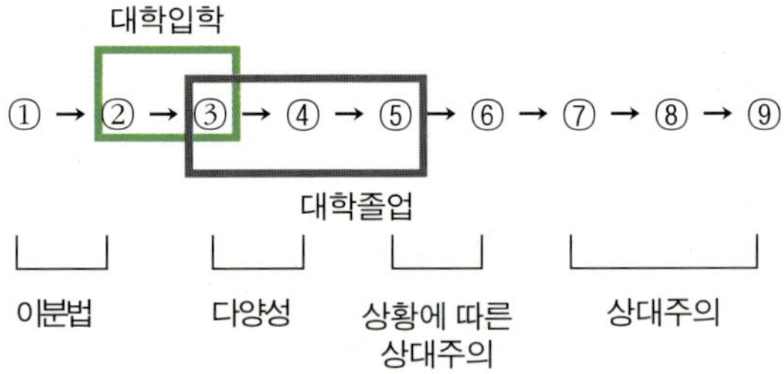

[그림 3-7] 인식 유형

이러한 상대주의의 입장으로 바라본 황희 정승의 삼가재상(三可宰相)을 소개하면 다음과 같다. 어느 날 황희 정승이 퇴청하여 집에 돌아오니 집안이 시끄러웠다. 하인들이 서로 말싸움을 벌이고 있던 중이었다. 싸우던 한 하인이 황희 정승 앞으로 달려와서 자신의 입장이 옳음을 늘어놓았다. 한참을 듣던 황희 정승은 이렇게 말했다. "네 말이 옳다." 지켜보던 다른 종이 억울하다는 듯이 달려와서 하소연했다. 한참을 듣던 황정승은 또 이렇게 말했다. "네 말도 옳다." 그러자 옆에서 이를 지켜보고 있던 황 정승의 부인이 말했다. "대감은 시비를 분명히 가려 주셔야지 이 아이의 말에도 '옳다'고 하시고, 저 아이의 말에도 '옳다'고 하시니 어찌된 일입니까?" 부인의 말을 다 듣고 난 황정승은 또 이렇게 말했다. "당신 말도 옳구려." 황희 정승의 이런 행동은 우유부단하게 보일 수 있지만 사람은 누구나 각각의 입장이 있음을 인정하고, 절대적 상대주의 인식관점에서 접근하여 함부로 다른 사람에 대해 판단하거나 비난하는 일을 삼가함으로써 더 이상 문제가 생기지 않게 만들었다는 지혜를 보여주고 있다.

4) 문제해결을 넘어서서 문제발견으로

초등학교 시절 우리는 다음과 같은 질문에 익숙할 것이다. 한국의 수도는 어디입니까? 보기는 ① 부산 ② 서울 ③ 제주 ④ 세종이다. 이런 질문에는 누구나 '② 서울'이라고 대답할 것이다. 중·고등학교 시절에는 유럽의 수도는 수로를 중심으로 형성되어 있다는 것을 배운다. 다음과 같은 질문 또한 마찬가지이다. 유럽 수도의 특징에 맞는 것은? ① 수도는 주로 농사와 관련된 평야에 위치해있다. ② 수도는 적으로부터의 침략에 대비하여 산 정상에 위치해 있다. ③ 수도는 물자 교류를 위한 강변에 위치해 있다. ④ 수도는 고원 지역에 위치해 있다. 이런 질문에는 누구나 ③번이 정답이라고 얘기할 것이다. 이런 질문의 특징에는 문제의 해결책이나 정답이 있다는 관점이다. 세상의 문제에는 해결책이나 정답이 있을까? 아마도 있는 경우보다는 없는 경우가 더 많을 것이다.

한편, 다음 문제를 살펴보자. 인터넷은 전 세계를 연결하는 수로입니다. 그렇다면 인터넷의 수도는 어디일까요? 이런 문제를 듣는 순간 우리의 머리는 복잡해지기 시작한다. 왜냐하면 기존의 틀에서는 정답이나 해결책을 찾을 수가 없기 때문이다. 이처럼 기존의 틀에서 벗어나 새롭게 문제를 제기함으로써 새로운 문제를 발견할 수 있다. 이처럼 기존 인식틀 밖의 문제나 획기적인 문제를 제기하는 것은 볼 수 없었던 영역까지도 우리의 시야를 넓혀 준다는 점에서 중요하다. 특히 기존의 인식틀에 따른 문제해결책이 미래의 문제를 예방하지도 못하고 적합하지도 않은 경우 새로운 시각에서 문제를 발견하고 그 관점에서 문제를 접근하는 것은 매우 중요하다.

예를 들면, 예전에는 농업은 농촌에서만 할 수 있거나 도시에서는 텃밭이나 아파트 베란다의 제한된 공간을 이용한 최소한의 농사만을 의미하였다. 하지만 새로운 시각으로 문제를 제기한 도시농업의 대표적 사례가 긴좌(銀座) 벌꿀이다. 도심 한복판에서 양봉이 가능할까? 우리 생각으로는 불가능할 것 같은 일이지만, 현재 일본 도쿄의 도심인 긴좌에는 15만 마리나 되는 벌이 있고, 긴좌에서만 매년 약 430kg의 벌꿀을 채취하고 있다. 양봉과정에 시민 누구나가 참여 가능하게 도시축제로 자리 잡게 하고, 긴좌에서 채집된 벌꿀은 긴좌의 음식점에서 백화점에서 관광객을 상대로 팔려나가고 있다. 국내에서도 서울시에서 도심 브랜딩을 위한 노력으로 2006년 〈서울 도심 양봉장〉을 추진하였다. 또한 함평의 나비축제는 2015년 기점으로 17회를 맞이하였다. 특별한 관광지가 딱히 없고, 그렇다고 나비가 많이 있는 것도 아닌 지역에서 나비라는 아이디어를 가지고 새로운 문제를 발견하여 지역경제 활성화에 도움을 주고 있다.

5) 변증법적 사고, 중용(中庸) : 골병과 속병의 중간

우리는 누구나가 정반합(正反合)의 변증법적 사고나, 과하거나 부족함이 없이 떳떳하며 한쪽으로 치우침이 없는 상태의 중용(中庸)에 대한 내용을 알고 있을 것이다. 하지만 이런 것을 생활에 실천한 적이 있는가? 사람들에게 양 극단만 지적해주면 스스로 정답을 찾을 수 있을까? 이를 삶에 실천하는 부산의 두레마을 식당을 운영하는 주인할머니 이야기를 소개하면 다음과 같다. 두레마을은 1, 2층으로 이루어진 고깃집 식당이다. 어느 날 필자가 식사를 하러 갔는데, 일층에는 사람이 많아서 자리가 복잡하고 기다리고 있었다. 그런데 이층 계단에 화분이 놓여 있고 이층을 사용하지 않고 있었다. 그래서 필자가 물어보았다. "일층이 복잡한데 이층을 사용하시면 매출도 늘고 좋지 않을까요?" 할머니께서 하시는 말씀이 "이층을 사용하면 매출이 느는 것은 맞아요. 하지만 접대할 종업원을 2명 더 고용해야 해야 해요. 늘어나는 매출만큼 이익이 늘지만, 그만큼 인건비도 늘어나므로 결국에는 이익이 지금과 차이가 나지 않아요. 대신 고기의 주문량이 늚에 따라 내가 다듬어야 할 채소나 파도 늘어나지요. 결국은 내가 골병이 들어요. 반대로 장사는 손님이 오지 않으면 속이 타는 속병이 생기죠. 따라서 장사는 골병과 속병 사이의 중간을 잘 타야 해요. 그래야 오래오래 하지요." 참 많은 것들을 생각하게 하는 일화이다.

6) 상생(相生)적 사고

사람들은 자신이 이기고 남이 지는 승패(win-lose)에 익숙해 있다. 입학이나 입사시험, 경기나 게임 등에서 흔히 볼 수 있다. 물론 혼자만 잘되고자 하는 승(win)의 사고도 흔히 볼 수 있다. 하지만 승패나 승의 사고는 종국에는 모두가 망하는 패패(lose-lose)적 결과를 초래한다. 일상에서 흔히 볼 수 있는 패패적 결과의 사례는 교차로 꼬리물기이다. 교차로에서 먼저 가겠다고 꼬리에 꼬리를 물고 이어지는 차량 때문에 제 신호가 들어와도 가지 못하고 결국 자동차들이 이리저리 뒤엉키고 길은 곧 아수라장이 된다. 그 결과 운전자들이 길바닥에 버려야 하는 시간과 돈이 적지 않게 발생한다.

지혜는 상생(win-win)적 사고에 기초한다(Sternberg, 1986). 이러한 상생적 사고는 공익을 달성하는 데 기초가 되는 가치이다. 자신의 이익(intrapersonal self-interest)과 타인의 이익(interpersonal), 그리고 사회 전체의 이익(extrapersonal)을 가져다 준다. 상생적 사고의 상실로 인한 어리석음(foolishness)의 비용은 매우 높다(예 : 전쟁, 대립화, 전 세계적 환경문제 등).

다음은 부산 사상구에 소재한 동보베크수지 하태경 사장의 상생적 사고의 일화이다. 어느 날 하사장은 중소기업으로부터 5,000원짜리 아크릴 제품을 주문받았다. 제품 주문 다음날 중소기업 실무자가 급한 사정으로 완성된 제품을 당일 택배로 배송을 요청했다. 택배비가 20,000원이었다. 하사장은 20,000원 택배비를 발신자인 자신이 부담하는 것으로 하고, 제품을 송부했다. 일반적으로 제품 가격과 택배비를 포함하여 누구나 25,000원을 청구하여야 하나, 하사장은 5,000원만 청구하였다. 그 이유를 물어보았다. 그 회사는 완성된 제품이 없을 경우 생산 차질이 생길 수 있고, 택배비를 청구하기 위해 실무자가 다시 기안하여 사장까지 결재하면 시간이 걸리고, 그 직원은 상사로부터 미리 제품을 챙기지 못해서 무능력하다고 질책 받을 가능성이 높았기 때문이다. 따라서 필요한 제품을 빠르게 배송함에 따라 그 실무자도 문제가 없고 회사의 생산도 차질이 없게 된다는 것이다. 또한 "그 중소기업 실무자에게 신뢰를 주면 장기적으로 그 회사와는 단골 고객이 될 수 있다."고 하였다. 즉, 이러한 작은 것 하나로 감동을 받고 "한 번 고객으로 신뢰를 가지게 되면 단골 고객이 되고, 그 이후로 늘어나는 거래량으로 적자인 20,000원은 충분히 상쇄할 수 있다."고 하였다.

지금까지 지혜를 실천하기 위한 방안으로 통찰, 창의적 사고, 상대주의, 문제발견, 변증법적 사고, 상생을 제시하였다. 이런 방안 외에도 지혜를 실천하기 위한 방안은 더 있을 것이다. 하지만 분명한 것 하나는 누구나 지혜를 배우고 실천해야 한다는 것이다. 이를 위해서는 지혜에 관하여 학습하고, 지혜의 시각을 계발하고, 지혜를 실천하는 것이 필요하다. 이를 위해서 삶 속에서 지혜를 연습하고, 주변 사람과 지혜를 상호 학습하기 위한 다양한 학습 활동(예 : 멘토링, 학습동아리 등)에 참여하는 것이 필요하다. 다음에서 지혜의 각 구성요소별로 자신이 생각하는 지혜를 채우는 방법을 생각해보자.

작성해 보기

지혜를 채우기 위한 나만의 방법

통찰	
창의적 사고	
상대주의적 인식	
문제발견	
변증법적 사고, 중용	
상생적 사고	

성찰 및 계획하기

본 장의 내용에 기초하여 아래의 질문에 대한 자신의 생각을 정리해 보세요.

① 본 장의 요약

1.

2.

3.

② 자신의 의견(학습한 점, 느낀 점)

1.

2.

3.

③ 실천해야 할 사항

1.

2.

3.

【제 4 장】

신(新) 유목민의 시대, 전문가로 살아라

1. 신(新) 유목민의 시대가 도래하였다
2. 전문가는 역량으로 말한다
3. 나의 브랜드(I-Brand)를 개발하자

01 신(新)유목민의 시대가 도래하였다

과거의 진로나 경력선택 경로는 단순한 직선에 가깝다. 즉, 학교를 졸업하고 직장생활을 하면서 내부 경력을 쌓고 퇴직하는 양상이었다. 즉, '첫 직장이 평생직장'이라는 생각으로 취업을 하고 나면 거의 대부분의 사람들이 다른 직장으로 이직하는 경우가 드물거나 이직하는 것을 기피하는 사회적 분위기가 자리 잡고 있었다. 따라서 과거 20~30대 초반에는 자신의 경력목표에 맞추어 직업정체성(identity)을 확립하고, 직업을 선택하고, 직업에 필요한 역량을 개발했다. 30대 초반에서 40대에는 조직에 몰입하고 성과를 창출하기 위한 경력개발에 집중했다. 50대 이후 정년 퇴직준비 시기에는 제2의 인생을 살기 위한 은퇴 후 인생설계에 맞추어 경력개발이나 관리를 해야 하는 것으로 인식하고 있었다.

과거와 달리 요즘 '20대가 취업하면 가문의 영광이고, 30대가 직장 다니면 동네 잔치할 일, 40~50대가 아직 퇴직 안 했으면 국가적 경사, 60~70대가 아직도 은퇴 안 했으면 세계 8대 불가사의'라는 유머가 있다. 최근 우리 사회의 노동시장 현상으로 청년층에서는 고학력 미취업자들이 증가하고 있으며, 대학생들의 경우 대학 입학과 동시에 취업준비생, 일명 취준생으로 전락하거나 자신의 적성과는 무관하게 안정적인 직업을 선택하기 위해 곧바로 공무원 시험 등의 취업준비에 몰두하는 경우가 많아지고 있다. 또한 중·고등학생 학부모의 경우, 자녀의 직업선택 시 적성이나 능력보다는 안정과 보수를 중시하고 현장직보다는 머리를 쓰는 직업을 선호하는 경향을 보인다(조희경, 2013). 대학생의 경우, 인턴 등의 현장 경험을 통한 전문역량을 개발하는 경우도 있지만 대부분 학점, 어학연수, 토익, 자격증 등의 스펙 쌓기에 열중이고(채창균, 2012), 4년제 대졸 및 대학원졸 청년층 미취업자의 약 1/4은 공무원 시험을 준비 중에 있다(오호형, 2014). 중·장년층도 마찬가지로 고령화 시대를 맞아 직업을 가진 사람들에게도 일생동안 자의든 타의든 평균 7~10번의 직업의 변화를 겪고 있다. 이런 변화된 새로운 경력 현상으로 무경계경력(bounaryless career), 프로틴 경력(protean career), 다중 경력(multiple career) 등의 새로운 용어가 나타나고 있고, 개인들은 노동시장에서의 고용가능성을 중시하며, 살아남기 위해서는 지속적인 학습을 통해 자신의 역량이나 전문성을 높일 필요가 있다. 즉, 자신의 고용가능성을 높이기 위해서는 스스로 자신의 역량을 유지 및 개발하기 위해 끊임없이 투자해야 한다.

행복하이소 4

하지만 상당한 수의 개인은 별다른 준비 없이 경력변화를 맞이하고 있다. 리크루트(2002)의 경력 연구에 따르면, 자신의 경력개발과 관리의 책임은 개인에게 있다고 83%가 응답하였으며, 더불어 조직의 목표를 달성하기 위하여 요구되는 역량을 유지하고 개발하는 책임은 개인에게 있다고 56%가 응답하였으나, 응답자의 절반 이상이 경력관리에 대한 준비가 없고, 1/3의 조직구성원은 자신의 경력 방향을 결정할 능력이 없다고 믿고 있다는 결과가 나왔다. 은퇴자도 절반이 생계형으로 재취업의 장벽이 높아 사회적 빈곤층으로 전락할 가능성이 높다(손유미, 이성, 2011).

이제는 개인 스스로가 고용안정성(employment security)의 패러다임에서 벗어나 평생 고용가능성(employability security)의 패러다임으로 인식틀을 바꾸고, 이에 맞게 자신의 역량을 개발하는 것이 요구된다. 이를 위해 개인은 평생직업에 있어서 자신을 하나의 프로페셔널로서, 자유계약학습자(free agent learner)로서, 자신의 전문성과 경력사항(career portfolio)을 관리하고 개발하는 근원적인 변화가 필요하다. 여기서의 근원적인 변화란 개인이 평생 전문직업인으로서 환경변화와 자신의 정체성(삶의 목표, 우선순위, 가치)에 맞추어 자신의 직업을 구하고, 직업을 통하여 개인의 발전과 조직의 성장에 공헌하며, 전문직업인으로서의 직업적 안정성을 확보하는

데 요구되는 역량(competencies)을 개발하고 활용하는 것이다. 이를 위해서는 무엇보다도 자신의 경력정체성이 무엇인지를 판단하고, 이에 맞추어 자신의 직업을 선택하고, 직업에서 요구하는 역량을 개발하고 제고하며, 정체성 달성에 필요한 직업 경험을 다양화하는 것이 필요하다. 왜냐하면 성공하는 사람들의 특징 중의 하나가 자신의 삶에 대한 목표, 흥미, 가치관과 일치하게 경력관리 및 개발을 한다는 것이다. 외부환경에 의하여 자신의 흥미나 가치를 개발할 기회를 놓치거나 지체시키는 경우는 대부분 실패하거나 자신의 직업에 대하여 만족스럽게 여기지 못한다.

근원적인 변화를 위해서는 다음 질문에 답변을 하여야 한다. ① 정체성 : 나는 누구인가? ② 신념과 가치 : 내 인생에서 소중한 가치는 무엇인가? ③ 직업 : 정체성에 맞추어 어떤 전문 직업들을 가져야 하는가? ④ 역량 : 직업에 필요한 역량을 어떻게 학습할 수 있는가? ⑤ 환경 : 정체성에 맞는 직업과 역량개발은 언제, 어디서 해야 하는가?(출처 : Robert Diltz의 Logic level for change model을 인용한 CBS컨설팅 자료의 수정, 재인용)

전문직업인으로서 자신의 현재 및 미래 경력과 관계된 제반 여건(장·단기적 생애과제와 이슈, 역량, 삶의 우선순위, 직업에서 요구하는 역량 등)을 고려하여 자신의 삶의 변화단계마다 생애목표를 설정하고, 이를 달성해 가는 것이 필요하다. 특히 직업이나 역량개발에 있어서는 선택과 집중의 논리가 필요하다. 직업에 있어서는 자신의 정체성에 맞고 자신이 잘 할 수 있는 분야를 택하는 것이 필요하고, 학습에 있어서도 모든 분야를 학습하기보다는 자신의 역량개발에 맞추어 필요한 내용을 선택하고 집중하는 것이 필요하다.

02 전문가는 역량으로 말한다

1) 직업역량의 개발

자신의 브랜드를 만들기 위해서는 직업기초역량을 갖추어야 한다. 직업기초역량은 ① 개인이 자신의 진로개발을 하는 데 필요한 역량으로서 삶의 지향점을 설정하고, ② 자신의 진로를 선택하고, ③ 그러한 선택이 실제로 구현될 수 있도록 준비하고 노력하는 과정에서 필요한 지식, 스킬, 태도, 가치와 성향을 포괄하는 개념으로 특정한 직업이나 직무에 국한된 구체적인 능력만이 아니라, ④ 변화하는 사회에서 갖추어야 할 일반적인 능력을 일컫는다. UN, OECD의 DeSeCo 프로젝트, 한국교육개발원, 한국교육과정평가원, 한국직업능력개발원에서 개발된 직업기초역량과 구성요소는 다음 〈표 4-1〉과 같다.

표 4-1 _ 직업기초역량(핵심역량) 능력 항목 비교

구분	사고력	자기개발	수리활용	정보활용	기술활용	문제해결	의사소통	협력관계	전공지식	타문화이해
UN	×	O	×	×	O	×	O	O	O	O
OECD	×	O	×	O	O	O	O	O	×	O
한국교육개발원	O	O	×	O	O	O	O	O	O	O
한국교육과정평가원	O	O	O	O	×	O	O	O	O	O
한국직업능력개발원	O	O	×	O	O	O	O	O	×	O

한편, 글로벌 사회의 전문가로 성장하기 위해서는 직업기초역량과 더불어 필요한 지식이 있다. 유네스코에서는 알기 위한 지식(knowledge to know)(학습방법, 사고력, 메타인지, 비판적 능력), 행동하기 위한 지식(knowledge to act)(전문성, 자격, 역량의 현장 실천), 존재하기 위한 학습(knowledge to be)(자아실현, 자기다움의 완성), 함께 살기 위한 지식(knowledge to live together)(글로벌 환경이해, 다양성 사회 이해, 지구운명공동체의 인식)의 4가지를 제시하고 있다. 이 책에서는 급변하는 변화환경에 대처하기 위하여 추가적으로 변화하기 위한 지식(knowledge to change)이 필요하다고 본다. 이를 위해서는 개인 및 조직, 사회의 변화추진방법이나 미래설계와 관련된 미래학 등의 지식이 필요하다.

다음의 직업역량 영역별 자신의 역량(능력) 수준은 어느 정도인지 다음의 등급을 사용하여 체크하십시오.

작성해 보기

자신의 직업역량 평가하기

구분		매우 낮다	낮다	보통	높다	매우 높다
직업 기초 역량	1. 문해력(문자의 이해, 해석, 평가)	1	2	3	4	5
	2. 수리력	1	2	3	4	5
	3. ICT(정보기술 활용능력)	1	2	3	4	5
	4. 대인관계능력	1	2	3	4	5
	5. 의사소통능력	1	2	3	4	5
	6. 문제해결능력	1	2	3	4	5
	7. 외국어능력(예 : 영어, 일본어 등)	1	2	3	4	5
	8. 사업가 정신	1	2	3	4	5
	9. 자기주도적 학습능력	1	2	3	4	5
전문 역량	10. 전문지식·전문성	1	2	3	4	5
유네스코 핵심 역량	11. 알기 위한 지식(학습방법, 사고력, 메타인지, 비판 능력)	1	2	3	4	5
	12. 행동하기 위한 지식(전문성, 자격, 역량의 현장 실천력)	1	2	3	4	5
	13. 존재하기 위한 지식(자아실현, 자기다움의 완성지식)	1	2	3	4	5
	14. 함께 살기 위한 지식 (글로벌 환경, 다양성 사회 이해, 지구공동체 인식)	1	2	3	4	5
변화 역량	15. 변화하기 위한 지식(변화추진 방법, 미래학)	1	2	3	4	5

2) 전문성의 개발 방법

어떤 영역에서 보통 사람이 흔히 할 수 있는 수준 이상의 수행 능력을 보이는 것이 바로 전문성이다. 누구나 전문성을 갖추기 위해서 필요한 3가지 구성요소는 [그림 4-1]에 제시된 지식, 경험 및 문제해결이다(Swanson, 2010).

[그림 4-1]
전문성의 3가지 구성요소

(1) 지식을 습득하라

지식의 유형에는 서술지식(declarative knowledge, know-what), 절차지식(procedural knowledge, know-how), 상황지식(conditional knowledge, know-why & when), 지식의 응용(integration of know-what, how, why), 새 지식의 창조(creation of new knowledge) 등이 있다(Swanson, 2010). 서술지식(declarative knowledge)이나 내용지식은 '무엇이 어떻다는 지식(knowing what)'으로 정적인 형태의 지식이다. 서술지식에 대한 역량개발 목표는 '~을 안다, ~을 이해한다.'로 표현된다. 따라서 학습자는 서술지식을 주로 암기와 이해를 통해 학습하고, 서술지식에 대한 학습은 학습자의 암기와 이해를 돕기 위한 강의가 주로 이루어진다. 서술지식을 평가하는 기준은 얼마나 많은 양의 지식을 알고 있느냐는 것이다. 예를 들면, 컴퓨터의 구성요소는 CPU 중앙처리장치, RAM(메모리 카드), 그래픽 카드(VGA), 파워서플라이, HDD 등을 이해하는 것이 서술적 지식이다. 절차적 지식(procedural knowledge)은 '무엇을 어떻게 할 것인가(knowing how)'와 같은 방법에 관한 지식이다. 절차적 지식은 과정 지식이라고 할 수 있다. 절차적 지식에 대한 개발 목표는 '~을 할 수 있다.'로 표현된다. 따라서 학습자는 행함을 통해 절차적 지식을 습득하게 되고, 실제 임무

절차에 따라 임무를 수행할 수 있게 된다. 절차적 지식을 평가하는 기준은 수행을 할 수 있느냐 없느냐이다. 상황지식은 조건적 지식(conditional knowledge)이라고 하는데, 서술지식(know-what)과 절차지식(know-how)을 언제 그리고 왜 적용해야 할지에 대한 지식이다. 서술지식, 절차지식, 상황지식은 전문가를 통해서 배울 수가 있다. 하지만 지식의 응용(integration of know-what, how, why)과 새 지식의 창조(creation of new knowledge)는 기존 지식틀에서는 개발하거나 습득할 수가 없다. 따라서 이 두 가지 지식을 개발하기 위해서는 끊임없는 탐구와 연구가 필요하다.

(2) 10,000시간을 경험하라

일반적으로 전문가가 되기 위해서는 10,000시간의 투자나 10년 정도의 경험이 필요하다. 토마스 에디슨(Thomas Edison)의 "천재는 1%의 영감과 99%의 노력으로 만들어진다."라는 명언처럼 전문가가 되기 위해서는 재능보다 노력의 투입이 절대적으로 필요하다. 말콤 글래드웰(Malcolm Gladwell)은 전문적 지식이나 숙달된 기능을 가진 사람을 '아웃라이어'(outliers)라 지칭하며, 아웃라이어가 되는 1만 시간의 법칙을 설명하였다. 어떤 분야를 마스터하기 위해서는 적어도 1만 시간은 투자해야 한다는 법칙이다. 하루에 3~4시간씩 투자하면 약 10년이 걸리는 시간이다. 1990년대 초 베를린 음악 아카데미 학생들을 연구한 심리학자 에릭 에릭슨(Erik Erikson)은 바이올리니스트를 세 그룹으로 나누었다. 첫 번째 그룹은 '엘리트'로 장래에 세계 수준의 솔로 주자가 될 수 있는 학생들, 두 번째 그룹은 프로급 연주에서 그냥 '잘한다.'는 평가를 받는 학생들이고, 세 번째 그룹은 프로급 연주는 해 본 적이 없고, 단지 공립학교 음악교사가 꿈인 학생이었다. 연구진은 학생들의 꿈과 관계없이 똑같은 질문을 하였다. "처음으로 바이올린을 집어든 순간부터 지금까지 얼마나 많은 연습을 해왔는가?" 세 그룹 모두 대략 다섯 살 전후하여 연주를 시작하였고, 초기 몇 년간은 대략 일주일에 두세 시간씩 비슷하게 연습을 했지만, 여덟 살 무렵부터 연주 수준의 차이가 나타나기 시작했는데 자기 반에서 가장 잘하는 아이는 다른 아이보다 연습을 더 많이 했다고 한다. 아홉 살 때는 일주일에 6시간, 열 살 때는 12시간, 열네 살 때는 16시간으로 연습시간이 점점 길어졌고, 스무 살이 되면 자신의 실력을 갈고 닦겠다는 확고한 목적을 가지고 일주일에 30시간을 연습했다는 연구 결과를 보였다. 결과적으로 엘리트 학생들은 스무 살이 되면 모두 10,000시간을 연습하게 된다는 것이다. 그냥 잘하는 두 번째 그룹의 학생은 8,000시간, 미래의 음악교사는 4,000시간을 연습했다고 한다. 아직까지 전 세계적으로 많은 사랑을 받고 있는 그룹 비틀즈도 영국이 아닌 함부르크에 가서 연주할 때, 하루에 8시간씩 연주연습을 했다고 한다. 그래서 거의 1만 시간 가까이 연주한 다음에 차별화된 밴드가 되었다고 한다. 이처럼 어느 분야에서든 전문가가 되려면 1만 시간의 연습이 필요하다. 1만 시간은 대략 하루 3시간, 일주일에 20시간씩 10년간 연습한 것과 같다. 물론 10년 이상을 경험한다고 해서 모두가 전문가가 되는 것은 아니다. 즉, 단순한 반복적 경험이 아닌 경험과정에서 자신의 능력을 끊임없이 높이고자 하는 의도적 수련(deliberate practice)이 중요하다. 이러한 의도적 수련과정에는 자신의 능력을 최상위로 끌어올리기 위한 의지력이 함께 동반되어야 한다. 요약하면, 누구나 '아웃라이어'가 될 수 있다. 이러한 아웃라이어가 되기 위해서는 의도적 수련을 1만 시간 이상 실천하는 것이 필요하다.

(3) 탐구와 연구를 통해서 문제를 해결하라

한편, 전문가는 생활의 달인이나 대박집에서 볼 수 있듯이, 끊임없이 탐구와 연구의 문제해결과정을 거친다는 것이다. 전문가는 문제해결과정에서 기존 방식을 적용하여 실험하거나 아니면 자기만의 독창적인 방법으로 새로운 것을 만들어 내고 이 과정을 통한 탐색과 숙고의 과정을 거친다. 자기만의 독창적인 방법에는 독창성과 영감, 적용의 경험이 필요하다. 특히, 전문가와 비전문가 간 차이가 나는 이유는 지식의 보유 차이도 있지만 원하는 성과를 위해 문제와 환경을 이해하고 가진 지식을 효과적으로 통합해서 적용하는 것에 있다(Swanson, 2010).

3) 전문성의 개발활동

전문성을 개발하기 위해서는 전통적 교육훈련, 체험을 통한 학습, 대인관계학습, 자기개발, 공동체학습을 연계하고 체계화하는 것이 필요하다(주용국, 2002).

다음 〈표 4-2〉에서 보면, 일반적으로 전문성개발은 강의장에서 전문가의 강의를 통하여 습득하는 것으로 인식되고 있다. 하지만 이런 전통적 교육훈련에서는 개인이 가진 전문성의 20% 정도 수준이 습득되고, 나머지 개인이 보유하는 전문성의 60% 이상은 삶이나 업무현장의 체험을 통하여 학습하거나 선배나 동료로부터의 지도와 조언을 통하여 습득되고 있고, 나머지 20%는 자기개발을 통해서나 우연히 TV를 보다가 학습하는 경우처럼 우연학습을 통해서 획득된다(주용국, 2002; Marsick & Watkins, 1990). 따라서 개인이 삶이나 업무현장의 경험을 하는 가운데 자신의 전문성을 향상하게 되는 경우가 60% 정도임을 고려할 때, 개인은 삶에서의 다양한 경험활동, 업무 프로젝트의 참가, 승진, 이직 및 전직 등을 통해서 전문성을 개발할 수 있다. 한편, 개인들은 타인들과의 상호작용을 통해서 상당부분의 전문성을 배운다(주용국, 2002; Noe, Wilk, Mullen, & Wanek, 1997). 이는 전문가들로부터의 조언이나 코칭, 멘토링 등을 통하여 형식지(explicit knowledge)와 암묵지(tacit knowledge)를 습득할 수 있다. 또한 개인의 주도와 관리 하에 역량개발이 일어날 수 있다. 개인 자비를 사용한 대학(원) 과정의 참가, 외부 세미나 참가, 독서, 인터넷 지식검색 등을 통하여 자신의 전문성을 제고할 수 있다. 마지막으로, 최근에 관심을 끌고 있는 지식공유와 창출을 위한 방안으로 실시되고 있는 학습공동체(communities of practice)는 관심사, 문제나 주제에 관한 전문성과 열정을 공유하고 지속적으로 상호작용을 통하여 이 분야에서 자신의 지식과 전문성을 높이는 사람들의 집단으로, 온라인과 오프라인 모임을 통하여

표 4-2 _ 학습의 유형학(typology)

구분	전통적 교육훈련 모델	체험을 통한 학습모델	대인관계를 통한 학습모델	자기개발 모델	공동체학습 모델
학습의 목적	Know-what	Know-who	Know-how & Why	Know-what, how, why	Know-what, how, why의 통합
학습 방법	교수에 의한 학습 (learning by teaching)	체험에 의한 학습 (learning by doing)	전문가/모델링에 의한 학습 (learning by experts/ modeling)	자기주도 학습 (self-directed learning)	학습공동체를 통한 학습 (learning by community of practice)
학습 프로세스	강의	경험의 관리와 기록을 통한 학습	대인관계 학습계획과 학습성과를 관리	자기주도 학습과정의 기회탐색과 실천	학습자 상호간의 지식 공유와 창조, 활용
학습의 성과	서술지식의 습득	절차적 지식의 습득	상황 및 암묵적 지식의 습득	문제 해결과 지식 습득	지식의 공유와 창출
교육훈련 제공자의 역할	전달 : 형식적인 교육훈련 프로그램	제공 : 경험학습 기회의 제공과 학습결과에 대한 피드백 제공	촉진 : 모델링과 코칭	지원 : 동기부여, 학습 촉진 및 격려	지원 : 학습문화구축과 학습자원 제공, 학습성과 관리

개인이 전문성 개발에 상당히 영향을 미치는 것으로 나타나고 있다(주용국, 2003; Wenger, McDermott, & Snyde, 2002).

개인이 평생전문직업인으로서의 성장과 발전에 필요한 역량을 개발하기 위해서는 전통적인 교육훈련뿐만 아니라 업무나 대인관계를 통한 학습, 꾸준한 자기개발, 학습공동체에 참여하는 것이 필요하다. 또한 개인은 전문역량과 더불어 전반적인 변화에 대한 적응력을 높이며, 한 직장이나 직업에서의 고용 안정보다는 시장에서의 고용가능성을 높여야 한다. 직업적 성공이나 하나의 직업에서 자신의 정체성을 찾기보다는 자신의 생애경력목표(꿈)에 비추어 자신의 정체성을 높이는 방향으로 추구하여야 한다.

이를 위하여 무엇보다도 시대의 변화에 대한 올바른 인식이 요구된다. 자신의 가치관에 맞는 경력목표와 경력개발 전략을 설정하고, 전문가로서 자신의 존재가치 제고를 위하여 스스로 자신의 강점과 단점을 치밀하게 분석하며, 이를 강화하고 보완하기 위하여 자신의 경력관리를 주도하여야 한다. 또한 지역적 공간에서 벗어나 글로벌 사회로의 이동과 관련된 경력추구를 두려워하지 않으며, 자신에 대한 지속적 위기관리와 끊임없는 학습을 추구하고, 변화하는 일과 삶에 유연하게 대응하는 것이 요구된다. 자신의 필요한 역량을 이해하고 어떻게 개발할 것인가 뿐만 아니라, 자신의 경력발전의 기회와 성공, 심리적 만족을 극대화하고, 자신을 마케팅하고, 역량을 활용하는 법도 알아야 한다. 이를 위해 개인은 끊임없이 자신을 진단·평가하는 도구를 활용하고, 전문가의 자문을 구하고, 새로운 경력에 대하여 탐색하고, 경력자나 경험자에게 필요한 경우 조언과 도움을 구해야 한다. 또한 새로운 역량을 학습하고, 생애 계획에 맞추어 자신의 경력개발계획을 설정하며, 위험이 따르더라도 실천으로 옮길 수 있는 자기 주도적인 개발과 관리가 필요하다.

4) 전문성의 개발 실천

전문성 개발을 위해서는 다음의 3가지 실천 조건이 필요하다.

(1) 생활의 달인처럼 개발하라.

"당신은 지금 자신이 하고 있는 일에 전문가이십니까?"라는 질문을 받는다면 과연 어떠한 대답을 할 것인가? 사회적으로 인정받는 전문가가 되기 위해서는 지식 습득을 통한 전문성을 개발하고, 이것을 바탕으로 자신이 진정으로 하고 싶은 일이나 잘 하는 일을 찾고 실천하는 것이 무엇보다 필요하다. 전문성이란 말 그대로 자신의 분야에서 남들이 따라오지 못할 만큼의 능력을 발휘하는 것을 말하며, 이러한 전문성을 개발하기 위해서는 다양한 영역에서의 경험이 필요하다.

우리 주변에서 많이 볼 수 있는 전문가는 TV 프로그램에서도 나왔듯이 '생활의 달인'을 예로 들 수 있을 것이다. 생활의 달인에 나오는 사람들의 특징은 다음과 같다(한준상, 2009). 첫째, 하나같이 하는 일들이 그다지 재미있는 일이 아니며 적성과는 무관하다. 하지만 그들은 자신의 적성을 새롭게 발견하려고 끊임없이 노력하며, 그것을 자기 것으로 만들어 버리는 특징이 있다. 둘째, 이런 재미없는 일들 속에서 즐거움을 찾는다. 셋째, 자신만의 노하우와 장인정신이 있다. 특히 자신이 하는 일을 더 잘할 수 있는 방법을 찾기 위해 끊임없이 찾아내고 그것들을 삶의 현실에 적용한다. 말하자면, 그들은 적성에 맞기 때문에 즐겁게 하는 것이 아니라 즐겁게 창의적 실험하고 실천으로 함으로써 역량이 생겨나고 성공한다는 것이다.

(2) 조랑말도 열흘이면 천 리를 간다.

순자의 「수신편」에 따르면, 천리마는 하루에 천 리를 갈 수가 있다. 그러나 조랑말이라도 열흘만 꾸준히 가면 충분히 천 리를 갈 수 있다. 따라서 역량개발이나 전문성 습득에 있어서는 미숙한 점이 많더라도 꾸준히 자기 길을 가다보면 필요한 역량이나 전문성을 습득하게 된다. 파블로 카잘스(Pablo Casals)는 11세부터 첼로를 시작하여 13세 때 바르셀로나의 고서점에서 바흐의 아내 안나 막달레나가 필사한 바흐의 무반주 첼로곡의 악보를 발견했는데, 200년 동안 잠자고 있던 이 곡의 위대성을 알아보고 12년 동안의 부단한 연구와 노력 끝에 25세에 첫 공개연주를 하고, 레코드 녹음은 계속 수정하고 보완하여 그 후 40년이 지나서야 했다. 파블로 카잘스가 발표한 이후, 바흐의 무반주 첼로곡을 연주한 많은 첼로연주자들이 있으나 그의 연주를 능가한다는 평가는 받지 못한다고 한다. 특히 파블로 카잘스는 96세에 죽는 날까지 매일 일과처럼 이 곡을 연습했다고 한다. 95세가 된 늙은 파플로 카잘스에게 젊은 기자가 질문을 했다. "당신은 이제 95세이고 세계에서 인정받은 첼리스트입니다. 그런데 왜 아직도 하루에 6시간씩 연습하는 이유가 무엇입니까?" 그는 이렇게 대답했다. "왜냐하면 나 자신의 연주실력이 아직도 향상되고 있기 때문이오."

(3) 학습의 황홀경(learner's high)을 느껴라.

누구나 달리기를 할 때, 처음에는 심장박동이 빨라지면서 그로 인한 고통으로 얼굴이 일그러지지만, 30분 이상 달리고 나면 처음과는 달리 몸이 가벼워지고 머리가 맑아지면서 경쾌한 느낌이 드는 순간을 맞이한다. 바로 이 상태를 최고조에 이르는 황홀경이라 하여 '러너스

하이(runners high)'나 '러닝 하이(running high)' 또는 '운동 하이(exercise high)'라고도 한다. 짧게는 4분, 길면 30분 이상 지속되는 '러너스 하이'에 도달하면 오래 달려도 전혀 지치지 않을 것 같고, 오히려 계속 달리고 싶은 마음이 든다고 한다. 이와 같이 지식습득이나 전문성 습득에서도 머리가 터질 듯한 상황이 오면, 거기에서 멈추지 않고 지속적으로 노력한다면 '학습 하이(learner's high)'를 느낄 수 있다(한준상, 2009).

03 나의 브랜드(I-Brand)를 개발하자

전문가로서 자신을 개발하기 위해서 다음과 같은 실천전략을 고려해야 한다.

- 자신의 관심과 필요한 점을 고려한 후 나의 브랜드(I-brand)를 디자인하라.
- 나의 브랜드(I-brand) 달성을 위한 향후 5년간의 세부 추진계획을 설정하라.
- 나의 브랜드와 맞는 경력이나 직업에서 요구하는 역량을 파악하라.
- 주변의 사람(해당 영역 전문가, 경험자)과 상의한 후 자신의 역량 개발 우선순위를 정하라.
- 효과적인 역량개발을 위해 자신의 학습 유형이나 적성을 고려하여 적절한 개발활동 및 학습방법(지식, 경험, 문제해결)을 선택하라.
- 언제 역량을 습득할 예정일자와 실제로 습득한 날짜를 정하라.
- 역량개발에 필요한 주변의 지원이나 필요 자원을 기록하라.
- 역량을 습득했다는 개발 성공의 측정방법을 정하라.

작성해 보기

나의 브랜드(I-Brand) 역량 개발 전략

1. 나의 브랜드(I-Brand)

2. 브랜드 개발 계획(5년)

연도	추진 계획
1년(　　)	
2년(　　)	
3년(　　)	
4년(　　)	
5년(　　)	

3. 브랜드 역량 개발 방법

개발(필요) 역량	개발활동/ 학습방법	예정일/ 실제일자	필요한 지원/자원	개발 성공에 대한 측정방법

성찰 및 계획하기

본 장의 내용에 기초하여 아래의 질문에 대한 자신의 생각을 정리해 보세요.

① 본 장의 요약

1.

2.

3.

② 자신의 의견(학습한 점, 느낀 점)

1.

2.

3.

③ 실천해야 할 사항

1.

2.

3.

【제 5 장】

건강한 신체와 맑은 마음은 행복의 초석이다

세계보건기구(WHO)의 헌장에는 "건강이란 단순히 질병이 없거나 허약하지 않은 상태를 말하는 것이 아니라 신체적, 정신적, 사회적으로 완전히 안녕한 상태를 의미한다."라고 정의하고 있다. 본 장에서는 사회나 국가차원의 행복인 사회적 건강을 제외하고, 건강한 신체와 맑은 마음을 유지하기 위한 방법을 살펴보고자 한다. 어떻게 해야 할까?

2015년 9월 20일에 열린, '육체미의 향연'이라 불리는 보디빌딩 대회 '2015 나바코리아 챔피언십'의 화제는 단연 59세 보디빌더 인순이였다. 탄탄한 근육과 몸매로 감탄을 자아냈던 그녀는 결과는 퍼포먼스 부문 2위로 박수를 받았다. 그가 운동에 관심을 가지게 된 계기는 다음과 같다. "TV 앞에 넋 놓고 앉아 있다가 문득 '내가 왜 이러고 있지?' 하는 생각이 들었어요. 그동안 쉴 새 없이 뛰어다녔는데, 갑자기 할 일이 없어지니 기분까지 울적해지더라고요. '이러면 안 되겠다'는 생각이 들어서 운동을 시작했어요." 그는 3개월 후에 열리는 '나바코리아 챔피언십' 출전을 목표로 삼고, 트레이너의 도움을 받아 집중적으로 근육 운동과 식이요법을 시작했다. 주 3회에서 7회, 하루 2시간에서 3시간으로 훈련 강도를 높였다. 식사량은 평소의 60%로 줄이고, 닭 가슴살과 샐러드를 주식으로 삼았다. 덕분에 체지방은 5kg 줄어든 반면 근육은 2kg 늘었다. 대회이후 그는 자신감을 찾았고, '인순이' 하면 떠올리는 키워드에 이제는 '몸매', '근육', '몸짱' 같은 새로운 단어가 추가됐다.

2015년 11월 12일 개그맨 정형돈의 기획사는 정형돈이 건강상의 이유로 방송활동을 잠정적으로 중단한다고 선언했다. 그런데 사실 정형돈의 불안장애 증상은 이미 오래 전부터 앓아온 정신적 질환이었다. 그가 2012년 '힐링캠프'에 출연했을 당시 불안장애를 앓고 있고 약을 복용하고 있다고 본인이 직접 밝혔다. 자신의 어깨를 짓누르고 있는 일과 가족에 대한 책임감 그가 이룬 성공이 계속되지 않을까봐 불안해 했다. 한동안 우리 사회에 '아프니까 청춘이다'라는 광풍이 몰아쳤다.

누구든지 살아가면서 정신적으로 아픈 경험을 한번쯤은 가지고 있을 것이다. 그렇다면 아프다고 모두 청춘이라 할 수 있는가? 냉정히 말해 아프면 청춘이 아니라 치료해야 할 환자이다. 몸도 마음도 건강해야 청춘이라 할 수 있는 것이다.

01 신체가 건강하면 인생이 길어진다

누구나 아프지 않고 무병장수하는 건강한 삶을 원한다. 건강한 신체를 위해서는 잘 먹고, 잘 싸고, 잘 움직이는 것이 필요하다. 건강식 식단, 다이어트, 헬스, 각종 운동에 관련된 정보는 TV나 신문, 잡지 등 너무나 많은 매스컴에 넘쳐나고 있다. 그만큼 모든 사람들이 건강에 대하여 과민할 정도로 잘 알고 있다. 하지만 신체적 건강은 정보나 지식이 많다고 건강한 것은 아니다. 대체로 대부분의 사람들은 신체적 건강에 적신호가 오고난 후 그제서야 자신의 건강을 돌아보게 된다. 물론 이런 사후대처보다 중요한 것은 건강한 신체를 상시적으로 유지하고 질병을 예방하는 것이 더 중요하다.

1) 건강 음식 피라미드

건강한 신체를 유지하기 위해서는 '무엇을 먹고, 어떻게 운동해야 할 것인가?'가 고민이다. 2002년 12월 미국 '하버드대학 공중보건(Harvard School of Public Health)'팀의 연구진들은 미국인을 위한 새로운 음식 피라미드를 발표했다. 이들은 1992년 미국 정부와 농무부가 제시한 음식 피라미드의 많은 부분들이 잘못 구성되어 있다고 지적하며, 정확한 근거에 기반한 '건강 음식 피라미드(Healthy Eating Pyramids)'라는 새로운 모델을 제시했다. '건강 음식 피라미드'란 [그림 5-1]처럼 건강을 위해, 어떤 음식을 얼마나 자주 먹어야 하는지를 삼각형의 피라미드에 보기 쉽게 표시한 것이다.

[그림 5-1] 건강한 음식 피라미드

먼저 건강 피라미드 하부를 지탱하는 삼각형의 맨 아래를 보면 '매일 신체적 운동을 하고 적절한 체중관리를 하라'는 지침이 들어 있다. 건강하기 위한 기초는 꾸준한 운동과 적절한 체중유지가 필수 조건이다. 사람은 먹는 것의 영향을 직접적으로 받는다. 내가 먹고 있는 것이 현재 나의 상태에 영향을 준다는 것이다. 위의 음식 피라미드 2층에는 매끼 식사마다 먹기를 권장하는 음식으로 잡곡밥, 현미밥, 호밀빵, 통밀빵 등의 정제되지 않은 탄수화물과 콩, 옥수수, 해바라기 기름 등의 식물성 기름 섭취를 권유하고 있다. 채소는 풍부하게 먹을 것을 권장하고, 과일은 하루 2~3회 정도 먹기를 권장하고 있다. 피라미드 3층은 견과류(땅콩, 호두, 잣, 밤)와 콩으로 만든 음식으로 하루 1~3회 정도 섭취할 것을 권장하고 있다. 물론 견과류는 칼로리가 높으므로 작은 밥숟가락 하나 정도의 양이 적절하다. 적절한 단백질 섭취를 위한 음식으로 생선, 가금류(닭고기, 오리고기 등), 계란 등의 음식으로 하루 0~2회 정도로 권장하고 있다. 피라미드 4층은 유제품(우유, 치즈, 요구르트)이나 칼슘보충제를 하루 1~2회 정도로 권장하고 있다. 피라미드 5층은 제한해야 할 음식으로 붉은색 육류, 버터, 정제된 곡물(백미, 흰빵, 흰국수, 파스타), 감자, 케이크 등의 단 음식 등이 올라가 있다. 그리고 기타 사항으로 종합비타민제를 복용하라고 권고하고 있다. 왜냐하면 많은 현대인들이 영양불균형 상태에 있다는 사실을 하버드대학 연구진들도 인정을 했기 때문이다.

건강 음식 피라미드를 생활에서 쉽게 실천하도록 제안한 것이 [그림 5-2]의 한 끼 건강식이다. 한 끼 건강식은 2014년 하버드 보건 대학원의 영양학 전문가들과 하버드 의대 건강 간행물의 편집자들이 제안하는 건강하고 균형 잡힌 식사를 구성하기 위한 지침이다.

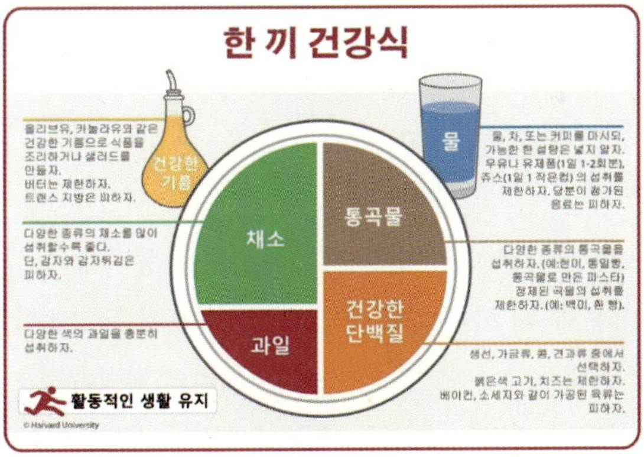

출처 _ www.hsph.harvard.edu/nutritionsource

[그림 5-2] 한 끼 건강식

- 매 끼니의 50%는 다양한 종류와 색의 채소와 과일로 섭취하자. 단, 감자는 혈당 조절에 도움이 되지 않으므로 피하자.

- 매 끼니의 25%는 정제되지 않은 통곡물로 섭취하자. 현미, 보리, 키노아, 귀리, 통밀, 또는 이와 같은 통곡물로 만들어진 파스타나 빵은 백미, 정제된 곡물, 흰 빵과 달리 급격한 혈당 변화를 일으키지 않아서 혈당 조절에 더 유리하다.
- 매 끼니의 25%는 단백질로 섭취하자. 생선과 닭고기와 같은 흰살 고기, 콩, 견과류 는 건강한 단백질 공급원이며, 야채와 함께 다양한 방법으로 섭취할 수 있다. 단, 붉은색 고기는 제한하고, 베이컨, 소세지와 같이 가공된 육류는 피하도록 하자.
- 건강한 식물성 기름을 적당량 섭취하자. 올리브유, 카놀라유, 콩기름, 옥수수유, 해바라기씨유, 땅콩기름과 같은 건강한 식물성 기름을 섭취하고, 건강에 해로운 트랜스 지방의 섭취는 무조건 피하자.
- 무엇보다 명심할 것은, 저지방 식사가 곧 건강식을 의미하는 것은 아니라는 점이다.
- 물, 커피, 또는 차를 마시되, 당분이 첨가된 음료는 피하자.
- 우유와 유제품은 하루에 1-2회분 이상 섭취하지 말고, 과일 쥬스는 작은 컵 기준으로 하루 한 잔 이상 마시지 말자.
- 활동적인 생활을 유지하자. 달리기를 하고 있는 아이콘은 활동적인 생활습관이 체중 조절에도 중요하다는 점을 나타낸다.

2) 신체적으로 건강한 나 만들기

신체적으로 건강한 나를 만들기 위해서는 운동과 건강한 생활습관이 필수적이다. 운동 시에 다음과 같은 다섯 가지를 고려할 필요가 있다. 첫째, 국민체력 100(http://nfa.sports.re.kr)이나 주위의 체력측정 가능 기관에서 자신의 체격과 체력을 측정할 필요가 있다. 청소년기와 성인기, 노년기별 측정항목이 차이가 있으므로, 전문가의 진단과 적절한 운동처방을 받을 필요가 있다.

둘째, 자신에게 맞는 즐겁고 재미있는 운동을 하는 것이다. 헬스장에서 체계적으로 신체 부분의 근력을 키우는 기계적인 운동을 하는 것도 좋지만, 자연의 맑은 공기를 마시며 즐겁게 노래 부르면서 걷는 것도 좋다. 싫증내지 않고 장기간 오래 운동을 하기 위해서는 개인이 즐겁게 할 수 있는 운동을 찾는 것이 필요하다.

셋째, 헬스나 달리기 등의 동적(動的) 운동도 필요하지만 기공이나 요가 등의 정적(靜的)운동도 필요하다. 동적운동은 인위적이며 직선적인 육체단련을 강조하지만, 정적운동은 곡선적인 운동으로 다분히 의식훈련과 호흡조절이 따르는 정신적 수련을 포함하고 있어 운동 시에 몸과 마음을 일치시키는 정신 집중을 요한다. 이것도 개인의 선호도에 맞추어 실시하는 것이 필요하다.

넷째, 규칙적으로 꾸준히 운동하되 회복기와 휴식의 안배를 둔다. 자신에게 맞는 운동을 규칙적으로 하면서 지치거나 피로감을 느끼지 않게 운동과 휴식을 나눠가면서 실시한다.

다섯째, 누구나 나이와 상관없이 신체적 근력을 기를 수 있다. 다음은 저널리스트이자 사진작가인 블라디미르 야코블레프(Vladimir Yakovlev)가 찍은 작품 사례들이다.

그레타 폰타렐리(Greta Pontarelli)는 63세다. 그녀는 '골다공증'을 진단받았던 2년 전, 폴 댄스를 시작했다. "뼈를 튼튼하게 만들기 위해서는 좀 거친 운동이 필요했어요. 하지만 단지 무거운 걸 들고 내리는 운동은 너무 지루했죠. 그게 내가 폴 댄스를 하게 된 이유에요."

로이드 칸(Lloyd Kahn)은 65세에 처음으로 스케이트보드를 탔다. 처음 보드에 올라탔던 순간, 그는 손을 다쳤다. 이후 그는 무릎과 팔꿈치 보호대, 헬멧을 장착한 후 스케이트 보드를 타기 시작했다. 지금 로이드는 79세다. 그는 자신에게는 특별한 기술도 없고, 10대 애들처럼 스케이트 보드를 탈 수 있는 것도 아니며, 빨리 달리려 하지 않았지만 꾸준한 반복으로 모든 어려움을 극복할 수 있었다고 하였다.

이본 돌(Yvonne Dole)은 80세가 되던 해, 교통사고를 당했다. 당시 의사는 "이제 스케이트를 그만 탈 때가 됐다"고 조언했지만, 그녀는 89세인 지금까지도 빙판을 누비고 대회에도 출전하고 있다.

니나 멜리코바(Nina Melnikova)와 안토니아 쿨리코바(Antonina Kulikova)는 둘 다 79세다. 70세에 함께 합기도를 배우기 시작한 그들은 지금도 매주 두 번씩 3시간짜리 훈련을 받고 있다.

존 로(John Lowe)는 80세에 처음 발레를 시작했다. 94세인 지금 그는 전문적인 댄서로 무대에도 오르는 중이다.

단 친푸(Duan Tzinfu)는 현재 76세이다. 하지만 60세부터 요가를 시작했던 그의 몸은 지금도 매우 유연하다. 요가를 시작하기 전 그는 약 40년간 유리생산공장에서 힘겨운 노동을 했다고 한다. 그 때만 해도 그는 걷는 것도 힘들어 했으며, 손이 발끝에 닿기도 힘들 정도로 몸이 굳은 상태였다고 한다.

출처 _ The Huffington Post, 작성자 Damon Scheleur & Yagana Shah

[그림 5-3] 블라디미르 야코블레프(Vladimir Yakovlev)의 '행복한 나이'(Age of Happiness) 작품 사례

다음은 서울시의 건강체중 333 프로젝트(http://www.health100.or.kr)에서 제시하는 실천 계획이다. 개인별로 최소 9개 이상의 실천계획을 작성하고 실천하는 것을 권장하고 있다. 물론 개인적으로 현재 하고 있거나 좋아하는 활동들을 추가할 수 있다.

행복하이소

5

표 5-1 _ 서울시의 건강체중 333 프로젝트 실천계획표

번호	신체활동 실천 체크리스트	약속	번호	신체활동 실천 체크리스트	약속
1	한 정거장 미리 내려 걷기		11	짬짬이 체조 10분?	
2	아침에 눈뜨면 다리들기 20개		12	내가 좋아하는 운동배우기	
3	리모컨 대신 걸어서 조정		13	대중교통 기다리며 움직이기	
4	지하철에서 양보는 기본		14	사무실에앉아다리들기20번	
5	퇴근은 에스컬레이터대신계단		15	매일 10분 줄넘기	
6	승용차 대신 대중교통으로 출근		16	잠자기 10분 전 스트레칭, 자전거타기	
7	차도녀? 아니아니 운동녀		17	1시간에 한 번 스트레칭	
8	책상 앞 5분 스트레칭		18	배에 힘주고 허리 펴고 걷기	
9	점심 식사 후 30분 걷기		19	신체활동 동호회 가입	
10	앉아서 복근운동 30개		20		
번호	**영양 실천 체크리스트**	**약속**	**번호**	**영양 실천 체크리스트**	**약속**
1	하루 3끼 식사할 것		11	하루 8시간 수면은 필수	
2	과식하지 않고 천천히 식사		12	열심히 웃고 인사하기	
3	음식은 천천히 먹기(30분)		13	과자 대신 과일 먹기	
4	기름진 음식 및 단음식 섭취 줄일 것		14	대중교통 기다리며 움직이기	
5	인스턴트 식품은 1주일에 1번만		15	식사 후 바로 양치- 먹고 싶은 마음 싹~	
6	외식은 1주일에 1번		16	매일 10분 줄넘기	
7	야식은 노우		17	음식을 먹을때는 음식에만 집중	
8	한주먹 야채 매일 먹기		18	음식세트 구입은 NO : 불필요한 칼로리 추가	
9	튀김류, 볶음 음식 덜어 먹기		19	음식은 보이지 않는 곳에 놓기	
10	라떼 대신 아메리카노		20		

번호	건강습관 실천 체크리스트	약속	번호	건강습관 실천 체크리스트	약속
1	담배는 NO, NO		11	칼로리 높은 식단은 피해 가기	
2	일주일에 술은 1일 이하로		12	부어라 마시는 회식 대신 운동하기	
3	틈틈이 움직이기		13	회의 때 달달한 과자 대신 야채스틱	
4	체중 체크는 매일 매일		14		
5	딱 맞는 옷 입기		15		
6	야행성 생활은 이제 그만		16		
7	저녁 식사는 배불리 먹지 않기		17		
8	1일 15분 햇빛 쪼이기		18		
9	건강검진은 1년에 한 번		19		
10	시작했으면 100일간 꼭 실천		20		

또한 최근에 이슈가 되는 간헐적 단식과 운동의 효과처럼 개인에게 적합한 운동과 영양, 건강습관을 찾고 이를 일상에서 실천하는 것이 필요하다. 마이클 모슬리 박사와 그의 동료(Mosley & Bee, 2013; Mosley & Spencer, 2015)에 따르면 일주일에 2일만 음식을 제한하거나 간간이 단식을 하면서 살을 빼고, 하루 10분(최소 20초), 주 3회만 간헐적으로 운동을 실시해도 혈당 수치를 낮추고 질병 위험을 줄이며 체중을 감소하고 전반적인 건강을 극대화한다는 제시하고 있다. 운동 고수들이 추천하는 대표적인 간헐적 운동은 다음과 같다(Mosley & Bee, 2013).

- 영국 육상선수 로저 배니스터 운동 : 1분 운동(달리기) + 2~3분 휴식 × 10세트 (총 30~40분)
- 영국 육상선수 세바스찬 코 운동 : 20초 운동(달리기) + 30초 휴식 × 3세트 이상 (총 3분 이상)
- 영국 닐스 볼라드 교수의 20초 운동 : 20초 운동(자전거타기, 달리기, 수영) + 2~3분 휴식 × 2세트 (총 5~7분)
- 캐나다 마틴 기발라 교수의 30초 운동 : 30초 운동(자전거타기, 달리기, 수영) + 3~4분 휴식 × 4세트 (총 14~20분)

- 캐나다 마틴 기발라 교수의 텐바이원(10×1) 운동 : 1분 운동(자전거타기) + 1분 휴식 × 10세트 (총 10분)
- 마이클 모슬리 박사의 60초 운동 : 1분 운동(자전거타기, 달리기, 수영) + 1분 30초 휴식 × 10세트 (총 23분)
- 호주 스티븐 바우처 교수의 지방 연소 운동 : 8초 운동(오직 운동용 자전거타기) + 12초 휴식 × 15~60세트 (총 5~20분)
- 노르웨이 울릭 비슬로프 교수의 4분 운동 : 4분 운동(자전거타기, 달리기, 계단 뛰어오르기, 걷기) × 1세트 (총 4분)
- 육상코치 페타 비의 간헐적 운동 : 5~10분 천천히 달리기 + 20초 전력 질주 + 3~4분 천천히 달리기 + 20초 전력 질주 + 5분 마무리 (총 14~20분)

한편, 일상에서 활동량을 쉽게 늘리는 12가지 방법도 제시하고 있다(Mosley & Bee, 2013).

1. 전화 통화는 서서 하라. 칼로리도 소모하고 목소리도 더욱 활기차게 들릴 것이다. 책상 앞에 오래 앉아 일하는 직업이라면 스탠딩 데스크를 사는 방안을 고려해보라. 스탠딩 데스크라는 이름에서 알 수 있듯이 서서 일하는 책상이다. 윈스턴 처칠(Winston Churchil)은 유명한 연설문 일부를 스탠딩 데스크 앞에 서서 썼다고 한다.
2. 꼭 앉아야 한다면 등받이가 없는 의자를 사용해라. 아니면 의자 대신 거대한 짐볼을 이용해보라. 짐볼에 앉으면 중심 근육들을 강화할 수 있고 의자에 앉듯 푹 주저앉지 못한다(따라서 요통을 예방한다).
3. e메일을 보내는 대신 직접 가서 동료를 만나라.
4. 회의실에 모이는 대신 다 같이 밖에 나가 한 바퀴 돌며 회의하라.
5. 물을 많이 마셔라. 수분 공급뿐만 아니라 화장실도 자주 가게 만들어서 빠른 걸음으로 짧은 거리를 더 많이 움직이게 된다.
6. 커피를 마시거나 간식을 먹으며 휴식을 취하는 대신 산책을 하거나 계단을 오르내려라.
7. 버스나 지하철을 타고 직장에 다닌다면 목적지 전 역에 내려서 나머지 길을 걸어가라.
8. 자동차를 운전해서 직장에 다닌다면 주차장 입구에서 가장 먼 곳에 주차를 하라.

9. 저항 밴드, 즉 잡아당기면 저항이 가해지는 신축성 있는 줄을 소지하라. 아니면 아령을 책상 근처에 두라. 그리고 회의나 업무 사이에 아령 들기를 해라.
10. 점심시간에 걷기 모임을 조성하라. 어쩌면 트레이너가 절실히 필요한 사람들에게 둘러싸일 수도 있지만 동지애를 즐겨라. 운동을 하기 싫은 기분이 들 때 서로 격려해줘라.
11. 공항에서 꼼짝없이 기다려야 한다면 앉아 있지 마라. 가방을 들고 상점을 구경하라.

02 정신이 맑으면 인생이 밝아진다

에드바르트 뭉크(Edvard Munch)가 그린 '절규(The scream)'라는 작품처럼 현대인이라면 누구나 절규하고 싶어질 때가 한두 번이 아닐 것이다. 왜냐하면 현대인은 대부분 삶의 무게에서 받는 스트레스(stress), 불안, 우울, 중독 등으로 인해 정신적으로 아픈 경우가 많기 때문이다. 물론, 정신건강의 문제로 나타나는 스트레스, 불안, 우울, 중독 등은 상호 관련성이 높아서 중복되어 나타나는 경우가 많다. 스트레스, 불안증, 우울증을 구분하는 방법은 다음과 같다, 먼저 직장에서 스트레스를 받다가도 집에 돌아오거나 친구들을 만나면 기분이 나아지고, 재미있는 일을 할 때는 직장 일을 잊을 수 있다면 그냥 스트레스라고 생각해도 된다. 하지만 집에 와도, 친구를 만나도, 재미있는 일을 해도 계속 그 생각이 떠나지 않고 기분이 나아

출처 _ National Gallert, Oslo, Norway

[그림 5-4] 뭉크의 절규

지지 않는다면 우울증이나 불안증을 의심해 볼 수 있다(신경희, 2015, p. 119). 본 글에서는 현대병으로 나타나는 대표적인 증세인 스트레스, 우울, 불안, 중독을 구분하여 살펴보고자 한다.

각성해 보기

나의 정신건강 영역별 건강수준과 나만의 대처방법은?

구분	나의 정신건강수준	대처방법
1. 스트레스	거의 없다 보통 매우 높다 1 2 3 4 5 6 7	
2. 우울	거의 없다 보통 매우 높다 1 2 3 4 5 6 7	
3. 불안	거의 없다 보통 매우 높다 1 2 3 4 5 6 7	
4. 중독(성형, 성, 쇼핑, 운동, 다이어트, 인터넷 게임, 니코틴, 알코올, 도박, 스마트 폰, SNS 등)	거의 없다 보통 매우 높다 1 2 3 4 5 6 7	
5. 기타(　)	거의 없다 보통 매우 높다 1 2 3 4 5 6 7	

1) 스트레스

한국스트레스학회에서는 스트레스를 "우리가 극복하기 어려운 상황에 노출되었을 때 생기는 정신적, 신체적인 반응"으로 정의하고 있다. 우리나라 사람들이 자주 사용하는 외래어 중 1위가 스트레스였다는 보도가 있었다. 그만큼 우리는 "스트레스 때문에 죽겠다"라는 표현을 너무 쉽게 하듯이, 모든 질병의 80% 이상이 스트레스로 인해 발생한다. 하지만 스트레스는 모든 생명체가 생존하고 환경에 적응하기 위해 타고난 반응이며, 진화와 유전의 결과물이다(신경희, 2015). 수렵채취 생활을 하던 시기의 스트레스는 주로 생리적인 적응을 요구하는 신체적 스트레스였다. 생존을 위협하는 맹수나 자연재해에 맞서 싸우거나 신속히 도피하는 상황에 적합하도록 만들어졌다. 현재의 스트레스는 입학, 결혼, 취업 및 승진, 프로젝트 수행, 로또 당첨 등의 긍정적인 생활사건과 더불어 과도한 경쟁(입시, 승진 등), 은퇴, 죽음, 이별, 별거, 전쟁, 자연재해 등의 부정적 생활사건, 개인의 문제(흡연, 음주, 약물남용, 위험한 행위, 영양 결핍, 수면 장애 등)가 대부분 요인으로 작용한다. 과거와 같은 스트레스 생존 반응이 거의 불필요한 데도 스트레스 발생이 빈번해지는 사회현상으로 인해 여전히 원시 시대와 같은 스트레스 반응이 유발되어 심신을 소모시키고 질병을 야기하고 있다. 한편, 스트레스의 장점으로 한스 셀리(Hans Selye)는 "적당한 스트레스가 없으면 삶의 변화로부터 스스로 발전하거나 변화하려는 욕구도 없고 스스로 나태해지며 결국 무료함과 허무함을 견디지 못해 우울증에 빠지고 삶을 포기하기 까지도 한다"고 제시하고 있다(신경희, 2015에서 재인용).

스트레스는 전 생애에 걸쳐서 일어난다. 심지어 어린아이도 태어나서 처음 앉기 시작할 때 스트레스를 받는다고 한다. 청소년의 스트레스는 주로 학업, 입시, 진로, 가족, 친구와 더불어 성인처럼 경제적 문제, 이성관계, 건강문제, 외모로 인한 고민 등에서도 파생된다. 성인의 연령대별로 발생하는 스트레스를 살펴보면, 20~30대의 성인초기는 결혼, 취업, 출산의 삶의 사건과 학생에서 군인으로, 다시 사회인으로 아내와 남편으로, 부모로, 신입사원에서 중견관리자로 지위와 역할의 변화로 인해 수많은 스트레스 사건에 노출된다. 40~50대인 성인 중기는 내적으로 건강과 능력에 대한 자신감이 상실되고, '사는 것이 무엇인가?'라는 실존적 방황을 하는 제2의 사춘기인 사추기(思秋期)를 겪으며, 성인병, 노화 같은 변화로 인한 스트레스를 받는다. 노인기에는 고독,

빈곤, 질병, 역할 상실이 주요 스트레스 원인이다. 이처럼 전 생애적으로 스트레스라는 경험은 피할 수 없지만, 스트레스가 더 이상 해가 되지 않고 긍정적으로 영향을 미치도록 관리할 필요가 있다.

다음은 대한스트레스학회가 권하는 스트레스 자가진단 9가지 척도와 스트레스 해소 방안이다. 자가진단 척도 가운데 1~2가지 증상이 해당한다면 스트레스를 받고 있는 것으로 의심해야 한다.

작성해보기

자신의 스트레스 진단

스트레스 자가진단척도	실천여부
① 의욕 : 평상시 기운을 돋게 해주던 일들이 이제는 아무런 의미가 없다.	(예, 아니요)
② 집중도 : 편지를 부치러 나갔다가 편지 대신 다른 손에 있던 아파트 열쇠를 우체통에 넣는다.	(예, 아니요)
③ 기억 : 누군가에게 전화를 하고자 했지만 상대방 목소리가 들리자 누구에게 전화를 했는지 생각나지 않는다.	(예, 아니요)
④ 수면장애 : 알람시계가 울리기 1~2시간 전에 저절로 잠이 깨서 '오늘은 무엇을 해야 하나?'를 걱정하며 그냥 누워 있는다.	(예, 아니요)
⑤ 식욕 : 평상시보다 음식을 많이 먹는다. 혹은 평소만큼 식욕이 나지 않아 음식 먹기가 싫어진다.	(예, 아니요)
⑥ 인내 : 공중전화나 자동판매기 앞에 서너 명 이상의 사람들이 줄을 서 있으면 초조해지기 시작한다.	(예, 아니요)
⑦ 동기 : 새로운 일을 추진하기가 몹시 힘이 든다.	(예, 아니요)
⑧ 기분 : 비정상적으로 기분이 들뜨거나 혹은 전혀 기분이 안 나고 우울한 심정에 빠진다.	(예, 아니요)
⑨ 관계 : 평소 좋아하는 사람들과 함께 있지만 마음이 편하지 않고 불안하기만 하다.	(예, 아니요)

자신의 스트레스 해소방법 진단

스트레스 해소방법	실천여부
① 자신이 처한 현실(스트레스)에 대해 긍정적인 사고방식을 가진다.	(예, 아니요)
② 자신의 문제와 그것에 대해 느끼는 감정을 주변의 친구에게 털어놓는 습관을 들이자.	(예, 아니요)
③ 한 번에 한 가지 일만 하자.	(예, 아니요)
④ 세상에 전능한 사람은 없다.	(예, 아니요)
⑤ 타인을 도와주려는 노력을 하자.	(예, 아니요)
⑥ 타인을 비판하지 말자.	(예, 아니요)
⑦ 골치 아픈 문제는 나중으로 잠시 미루자.	(예, 아니요)
⑧ 한 번쯤 양보를 하자.	(예, 아니요)
⑨ 충분한 수면을 한다.	(예, 아니요)
⑩ 규칙적인 운동을 하자.	(예, 아니요)
⑪ 취미생활을 통하여 기분 전환을 하자.	(예, 아니요)
⑫ 술과 담배를 끊자.	(예, 아니요)
⑬ 긴장이완 방법(이완호흡, 요가, 명상 등)을 배워서 자신의 마음을 다스린다.	(예, 아니요)
⑭ 스트레스로 인한 여러 가지 증상이 심한 경우에는 주치의와 상의하여 적절한 약물을 복용한다.	(예, 아니요)

자신의 스트레스 원인과 스트레스 해소방안 찾기

번호	주요 스트레스 원인	나만의 스트레스 해소방법
1		
2		
3		
4		
5		

2) 불안

두려움이나 공포는 누구나 한번쯤 경험하였을 것이다. 예를 들면, 시험을 보기 전 너무 긴장하여 배가 아프거나, 놀이동산에 가서 놀이기구를 타기 전 그 두려운 떨림이나 어린 시절 공공장소에서 혼자 길을 잃어버렸을 때 극도의 불안감으로 곧 죽을 것만 같은 심리적 압박감을 느끼는 경우들이 바로 그것이다. 이처럼 불안은 만성적으로 걱정, 근심이 많은 병으로 '무언가에 의해 쫓기거나 수세에 몰리는 듯한 압박감'이나 '자신에게 위험하지 않은 상황에 대한 반응'으로 일어나며, '자신도 그 원인을 알 수 없는 내면의 주관적인 감정충돌의 산물'로 정의하고 있다(다음백과사전). 물론, 모든 인간은 불안한 감정을 느끼며 살아간다. 일상생활에서 어느 정도 불안이 나타나는 것은 불가피하며, 이것은 정상적이다. 일반 인구의 약 25%가 심한 불안장애를 경험한다. 특히 여성이 남성보다 2배 정도 더 많다고 하며 우울증과 더불어 발병하는 경우도 많다. 걱정이나 불안, 근심의 대상이 건강, 경제적인 문제, 실직, 학업성적, 취직 등 구체적인 경우도 있지만, 무엇인가 끔찍한 일이 일어날 것 같은 막연한 느낌처럼 근거가 없는 불안도 있다.

불안장애의 증상으로는 불안한 느낌이 지나치게, 그리고 광범위하게 나타나며, 다양한 신체증상이 동반되는데, 불안감 때문에 항상 긴장한 상태에 있게 되고 자율신경이 날카로워져 있어 업무에 집중하기 힘들고 일상생활에도 많은 장애가 된다. 행동심리학자들에 따르면, 불안은 충격적인 사건에 대해 잘못 학습된 반응의 결과라고 설명하는데, 충격을 준 사건과 그때의 주위 환경이 연관되어 사건에 관계없이 초조한 감정을 불러일으키는 방아쇠 역할을 한다는 것이다. 예를 들면, 우연히 좁은 공간에 갇혔다가 폐쇄공포증이 생겨나는 경우이다.

심리학자 프로이드는 불안의 형태를 세 가지로 구분했는데, 첫째는 현실 세계에 어떤 위협이 있을 때 나타나는 고통스러운 감정의 경험으로 나타나는 경우를 말한다. 즉, 위험의 정도에 비례하기에 위험이 감소되면 그에 따라 줄어드는 현실적 또는 객관적 불안을 일컫는다. 둘째는 외도나 법규 위반 등으로 자아 속에서 하나의 죄악감 또는 부끄러움으로 느껴지게 되는 도덕적 불안은 양심으로부터 오는 위협을 느꼈을 적에 일어난다. 셋째는 신경증적 불안으로 본능으로부터 어떤 위험성이 지각될 때 일어나는 노이로제이다. 본능적인 충동이 자아조절 능력을 파괴시킬 위험이 있을 때 발생하는 증세로 여기에는 공황장애, 사회 공포증, 강박, 외상후 스트레스 장애 등이 있다.

심리학자 나폴레온 힐(Napoleon Hill)은 '인간은 불안에 대한 고민을 늘 하며, 현대인은 일곱 가지 불안한 것에 대한 고민을 한다.'고 제시하고 있다. 그 불안의 첫째는 가난해질까봐 걱정하는 경제적 불안이다. 둘째는 자기가 일을 할 때마다 실패할까봐 두려워하는 불안이다. 세 번째로는 질병, 건강에 대한 불안이다. 네 번째로는 사랑의 손실, 사랑이 깨지면 어떡하나 하는 불안이다. 다섯째는 노쇠에 대한 불안이 있고, 여섯째는 자기가 누리는 자유, 자유를 잃어버리면 어떡하나 하는 불안, 그리고 마지막 일곱 번째는 죽음에 대한 불안이다. 이 일곱 가지 불안은 우리가 다 경험하게 되는 불안이다.

대한신경정신의학회는 불안을 극복하기 위한 다음과 같은 방법들을 제시하고 있다. 첫째, 운동을 하는 것이다. 미국의 불안 및 우울증 협회에 의하면 유산소 운동을 5분만 해도 이를 완화할 수 있는 것으로 나타났다. 또한, 정기적으로 운동을 하는 사람들은 평균적으로 불안장애와 우울증, 신경증이 덜 한 것으로 나타났다. 요가처럼 강도가 높지 않은 운동을 하더라도 불안장애 증상을 완화하는 데 도움이 되는 것으로 나타났다. 둘째, 불안의 대상과 관련된 정보를 가능한 많이 수집한다. 예를 들어 비행기가 무섭다면 스튜어디스가 비상 시에 관한 대처 요령을 설명할 때 주의 깊게 들어보는 것이다. 또 거미 등과 같은 특정 동물이 겁이 난다면 그 동물에 관한 정보를 최대한 많이 수집하여 정체를 파악해 보는 것이다. 이렇게 하면 대개의 두려움은 지나치게 과장됐거나 근거가 없다는 것을 깨닫게 된다.

셋째, 최악의 결과를 상상해본다. 공포가 파도처럼 밀려올 경우 끔찍한 상황으로부터 도망갈 준비를 한다면 심장발작과 같은 공포에 따른 신체 반응을 더욱 강화시킨다. 이럴 땐 정반대로 행동한다. 즉, 최악의 경우를 담담하게 떠올려보는 것이다. 공황발작이 밀려오는 장소나 상황에 머물러 감정을 있는 그대로 느끼면서 내버려두는 것이다. 한두 번 성공경험을 하게 되면 더 이상 위험한 일도 생기지 않고 공황상태도 점차 사라진다는 것을 믿게 된다.

넷째, 불안과 정면으로 맞선다. 불안은 피하는 것만이 능사가 아니다. 가장 좋은 불안 극복 방법은 불안과 정면으로 마주하는 것이다. 불안이란 실체가 있는 것이 아니라 내 정신을 지배하는 하나의 강박증에 지나지 않기 때문에 회피할수록 더욱 더 우리의 생각을 옭아매게 된다.

다섯째, 자신에게 충분한 보상을 해 준다. 불안에 맞서 당당히 새로운 도전을 하거나 물에 대한 공포를 극복하기 위해 얕은 개울가에서 발을 담그는 등 두려움을 극복하기 위한 노력을 한 뒤에는 자신에게 충분한 보상을 한다. 촛불 목욕, 마사지, 책 등 어떤 선물이라도 좋다. 비록 작은 선물일지라도 극복을 위한 동기부여로 충분히 작용할 수 있다.

여섯째, 매일 매일 일기를 작성하면서 자신의 감정을 공부한다. 불안을 느꼈던 요인, 그 때의 감정, 신체 반응, 나의 행동 방식이 어떠했었는지를 일기에 자세히 기록한다. 기록하기만 해도 불안의 반은 극복한 것이다.

일곱째, 지나치게 완벽을 추구하지 마라. 완벽주의자들의 마음 속에는 실패에 대한 끔찍한 두려움이 있다. 작은 실패에도 자신을 잃어버리게 되고, 자신의 기대치에 조금만 미치지 못하면 자괴감에 빠지는 경향이 있다. 완벽주의가 심해지면 나중에는 실패와 비난에 대한 두려움 때문에 도전의 싹 자체를 미리 잘라 버리게 되기도 한다.

작성해 보기

나의 불안 대상과 불안 극복 방안 찾기

번호	불안 대상	나만의 불안 극복 방법
1		
2		
3		
4		
5		
6		
7		

3) 우울

흔히 우울은 가슴이 답답한 상태로서 의욕이 없고 어떠한 일을 하더라도 활기를 잃어버린 상태를 의미한다. 너무나 바쁘게 하루하루를 살아가는 현대인들에게 이러한 우울은 누구나 한 번쯤 경험하는 '심리적 감기'라고 불릴 만큼 매우 흔한 질병 중 하나이다. 우울로 인하여 불행한 기분이 만연하는 경험과 주관적인 슬픔, 무력감, 좌절, 자기혐오, 홍미, 상실 등의 정서적 측면의 결함뿐만 아니라, 자기 자신에 대한 부정적 평가와 낮은 자존감, 무능력감 등과 같은 인지적 측면, 식욕부진 불면증 피곤함 등의 신체적 증상을 동반하기도 한다(Merrell, 2011).

작성해 보기

우울증 진단(다음 증상 중 6개 이상이 심한 우울증이며, 3~5개는 약한 우울증임)

스트레스 자가진단척도	실천여부
① 사소한 일에도 걱정거리가 많아진다.	(예, 아니요)
② 쉽게 피곤해진다.	(예, 아니요)
③ 의욕이 떨어지고 만사가 귀찮아진다.	(예, 아니요)
④ 즐거운 일이 없고 세상일이 재미없다.	(예, 아니요)
⑤ 매사 비관적으로 생각한다.	(예, 아니요)
⑥ 스스로의 처지가 초라하게 느껴지거나 불필요한 죄의식에 사로잡힌다.	(예, 아니요)
⑦ 잠을 설치고 수면 중 자주 깨서 숙면을 이루지 못한다.	(예, 아니요)
⑧ 입맛이 바뀌고 한 달 사이에 5% 이상 체중이 변한다.	(예, 아니요)
⑨ 거의 매일 집중력이 떨어지고, 건망증이 늘어나며, 의사결정에 어려움을 느낀다.	(예, 아니요)
⑩ 쉽게 짜증이 난다.	(예, 아니요)
⑪ 자꾸 죽고 싶다는 생각이 든다.	(예, 아니요)
⑫ 두통, 소화기 장애 또는 만성통증 등 치료에 잘 반응하지 않는 신체 증상이 계속된다.	(예, 아니요)

어떻게 하면 우울증을 극복할 수 있을까? 가벼운 우울 증상의 경우에는 스스로 자신의 감정 조절에 신경을 써야 한다. 이를 위해서는 첫째, 일정한 시간에 자고 일어나며 숙면을 취한다. 둘째, 균형 있는 식생활을 한다. 셋째, 맑은 햇볕도 쬐어보고 신체활동을 늘린다. 넷째, 믿을 만한 가족이나 친구들에게 도움을 청하고 도움을 받는다. 다섯째, 우울하고 처량하다는 비관적인 생각을 버리고 사람들과 많이 어울려 다닌다. 여섯째, 감사 노트를 쓴다. 심한 우울증 장애의 치료에는 상담요법을 병행한 약물치료가 주로 쓰인다. 약물치료에 사용되는 항우울제는 감정을 조절하는 뇌의 화학물질에 작용해 치료시작 후 몇 주면 증상이 크게 개선된다. 또한 항우울제는 습관성 약물이 아니며 매우 안전한 것으로 보고되어 있다. 상담의 경우 환자에 맞는 적절한 지지 정신치료, 정신분석, 인지행동치료, 대인관계치료법 등을 적용한다(Merrill, 2011).

4) 중독

현대인들은 누구나가 한 가지 이상의 무언가에 중독되어 있다(채규만 외, 2013). 이미 잘 알려져 있는 알코올 중독, 약물 중독, 도박 중독, 니코틴 중독뿐만 아니라 최근에는 스마트폰 중독, SNS 중독, 운동 중독, 성형 중독, 성(性) 중독, 쇼핑 중독, 다이어트 중독, 드라마 중독, 카페인 중독, 드라마 중독, 일 중독, 종교 중독 등 다양한 영역에서 나타나고 있다. 이러한 중독은 점점 심리적으로 외로움과 공허감을 느끼고, 그것을 대리충족하거나 해소해 줄 수 있는 무언가를 갈망하는 현대사회의 단면을 보여준다(채규만 외, 2013).

중독이란 무언가에 '집착하는 것', '빠지는 것'인데 과유불급(過猶不及)처럼 넘쳐서 독이 되어 돌아온다는 것이다. 예를 들면, 즐거움을 위해

술을 마시지만, 중독되면 자신의 의지가 아니라 술에 구속되고 술의 명령에 따라야 하는 상태가 된다. 중독 상태로 정의하기 위한 요건은 첫째, 중독 대상에 대한 갈망이 심해서 그러한 대상을 강박적으로 추구하는 경향이 높다. 둘째, 중독 대상으로 인해 자신의 삶, 가족 및 사회적인 삶에 부정적인 결과를 초래한다. 셋째, 중독 대상에서 벗어나려고 노력하지만 중독 현상으로 인해 자기 통제력이나 자기 조절력을 상실하여 중독 대상에 대한 심리적·신체적 의존에 빠진 상태이다. 이처럼 중독 진단은 각 영역별로 자가진단 후에 보다 의심이 되는 영역에 대해서 정밀한 진단지로 진단받는 것이 필요하다.

작성해 보기

중독 영역별 진단

중독 영역	중독 수준 (거의 없다 — 보통 — 매우 높다)	판단 근거
알코올 중독	1 2 3 4 5 6 7	
약물 중독	1 2 3 4 5 6 7	
도박 중독	1 2 3 4 5 6 7	
니코틴 중독	1 2 3 4 5 6 7	
스마트폰 중독	1 2 3 4 5 6 7	
SNS 중독	1 2 3 4 5 6 7	
운동 중독	1 2 3 4 5 6 7	
성형 중독	1 2 3 4 5 6 7	
성(性) 중독	1 2 3 4 5 6 7	
쇼핑 중독	1 2 3 4 5 6 7	
다이어트 중독	1 2 3 4 5 6 7	
드라마 중독	1 2 3 4 5 6 7	
카페인 중독	1 2 3 4 5 6 7	
드라마 중독	1 2 3 4 5 6 7	
일 중독	1 2 3 4 5 6 7	
종교 중독	1 2 3 4 5 6 7	

이러한 중독을 극복하는 방법은 전문가와의 상담치료를 통해서 중독 영역별로 달라질 수 있다. 여기서는 일반적인 방법에 대해서 제시하면 다음과 같다.

첫째, 중독 현상을 점검하고 중독의 장단기 문제점을 파악하고, 변화의 필요성을 인식한다.

중독 현상	중독의 폐해(문제점)		변화 필요성 여부
예) 인터넷 게임 중독	**단기**	시간 낭비	지금 당장 변화 필요함
	장기	시력저하, 무기력감, 대인관계 악화	

둘째, 중독을 일으키는 유인자극(상황, 대인관계 등)을 파악하고 탈출할 방법을 모색한다.

중독 현상	유인자극		탈출방법
예) 인터넷 게임 중독	상황	- 습관적으로 게임에 들어감 - 심심하고 마땅히 할 일이 없음 - 공부하라는 잔소리를 들으면 스트레스 받음	- 게임 시간을 정함 - 좋아하는 운동이나 취미를 함 - 부모님과 대화 나눔
	대인관계	- 친구와의 대화에 끼이기 위함 - 친구들과 어울리지 못할 것이라는 두려움	- 친구와 다른 친교활동을유도함 - 다양한 친구를 사귐
	기타		

셋째, 중독을 만드는 잘못된 생각을 찾아보고 반박한다.

중독 현상	잘못된 생각	반박
예) 인터넷 게임 중독	- 스트레스가 해소됨 - 집중력이 높아짐 - 외로움과 지루함이 감소함	- 게임을 지는 경우 스트레스가 더 늘어남 - 시력저하와 만성피로를 유도함 - 외로움과 지루함의 감소는 일시적임

넷째, 건전한 방법으로 대처할 수 있는 대안을 탐색한다.

영역	실행 가능한 활동
집	□ 잠자기 □ 방 정리정돈하기 □ 요리하기 □ 독서하기 □ 편지쓰기, 일기쓰기 □ 기타( )
취미활동	□ 영화보기 □ 산책하기 □ 운동하기 □ 기타( )
가족/대인관계	□ 함께 운동하기 □ 영화보기 □ 동아리 활동 □ 기타( )
일/학습	□ 일하기 □ 학습하기 □ 기타( )

다섯째, 재발 방지를 위한 대처전략을 설정한다.

영역	대처전략
약속	□ 약속을 어기면 친구·가족들에게 벌금 내기
자기보상	□ 자신에게 맛있는 식사 대접
기타	□ 인터넷 게임을 사용할 수 없는 나만의 프리존(free-zone) 만들기

성 찰 및 계 획 하 기

본 장의 내용에 기초하여 아래의 질문에 대한 자신의 생각을 정리해 보세요.

① 본 장의 요약

1.

2.

3.

② 자신의 의견(학습한 점, 느낀 점)

1.

2.

3.

③ 실천해야 할 사항

1.

2.

3.

【제 6 장】

너무 가깝지도 않게, 멀지도 않게 살아라

1. 당신은 생각보다 괜찮은 사람이다
2. 지란지교(之蘭之交)를 실천하자

아리스토텔레스는 "인간은 사회적 동물이다."라고 하였다. 즉 인간은 혼자서 살 수 없고 언제나 집단을 형성해서 살아간다는 뜻이다. 또한 인간은 무엇을 하든 타인과 더불어 해야 하며, 살아가면서 자신의 정체감을 확립하기 위하여 타인과의 상호작용이 필요하며, 이러한 타인과의 효과적인 관계정립을 통해서 점차 완성된 인간으로 발달되어 간다. 일반적으로 행복한 사람은 가족, 친구, 가까운 사람과 관계를 잘 맺는다(Seligman, 2002). 행복한 사람일수록 대인관계가 원활하며 사회적 지원을 풍부하게 받는다. 좋은 사회적 관계는 여러 가지 필수적인 욕구를 충족시켜준다. 그들은 다양한 인간관계를 통하여 스트레스, 고통, 정신적 외상을 겪는 시기에 사회적 지원을 받을 수 있다. 실제로 든든한 사회적 지원을 받는 사람이 더 건강하며 오래 산다. 행복한 사람들의 가장 큰 특징은 여러 사람들과 교제하고 있다는 점이다.

우리 주위를 둘러보면 모두가 원만한 인간관계를 유지하는 것은 아니다. 어떤 사람들은 원만하고 즐거운 관계형성을 통해 사랑과 신뢰에 가득 찬 인간관계를 맺고 있는 반면, 어떤 사람들은 외로움과 허무를 느끼는 인간관계를 맺으며 살아가는 경우가 있다. 사람을 대할 때는 난로를 대하듯 해야 한다고 한다. 너무 가까우면 손이 탈 정도로 뜨겁고, 너무 멀면 손이 얼어 버릴 정도로 차가워진다. 너무 가깝게 다가가면 가까워진 듯 친밀감을 느낄 수 있지만, 그만큼 사소한 일로도 다투거나 싸워서 쉽게 헤어진다. 너무 멀리가면 그 사람에게 무관심해지면서 쉽게 인연이 끊어지기 마련이다(혜민, 2013).

이렇듯 우리가 맺는 인간관계는 우리 삶에 있어 필수적이며, 우리가 어떤 인간관계를 맺고 있느냐에 따라 삶의 모양과 방향이 달라지고 결정되기도 한다. 그러나 인간은 누구나 자기중심적이고 이기적인 속성을 가지고 있기 때문에 다양한 인간관계 속에서 일어나는 여러 갈등들은 완전히 피할 수는 없다. 삶 속에서 인간관계로 인한 어려움을 겪은 다음에야 인간관계가 얼마나 우리의 삶에 있어서 중요한 지를 깨닫게 되는 경우가 종종 있다. 이는 마치 공기나 햇빛의 고마움을 모르고 지내다가 어려운 상황에 처했을 때 공기나 햇빛의 고마움을 깨닫게 되는 경우와 비슷하다. 누구나 인간관계가 만족스러울 때, 바로 그러한 인간관계의 경험을 통하여 우리는 한 인간으로서 바람직한 성장 및 발달을 하게 된다.

01 당신은 생각보다 괜찮은 사람이다

당신의 대인관계는 좋은 편입니까? 개인별 대인관계 수준을 진단하기 위해서는 다음 세 가지 작업이 필요하다. 첫째, 대인관계 지도를 그려보고, 둘째, 대인관계별 감정은행계좌를 분석하고, 셋째는 승-패적 패러다임을 파악하는 것이다.

1) 개인별 대인관계 수준 진단 1 : 대인관계 지도

대인관계지도란 인간과 인간 사이의 관계를 친밀도나 교류수준에 따라 구분한 그림이다. 친밀하거나 교류 수준이 높을수록 상호 간의 이해와 상호 간의 정보 노출이 크다. 이러한 대인관계 지도를 그리기 위해서는 가족, 친구, 연인을 1차적 대인관계로, 친척, 동료, 이웃을 2차적 대인관계로, 취미동호회나 SNS 모임 등의 온·오프라인 사회적 교류 관계를 3차적 대인관계로, 친하지는 않으나 인사하는 정도의 사람을 4차적 대인관계로 구분한다. 물론 대인관계의 1~4차 구분은 개인의 친밀도나 교류도에 따라 그리면 된다.

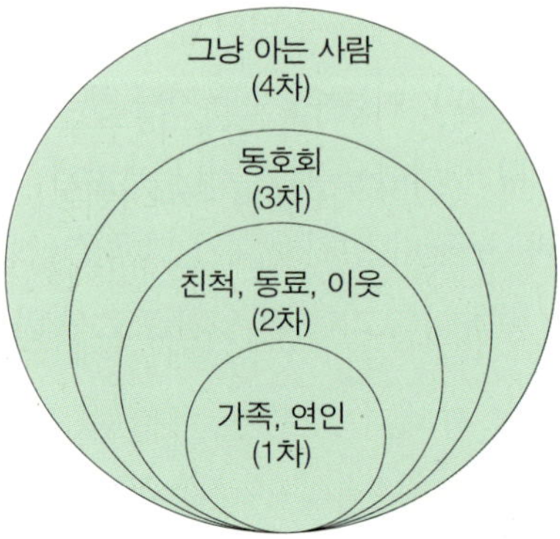

[그림 6-1] 대인관계 지도

2) 개인별 대인관계 수준 진단 2 : 감정은행계좌

스티븐 코비(Stephen Covey, 1994)는 그의 책 「성공하는 사람들의 7가지 습관」에서 '감정은행계좌'라는 것을 소개하고 있다. 감정은행계좌란 인간관계에서 구축하는 신뢰의 정도를 표현한 것으로써 우리가 다른 사람에 대해 가지는 안정감을 뜻하며, 그러한 감정이 마치 은행 통장에 잔고가 쌓이는 것 같다는 것을 의미한다. 예를 들어, 인간관계에서 신뢰가 높아지면 자신의 감정계좌에 감정의 잔고가 높아지게 되는 것이다. 우리가 상대방을 친절하게 대하거나 잘 배려할 때, 약속을 지킬 때, 기대를 충족할 때, 믿어줄 때, 사과할 때, 좋은 관계를 유지할 때 등 다양한 인간관계 형성의 모습에서 마치 은행에 돈을 입금하듯 상대방의 감정은행계좌에 나에 대한 좋은 감정이 차곡차곡 쌓인다. 그 반면에 우리가 상대방을 속상하게 하거나 약속을 지키지 않았을 때, 헐뜯고 불신할 때, 거만하거나 오만함 등의 배려하지 못하는 행동으로 관계가 나빠지면, 그때마다 상대방의 감정은행계좌에서 나에 대한 좋은 감정이 빠져나간다. 이런 일이 이어지면 마침내 계좌에 남아 있는 잔액이 모자라게 되어 적자가 난다. 따라서 미리 상대방의 감정계좌에 나에 대한 좋은 감정이 많이 저축될 수 있게 평상시에 작은 일이라도 도와주고, 마음을 열고 대화하면서 마음 통장에 잔액을 많이 쌓아 놓을 필요가 있다. 작은 신뢰가 자주, 많이 쌓이게 되면 사소한 실수나 오해가 있더라도 금방 잘 해결할 수 있다. 또한 나아가 서로에 대한 원만한 관계를 유지할 수 있게 된다. 우리가 다른 사람에 대해 긍정적인 생각이나 호감을 갖게 된다면, 통장에 저축을 하는 것처럼 감정은행에 좋은 감정을 저축해 두는 셈이 된다. 좋은 감정 예입은 인간관계를 원활히 할 수 있지만, 나쁜 감정으로 인한 인출은 인간관계를 단절시킬 수 있다.

나에게 소중한 사람들과 나와의 감정은행계좌 잔고는 어느 정도일까? 소중한 사람 10명과의 관계를 생각해보자. -10점에서 +10점까지의 척도 위에 상대방이 당신에 대하여 가지고 있을 감정은행계좌의 잔고를 추측해보자. 다음으로 그 사람에게 틀림없이 예입이 될 수 있다고 당신이 생각하는 것 3가지를 작성해보자. 그런 다음 틀림없이 인출이 될 수 있다고 예상되는 것 3가지도 적어보자.

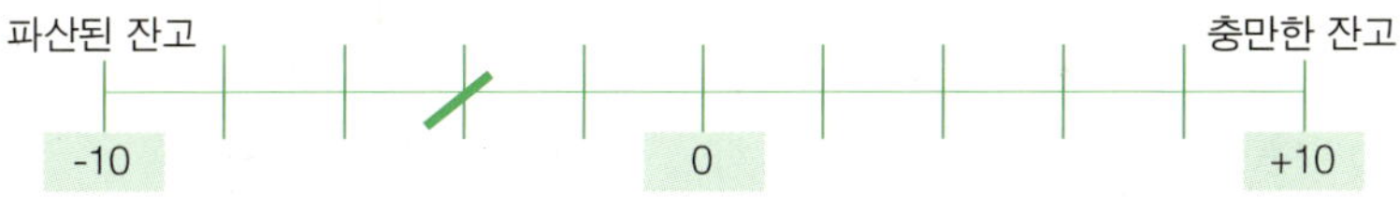

출처 _ Covey, S. R. (1989). The seven habits of highly effective people.

[그림 6-2] 감정은행계좌

표 6-1 _ 나의 감정은행계좌

중요한 사람	계좌 잔고 (-10 ~ +10)	예입 늘리는 방법 3가지	인출 줄이는 방법 3가지

데일 카네기(Dale Carnegie, 2006)의 대인관계에 나오는 다음과 같은 내용도 감정은행계좌의 예입을 늘릴 수 있다.

1. 비난·비판·불평금지 : 입술의 30초가 가슴에서는 30년을 간다.
2. 솔직하고 진지하게 칭찬하라 : 장미꽃을 전해준 사람의 손에는 장미향이 남아있는 법이다.
3. 사람들의 열렬한 욕구를 불러일으켜라 : 내가 원하는 것이 아니라 상대방이 원하는 것이 무엇인가?
4. 다른 사람에게 순수한 관심을 기울여라.
5. 미소를 지어라.
6. 당사자에게는 이름이 그 어떤 것보다도 기분 좋고 중요한 말이다.
7. 경청하라.
8. 상대방의 관심사에 대해 이야기하라.
9. 상대방으로 하여금 중요하다는 느낌이 들게 하라.
10. 최선의 논쟁은 피하는 것이다.
11. 결코 상대방에게 틀렸다고 말하지 마라. 대신 다음과 같이 말하라. '귀하의 의견을 다른 방법으로 생각해보면 어떨까요?', '물론 제가 틀렸을지도 모릅니다. 제가 말씀 드리는 내용을 함께 검토해 보시겠습니까?'
12. 잘못을 했다면 즉시 인정하라 : 100명 중의 1명만이 자신의 잘못을 인정하는 용기를 발휘한다.
13. 우호적이고 긍정적으로 시작하는 말과 행동은 상대방의 마음을 열게 하며 대화를 부드럽게 해 준다.
14. 상대방이 많은 이야기를 하게 하라.
15. 상대방의 아이디어인 듯이 느끼게 하라.
16. 상대방의 관점에서 사물을 보라.
17. 상대방의 생각·욕구에 공감하라.
18. 보다 고매한 동기에 호소하라.
19. 자신의 생각을 극적으로 표현하라 : 생활 그 자체가 이벤트이다.
20. 도전 의욕을 불러일으켜라.
21. 입으로는 칭찬의 말을! 손으로는 감사의 편지를! 발로는 어려운 이웃을 찾아가는 것! 이것이 리더가 갖추어야 할 덕목이다.

22. 잘못은 간접적으로 알게 하라 : 먼저 상대방의 말을 인정한 후에 그러나(but)를 그리고(and)로 바꿔 보라.
23. 직접적으로 명령하지 말고 요청하라 : '~해야 한다.'로 표현하기보다는 '~하는 것이 어떨까요?'라는 말을 사용한다.
24. 상대방의 체면을 세워 주어라.
25. 상대방이 훌륭한 명성을 갖도록 해주어라.
26. 격려해주어라 : 에머슨은 "가장 강하고 가장 뛰어난 사람만이 반드시 인생의 싸움에서 승리하는 것은 아니다. 최후의 승리를 거두는 자는 '나는 할 수 있다.'고 생각하는 사람이다."라고 말했다.

또한 상황이 어려울 때, 3초의 여유를 가지고 자신의 감정을 관리하면 감정계좌를 예입할 수 있다. 예를 들면, 정말 화가 나서 참을 수 없는 때라도 3초만 고개를 들어 하늘을 보면서 '내가 화낼 일이 보잘 것 없지 않은가?'라고 생각하거나, 상대방이 중대한 잘못을 저질러 울상을 하고 있을 때, 3초만 말없이 웃어주거나 상대방이 변명을 하고 있다고 확신할 때라도 3초만 잘 들어주면 당신의 감정은행계좌에 예입이 된다.

3) 개인별 대인관계 수준 진단 3 : 승-패적 대인관계

스티븐 코비의 「성공하는 사람들의 7가지 원칙」에는 6가지 인간관계의 패러다임 : 승-승, 승-패, 패-승, 패-패, 승, 승-승이 아니면 무거래를 제시하고 있다. '나도 이기고 상대방도 이기는' 승-승적 사고 패러다임은 대인관계에서 서로의 이익을 추구하는 방식으로서 서로의 합의나 해결들이 서로에게 유익하고 만족을 주는 것을 의미한다. 이러한 사고는 인생을 경쟁의 장으로 보는 것이 아니라, 협력의 장으로 보는 것이다. 이러한 사고는 제 3의 대안이 있다고 믿는 데서 나온다.

미국의 어느 인디언 보호구역 학교에서 있었던 일이다. 막 부임한 백인 선생님은 학생들에게 까다로운 시험문제를 냈다. 서로 커닝을 하지 못하도록 아이들을 떨어뜨려 앉힌 다음 시험지를 나눠주었다. 조금 지나자 아이들이 모두 일어나 책상을 서로 붙여서 둘러앉았다. "이게 무슨 짓이냐!" 화를 내는 선생님을 바라보던 아이들이 고개를 갸웃거리며 이렇게 반문했다. "어려운 문제라면 모두 힘을 합해 함께 푸는 게 옳지 않습니까?"

나는 이기고 상대방은 지는 승-패적 사고, 나는 지고, 상대방은 이기는 패-승적 사고, 나도 지고 상대방도 지는 패-패적 사고, 남의 일은 관심 밖이고 단지 이기는 것만 생각하는 승적 사고는 사람인 이상 완전히 사라질 수는 없다. 대인관계에서 필요한 것은 이러한 승패의 감정을 잘 조절하여 인간관계를 해 나간다면 이상적인 대인관계를 형성할 수 있고, 또한 그로 인해 자신의 감정조절과 함께 성취하고자하는 욕구도 조절하여 지속가능한 적절한 대인관계 형성에 도움을 준다.

당신은 다음의 대인관계 패러다임이 주로 어디에 속하는지 분석해보자. 이어서 각 패러다임별로 그런 경험을 간략하게 핵심내용만 작성해보자.

작성해 보기

나의 대인관계 패러다임 분석

승/승 (나도 이기고, 상대방도 이기는)	패/패 (나도 지고, 상대방도 지는)
승/패 (나는 이기고, 상대방은 지는)	승 (나는 이기는)
패/승 (나는 지고, 상대방은 이기는)	승/승이 아니면 무거래 (모두 승이 되지 않으면 거래를 하지 않는 것)

02 지란지교(芝蘭之交)를 실천하자

1) 친구

친구란 가깝게 오래 사귄 사람을 뜻하는 말로서, 철학자 아리스토텔레스는 "친구는 제 2의 자신이다."라고 하였다. 그리스 철학자인 에피쿠로스(Epicurus)도 '친구 없이 혼자 밥을 먹거나 술을 마시는 것은 사자나 늑대의 삶이나 다름없다.'고 하면서 친구의 소중함을 얘기했다. 미국 배우인 마를레네 디트리히(Marlene Dietrich)도 "걱정거리가 있으면 새벽 4시에라도 전화할 수 있는 사람이 바로 친구다."라고 했다. 그만큼 친구는 소중하다는 것을 의미한다. 이처럼 살아가면서 좋은 친구를 만난다는 것은 매우 행복하고 값진 일이다. 다음 유안진 시인의 '지란지교를 꿈꾸며'는 누구나 한 번쯤은 읊어 보았을 것이다. 지란지교는 '명심보감'(明心寶鑑) 교우편(交友篇)에 나오는 고사성어로, 선한 사람과의 사귐은 지초(芝草)와 난초(蘭草) 같이 향기로운 사귐과 같다고 보는 입장이다.

지란지교를 꿈꾸며

유안진

저녁을 먹고 나면 허물없이 찾아가 차 한 잔을 마시고 싶다고 말할 수 있는 친구가 있었으면 좋겠다. 입은 옷을 갈아입지 않고 김치 냄새가 좀 나더라도 흉보지 않을 친구가 우리 집 가까이에 있었으면 좋겠다.

비오는 오후나 눈 내리는 밤에 고무신을 끌고 찾아가도 좋을 친구, 밤 늦도록 공허한 마음도 마음 놓고 보일 수 있고, 악의 없이 남의 얘기를 주고받고 나서도 말이 날까 걱정되지 않을 친구가……. 사람이 자기 아내나 남편 제 형제나 제 자식하고만 사랑을 나눈다면 어찌 행복해질 수 있으랴. 영원이 없을수록 영원을 꿈꾸도록 서로 돕는 진실한 친구가 필요하리라. 그가 여성이어도 좋고 남성이어도 좋다. 나보다 나이가 많아도 좋고 동갑이거나 적어도 좋다. 다만 그의 인품이 맑은 강물처럼 조용하고 은근하며 깊고 신선하며 예술과 인생을 소중히 여길 만큼 성숙한 사람이면 된다. 그는 반드시 잘 생길 필요가 없고, 수수하나 멋을 알고, 중후한 몸가짐을 할 수 있으면 된다.

때로 약간의 변덕과 신경질을 부려도 그것이 애교로 통할 수 있을 정도면 괜찮고 나의 변덕과 괜한 흥분에도 적절히 맞장구를 쳐주고 나서, 얼마의 시간이 흘러 내가 평온해지거든 부드럽고 세련된 표현으로 충고를 아끼지 않았으면 좋겠다. 나는 많은 사람을 사랑하고 싶진 않다. 많은 사람과 사귀기도 원치 않는다. 나의 일생에 한두 사람과 끊어지지 않는 아름답고 향기로운 인연으로 죽기까지 지속되길 바란다. 나는 여러 나라 여러 곳을 여행하면서 끼니와 잠을 아껴 될수록 많은 것을 구경하였다. 그럼에도 지금은 그 많은 구경 중에 기막힌 감회로 남은 것은 거의 없다. 만약 내가 한두 곳 한두 가지만 제대로 감상했더라면 두고두고 되새겨질 자산이 되었을 걸.

우정이라 하면 사람들은 관포지교를 말한다. 그러나 나는 친구를 괴롭

히고 싶지 않듯이 나 또한 끝없는 인내로 베풀기만 할 재간이 없다. 나는 도 닦으며 살기를 바라지 않고, 내 친구도 성현 같아지기를 바라진 않는다. 나는 될수록 정직하게 살고 싶고, 내 친구도 재미나 위안을 위해서 그저 제자리서 탄로 나는 약간의 거짓말을 하는 재치와 위트를 가졌으면 하고 바랄 뿐이다. 나는 때로 맛있는 것을 내가 더 먹고 싶을 테고, 내가 더 예뻐 보이기를 바라겠지만, 금방 그 마음을 지울 줄도 알 것이다. 때로 나는 얼음 풀리는 냇물이나 가을 갈대 숲 기러기 울음을 친구보다 더 좋아할 수 있겠으나, 결국은 우정을 제일로 여길 것이다. 우리는 흰 눈 속 참대 같은 기상을 지녔으나 들꽃처럼 나약할 수 있고 아첨같은 양보는 싫어하지만 이따금 밑지며 사는 아량도 갖기를 바란다.

우리는 명성과 권세, 재력을 중시하지도 부러워하지도 경멸하지도 않을 것이며, 그보다는 자기답게 사는데 더 매력을 느끼려 애쓸 것이다. 우리가 항상 지혜롭진 못하더라도, 자기의 곤란을 벗어나기 위해 비록 진실일지라도 타인을 팔진 않을 것이다. 오해를 받더라도 묵묵할 수 있는 어리석음과 배짱을 지니기를 바란다. 우리의 외모가 아름답지 않다 해도 우리의 향기만은 아름답게 지니리라. 우리는 시기하는 마음 없이 남의 성공을 얘기하며, 경쟁하지 않고 자기 일을 하되, 미친 듯 몰두하게 되기를 바란다. 우리는 우정과 애정을 소중히 여기되, 목숨을 거는 만용은 피할 것이다. 그래서 우리의 우정은 애정과도 같으며 우리의 애정 또한 우정과 같아서 요란한 빛깔도 시끄러운 소리도 피할 것이다.

나는 반닫이를 닦다가 그를 생각할 것이며, 화초에 물을 주다가, 안개 낀 아침 창문을 열다가, 가을 하늘의 흰 구름을 바라보다가, 까닭 없이 현기증을 느끼다가 문득 그가 보고 싶어지며, 그도 그럴 때 나를 찾을 것이다. 그는 때로 울고 싶어지기도 하겠고, 내게도 울 수 있는 눈물과 추억이 있을 것이다. 우리에겐 다시 젊어질 수 있는 추억이 있으나 늙는 일에 초조하지 않을 웃음도 만들어 낼 것이다. 우리는 눈물을 사랑하되 헤프지 않게, 가지는 멋보다 풍기는 멋을 사랑하며, 냉면을 먹을 때는 농부처럼 먹을 줄 알며, 스테이크를 자를 때는 여왕처럼 품위 있게, 군밤은 아이처럼 까먹고, 차를 마실 때는 백작보다 우아해지리라.

우리는 푼돈을 벌기 위해 하기 싫은 일을 하지 않을 것이며, 천 년을 늙어도 항상 가락을 지니는 오동나무처럼 일생을 춥게 살아도 향기를 팔지 않는 매화처럼 자유로운 제 모습을 잃지 않고 살고자 애쓰며 격려하리라. 우리는 누구도 미워하지 않으며, 특별히 한두 사람을 사랑한다 하여 많은 사람을 싫어하진 않으리라. 우리가 멋진 글을 못 쓰더라도 쓰는 일을 택한 것에 후회하지 않듯이, 남의 약점도 안쓰럽게 여기리라. 내가 길을 가다가 한 묶음의 꽃을 사서 그에게 들려줘도 그는 날 주책이라고 나무라지 않으며, 건널목이 아닌 데로 찻길을 건너도 나의 교양을 비웃지 않을 게다.

나 또한 더러 그의 눈에 눈곱이 끼더라도 이 사이에 고춧가루가 끼었다 해도 그의 숙녀됨이나 신사다움을 의심하지 않으며 오히려 인간적인 유유함을 느끼게 될 게다. 우리의 손이 비록 작고 여리나, 서로를 버티어 주는 기둥이 될 것이며, 우리의 눈에 핏발이 서더라도 총기가 사라진 것은 아니며, 눈빛이 흐리고 시력이 어두워질수록 서로를 살펴주는 불빛이 되어 주리라. 그러다가 어느 날이 홀연히 오더라도 축복처럼, 웨딩드레스처럼 수의를 입게 되리라. 같은 날 또는 다른 날이라도. 세월이 흐르거든 묻힌 자리에서 더 고운 품종의 지란이 돋아 피어, 맑고 높은 향기로 다시 만나지리라. —

물론 모든 친구가 이 같은 유형의 친구는 아닐 것이다. 일반적으로 친구의 유형은 크게 4가지로 나누어 볼 수 있다. 첫째, 외우(畏友)로 존경하고 두려운 친구로 서로의 잘못을 바로 잡아주고 큰 의리를 위해 노력하는 친구, 둘째, 밀우(密友)로 친밀한 친구인데, 힘들 때 서로 돕고 늘 함께 할 수 있는 친구, 셋째, 닐우(昵友)로 같이 어울리는 친구로 좋은 일과 노는 데만 잘 어울리는 친구, 넷째, 적우(賊友)로 도적을 뜻하는데 이익만 보고, 근심거리가 있으면 서로 미루고, 나쁜 일이 있으면 서로 떠넘기는 사이이다. 우선적으로 자신이 외우나 밀우처럼 좋은 친구가 되며, 친구를 사귀더라도 행복한 삶에 도움이 되는 친구인 외우나 밀우와 우정을 쌓으라는 의미이다.

또한 스스로가 좋은 친구가 되기 위해서는 승승적 사고를 실천하는 것으로서 먼저 이해하고 다음에 이해시키는 것, 즉 공감적 경청이 필요하다. 유안진 시인의 '지란지교'에서 나오듯이 허물없이 대하기, 도와주기, 인품을 갖춘 성숙한 사람으로 행동하기, 멋을 아는 중후한 몸가짐, 부드럽고 세련된 표현으로 충고하기, 때로는 손해 보거나 져주기, 자기답게 사는 매력을 갖추기, 친구를 위한 어리석음과 배짱을 지니기, 타인의 성공을 칭찬하고 자신의 일에 몰입하기, 자유로운 영혼 등이 필요할 것이다. 자신이 좋은 친구가 되기 위해 필요한 요건은 무엇인가?

작성해 보기

내가 생각하는 좋은 친구가 되기 위한 요건

좋은 친구의 요건	
1	
2	
3	
4	
5	
6	
7	

2) 부부, 연인

그대가 곁에 있어도 나는 그대가 그립다

류시화

물속에는
물만 있는 것이 아니다
하늘에는
그 하늘만 있는 것이 아니다
그리고 내 안에는
나만이 있는 것이 아니다.

내 안에 있는 이여
내 안에서 나를 흔드는 이여
물처럼 하늘처럼 내 깊은 곳 흘러서
은밀한 내 꿈과 만나는 이여
그대가 곁에 있어도
나는 그대가 그립다

류시화 시인의 "그대가 곁에 있어도 나는 그대가 그립다."라는 이 구절의 의미는 아무리 사랑하는 사람이라도 서로 사랑에 빠졌을 때 서로의 곁에 있어도 그리울 정도로 서로 뜨겁게 사랑한다는 것을 의미한다. 사랑을 하면 '콩깍지가 씌다.'라고 하는데 왜 하필 콩깍지로 사랑을 표현했을까? 콩깍지로 비유한 이유는 사람의 눈꺼풀이 삶아놓은 콩의 껍질과 비슷하고, 반투명한 콩 껍질을 통해 사물을 바라보게 되면 왜곡되어 보여 콩 껍질이 속의 콩알들을 위험한 바깥세상으로부터 보호해주는 듯한 모양이 사랑하는 사람과의 모습과 비슷하다는 것이기 때문이다. 그리고 사랑의 유효기간 즉, 두 사람의 사랑의 콩깍지가 서서히 벗겨지는 시기는 언제일까? 이 사랑의 유효기간을 두고 어떤 이는 사랑의 유효기간이 1년이라 하기도 하고 또 어떤 이는 3년이라고 하기도 한다. 하지만 결혼한 지 수십 년이 지나도 처음 사랑에 빠졌을 때처럼 상대방에게 가슴이 뛰는 사람들이 있다는 연구도 있다. 이 연구에서는 오래된 관계일수록 처음 시작한 사랑보다는 강박관념이나 불안감이 없었으며, 대신 서로에 대한 안정감이나 귀속감 등이 증가하며 이런 사람들은 상대방과의 유대감을 중요하게 여기고, 상대방을 자기 삶의 중심으로 여긴다는 공통점이 있었다고 한다.

연인이나 부부 또는 모든 사람들과의 관계 안에는 '인연'이라는 보이지 않는 끈으로 맺어져 있다고 한다. 이 인연이란 단어는 인(因)과 연(緣)의 합성어로서, '인'이란 원인을 의미하고, '연'이란 원인이 결과를 형성하게 하는 조건을 의미한다. 즉, 인이라는 씨앗을 심어서 연이란 열매를 영글게 하기까지는 연이라는 조건 즉, 물, 온도, 햇빛, 토양이 골고루 작용하여 완성된다. 이처럼 인과 연은 모든 조건들이 잘 맞추어져서 아름다운 결과를 만든다. 억겁의 인연이 이어져서 부부로 탄생한다는 옛말처럼 세상일은 그저 우연히 생겨나는 게 하나도 없다. 그 누구도 알 수 없는 인과의 법칙이 작용하고 있는 것처럼 항상 좋은 인연을 만나 아름다운 관계를 만들어 갈 수 있도록 해야 한다.

사실 가깝고도 먼 관계가 부부 사이이다. 이는 부부간의 촌수를 무촌(無寸)이라고 부르는 이유이기도 하다. 하지만 '님'이라는 글자에 점 하나만 찍으면 '남'이 된다는 유행가 가사처럼 부부도 헤어지고 돌아서면 남남이 되는 경우가 허다하다. 물론 부부나 연인이 되기 위해 '남'의 점 하나를 지우는 노력을 하여 '님'이 되었을 것이다. '님'이라는 글자는 조금이라도 방심하여 애정이나 관심을 쏟지 않으면 지워진 점이 다시 살아나는 특성을 가지고 있다. 따라서 부부나 연인들은 '님'으로 존재하기 위한 끊임없는 쌍방의 노력이 필요하다. 이처럼 부부나 연인들이

'남'이 아닌 '님'으로 계속 유지되기 위해서는 다음과 같은 조건이 필요하다.

첫째, 로버트 스턴버그(Robert J. Sternberg, 1986)의 사랑의 구성요소인 친밀감(intimacy), 열정(passion), 헌신(commitment)의 세 가지 구성요소가 적절하게 있어야 한다. 친밀감은 사랑의 정서적 요소로서 누군가와 '가깝게 느끼는 감정'이다. 친밀감은 상호이해, 격의 없는 친밀한 대화, 정서적 지원 등을 포함한다. 친밀감은 남녀 간의 사랑에서뿐만 아니라, 친한 친구 사이나 부모와 자녀 간에도 존재한다. 열정은 사랑의 동기유발적 요소로서 신체적 매력, 성적 욕망 등을 포함한다. 열정은 일반적으로 사랑을 느끼는 순간 맨 처음 나타나는 사랑의 구성요소이지만, 오래된 관계에서는 제일 먼저 사라지는 요소이기도 하다. 열정은 남녀 간의 사랑에서만 존재한다. 헌신은 관계를 유지하기 위한 약속이며, 관계를 지속시켜야 한다는 책임감이다. 열정은 나타났다가 사라졌다가 하는 것이지만, 헌신은 만족스러울 때나 불만족스러울 때나 지켜지는 것이어야 한다.

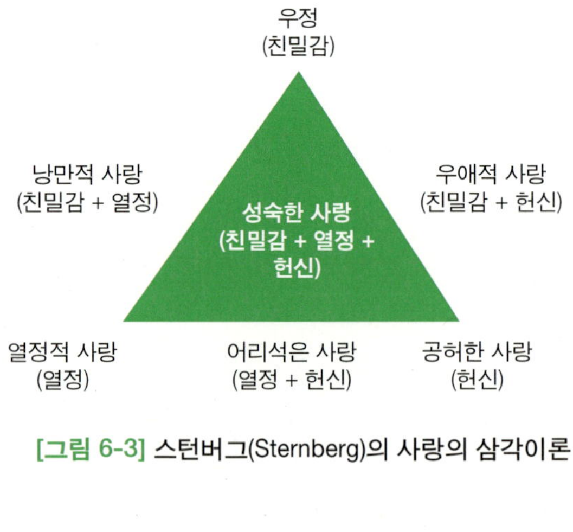

[그림 6-3] 스턴버그(Sternberg)의 사랑의 삼각이론

스턴버그는 이 세 가지 구성요소가 적절히 있는 사랑을 좋은 것으로 보았으며, 어느 한쪽으로 치우치는 사랑은 좋지 못하게 보았다. 어느 한쪽으로 치우친 사랑의 예를 든다면, 친밀감 요소만 있는 경우는 우정으로 사랑에서 열정과 결심과 헌신 요소가 결여된 채 친밀감 요소만이 경험될 때 나타난다. 열정 요소만 있는 경우는 도취성 사랑으로 '첫눈에 빠진 사랑' 또는 상대를 있는 그대로가 아니라 이상화하는 망상으로 치우치는 사랑이다. 결심과 헌신 요소만 있는 경우는 공허한 사랑으로 친밀감이나 열정이 전혀 없이 상대를 사랑하겠다고(사랑에 헌신하겠다고) 결심함으로써 생겨난다. 친밀감과 열정 요소의 결합된 사랑은 낭만적 사랑으로 육체적 매력이나 그 밖의 매력들이 첨가된 좋아하는 감정이라 할 수 있다. 친밀감과 헌신 요소의 결합은 우애적 사랑으로 열정의 주된 원천인 육체적 매력이 약해진 오래된 우정 같은 결혼에서 자주 발견되는 사랑이다. 열정과 헌신 요소의 결합은 어리석은 사랑으로 할리우드 영화나 급행 구혼에서 접하게 되는 종류의 사랑으로 친밀감의 요소가 결여되어 있다. 친밀감과 열정과 헌신 요소의 결합은 성숙한 사랑 또는 완전한 사랑은 사랑의 세 요소가 모두 존재할 때 생긴다. 사랑이 아닌 상태는 사랑의 세 요소가 부재한 상태이다.

둘째, 단점을 상호 보완하는 마음가짐이 필요하다. 예전에는 단점도 웃어넘기다가 살아가면서 사소한 단점도 점점 크게 느껴지는 경우가 많다. 이를 웃어넘길 마음의 여유가 필요하다. 부부간의 사랑을 비유하는 말에 비익연리(比翼連理)라는 말이 있다. 이 말의 뜻은 비익조(比翼鳥)라는 새와 연리지(連理枝)라는 나무를 합친 말이다. 이 말은 당나라 때 시인 백낙천(白樂天)이 지은 〈장한가〉(長恨歌)에 나온다. 서로 사랑하는 남녀가 영원히 헤어지지 않기를 바라는 소망이 담겨 있다. 여기서 말하는 비익조(比翼鳥)에서의 비(比)는 앞서 비견(比肩)·즐비(櫛比) 등의 말에서 파생된 것으로 '나란하다.'는 뜻이다. 그리고 익(翼)은 '날개'를 뜻한다. 비익조(比翼鳥)는 현실의 새가 아닌 전설 속의 새이다. 이 새는 눈도 하나요, 날개도 하나뿐이다. 그래서 암수 한 쌍이 서로 합쳐야만 양 옆을 제대로 볼 수 있고 날 수도 있다. 이와 비슷한 경우로 연리지라는 나무를 본 적이 있거나 들어 본 적이 있을 것이다. 이 연리지라는 나무에서 연리지(連理枝)의 리(理)는 결이라는 뜻이다. 연리지는 '나뭇결이 연결된 가지'를 말한다. 뿌리가 서로 다른 나무가 허공에서 만나 한 가지로 합쳐진 나무이다. 이것은 인간 세상의 부부의 연을 빗대어 말하는 것으로서, 부부는 서로 다른 집안 다른 환경에서 나고 자라 결혼을 해서 한 가정을 이루게 되면 연리지처럼 한 몸을 이루어, 비익조와 같이 서로 부족한 점을 채워 준다.

비익조와 비슷한 의미로 비목어(比目魚)란 물고기가 있다. 이 비목어를 글자대로 풀이하면 '눈이 나란한 고기'가 된다. 사실 비목어는 머리 한쪽으로 눈 두 개가 몰려 있는 납작한 몸의 가자미나 넙치, 광어와 같은 물고기를 가리키는 말이다. 이 물고기들은 눈이 한쪽으로 몰려 있기 때문에 반대편을 잘 볼 수가 없다. 그래서 서로 반대편에 눈이 달린 물고기가 붙어 다니며 서로 못 보는 부분을 도와준다고 해서 역시 부부의 금슬을 나타내는 말로 쓰게 되었다. 이 비목어에 대한 전설은 다음과 같다.

> 어느 바다 속에 눈이 하나밖에 없어서 혼자의 힘으로는 헤엄도 제대로 치지 못하는 물고기 한 마리가 있었다. 눈이 하나밖에 없었던 이 물고기의 이름은 '비목어'이다. 눈이 하나밖에 없었기 때문에 바다 속을 헤엄치며 다니기란 너무나 힘든 일이었다. 이 물고기에게 어느 날 사랑이 찾아왔다. 둘은 너무나 사랑했다. 이제는 힘들게 다니던 바다 속도 자연스럽게 헤엄쳐 다닐 수 있게 되었다. 왜냐하면 둘이서 같이 한 몸을 이루어 나란히 헤엄을 치기에 가능할 수 있었던 것이다. 서로 몸을 기대고 같은 방향을 바라보며 헤엄을 치며 서로 짝을 이루며 평생을 서로 뜨겁게 사랑하며 살았다. 이 이야기의 주인공인 비목어는 지금도 둘이서 나란히 하나로 모여 서로의 모자람을 감싸며 채워주며 살아간다고 한다.

바다 속의 이 외눈박이 물고기가 한 몸을 이뤄 거센 바다 속을 조심조심 살아가듯이, 사람들의 사랑도 가까운 거리에서 서로 같은 방향을 바라보며 기대고 살아간다면 얼마나 아름다운 일일까? 비목어처럼 서로를 아끼고 사랑하는 것은 얼마나 행복한 일일까? 사랑은 서로가 서로를 바라보며 살아가는 한 쌍의 비목어처럼 둘이서 한 방향을 보며 험한 삶의 길을 헤쳐 나가는 것이다. 진정한 사랑은 어떤 일이 있어도 포기하지 않는 것이다. 이 비목어처럼 자신을 희생하고 서로에게 힘을 주며 살아가는 것이 진정한 사랑이다.

셋째, 부부간의 만남을 소중한 인연으로 생각해야 한다. 부부의 인연은 참으로 깊다. 석가모니 부처님께서는 「인연경」(因緣經)에서 "오백 겁(劫)의 인연이 있어야 옷깃이 한번 스치고, 일천 겁의 인연은 같은 나라에 태어나게 하고, 삼천 겁이면 하룻밤을 함께 묵게 되고, 오천 겁이면 한 동네에 살게 하며, 칠천 겁이면 한집에 태어나 살게 하고, 팔천 겁이 되어야 부부의 연이 맺어진다."고 하셨다. 1겁은 세상이 한번 만들어졌다가 사라진 후 다시 만들어질 때까지 걸리는 시간을 말한다. 즉, 몇억만 년의 시간이다. 한 겁이 이러할진대, 무려 팔천 겁의 인연이 있는 부부는 얼마나 깊고 깊은 인연이겠는가.

넷째, 서로의 차이를 인정해야 한다. 존 그레이(John Gray, 2006)의 저서 「화성에서 온 남자 금성에서 온 여자」(Men are from mars, Women are from venus)처럼 남녀 간에는 생각이나 관심사가 다르다. 따라서 차이를 인정하고 수용할 필요가 있다. 다음은 인터넷에 올라온 남자와 여자의 차이점을 제시한 것이다.

1. 남자의 '사랑해'는 '현재'라는 단서를 생략한 것이고, 여자의 '사랑해'는 '당신이 사랑하는 한'이라는 조건을 생략한 것이다.
2. 여자는 심리학의 원서이나 남자는 누구나 서툰 번역서일 뿐이다.
3. 남자의 사랑은 반복충동형이고, 여자의 사랑은 점층환상형이다.

4. 여자는 모를수록 좋은 일을 너무 많이 알고, 남자는 꼭 알아두어야 할 일을 너무 모른다.
5. 남자는 경험으로 여자를 알지만, 여자는 본능적으로 남자를 안다.
6. 여자는 현미경으로 들여다보아야 알 수 있고, 남자는 망원경으로 바라보아야 알 수 있다.
7. 여자는 용서하고, 남자는 포용한다.
8. 남자들은 모이면 여자 얘기를 꺼내고, 여자들은 자식 얘기부터 시작한다. (남자는 사랑의 대상에, 여자는 사랑의 결과에 집착하기 때문이다.)
9. 여자는 마음에 떠오른 말을 하고, 남자는 마음에 먹은 말을 한다.
10. 여자는 원망하면서 사랑하고, 남자는 사랑하면서 원망한다.
11. 여자는 말 속에 마음을 남기고, 남자는 마음속에 말을 남긴다.
12. 남자는 사랑의 양을 자랑하지만, 여자는 사랑의 질을 기대한다.
13. 남자가 여자를 꽃이라 함은 꺾기 위함이고, 여자가 여자를 꽃이라 함은 그 시듦을 슬퍼하기 때문이다.
14. 요즘 여성들은 여자는 여자다워야 한다면 화를 내고, 남성들은 남자는 남자다워야 한다면 부끄러워한다.
15. 남자는 모르는 것도 아는 체하고, 여자는 아는 것도 모르는 체한다.
16. 모든 남자들의 결론은 '여자는 할 수 없어'이고, 모든 여자들의 결론은 '남자는 다 그래'이다.
17. 노년의 남자에게 추운 겨울에 필요한 것은 따뜻한 난로보다 오래된 아내이다.
18. 여자는 모성으로 수용하고, 남자는 유아성으로 망각한다.

다섯째, "칭찬은 고래도 춤추게 한다."고 하듯이 부부 간에 칭찬을 습관화할 필요가 있다. "당신이 최고야." "역시 당신이야." "당신은 멋있어." "당신은 항상 예뻐." "당신은 내 생애 최고의 선물, 당신은 우리 집 기둥이야." "당신은 나의 모든 것이야." "당신이 자랑스러워." "당신 없인 못살아." "다시 태어나도 당신뿐이야." 등의 말을 자주 하자.

작성해 보기

좋은 관계가 되기 위한 요건

부부	
연인	

월호스님은 "언젠가 이 세상에 없을 너와 나를 사랑하고 용서합시다."라는 말씀을 하셨다. 이것이야말로 대인관계의 기본이다. 언젠가 우리는 모두 죽는다. 그것을 두려워할 필요는 없지만 그렇기 때문에 지금을 더 소중하게 생각하고 사랑해야 한다. 지금 가깝게 있는 벗, 가족, 스승, 직장동료, 이웃 등 모두 당신과 함께 동시대를 살다가 떠날 사람들이다. 치열하게 순간을 살면서 용서하고 사랑하는 삶만이 행복의 길이다.

성 찰 및 계 획 하 기

본 장의 내용에 기초하여 아래의 질문에 대한 자신의 생각을 정리해 보세요.

① 본 장의 요약

1.

2.

3.

② 자신의 의견(학습한 점, 느낀 점)

1.

2.

3.

③ 실천해야 할 사항

1.

2.

3.

【제 7 장】

'신을 위하여'가 '돈을 위하여'로 바뀌었다

어느 날 갑자기 당신에게 1,000억이 생긴다면 당신은 과연 무엇을 할 것인가? 물론 사람마다 자신이 하고 싶은 일이 다르겠지만, 대부분의 사람들은 지금과 다르게 자신이 하고 싶은 것을 하며 살겠다고 할 것이다. 학업, 자격증 취득, 직장 등에서 아등바등 살고 있는 자신의 삶을 과감히 버리고, 지금까지 마음은 하고 싶으나 하지 못했던 일을 하거나 여행, 취미생활 등을 하면서 여유롭게 살고자 할 것이다. 하지만 사람들에게 '지금 하고 싶은 일이 무엇인가?'를 물어보면 다양한 것들을 경험하고 싶다고 하지만, 정작 자신이 미래에 무엇을 하고 싶은지, 왜 하고 싶은지는 잘 모르는 경우가 많다.

한편, 사람들에게 일과 행복, 돈의 관계를 질문하면, 누구나 제일 행복한 사람은 자신이 좋아하는 일을 하면서 돈을 버는 사람이라고 이야기를 한다. 두 번째로 행복한 사람은 자신이 좋아하는 일을 하며 사는 사람이고, 세 번째 사람은 좋아하지 않는 일을 하면서 돈을 버는 사람이며, 가장 최악인 사람은 자신이 좋아하지도 않는 일을 하면서 돈도 벌지 못하는 사람이다. 일과 행복, 돈의 관계를 이해함에도 불구하고 대부분의 사람들은 세 번째나 네 번째에 해당되는 삶을 살아가고 있다. 더 아이러니한 것은 그런 삶 속에도 행여 로또에 당첨되거나 백마 탄 왕자가 나타나서 부자가 되는 꿈만 꾸고, 실제로는 부자가 되고자 하는 노력조차 하지 않는다는 것이다. 부자가 되기 위해서는 부자의 특성을 알고, 부자가 되는 방법을 찾고 이를 실천에 옮기는 것이다 필요하다.

01 부자는 '하고 싶은 일을 할 수 있는 사람' 이다

'부자'는 어떤 사람들인가? 부자(富者)에서 부(富)의 의미는 집(宀, 집면)에 복(福)이 깃드는 것을 의미하고 있다. 따라서 부자란 복이 깃든 집에 사는 사람, 그리고 재산이 많고 쓸 수 있는 재물이 넉넉한 사람을 의미한다(임태순, 2015). 「국립국어원 표준국어대사전」에서도 비슷한 내용으로, 부자(富者)란 '재물이 많아 살림이 넉넉한 사람이나 그것이 많은 사람'을 나타내는 말로 정의하고 있다. 그렇다면 진정한 부자란 어떤 사람을 일컫는 것일까? 부자학(富者學)에서는 부자란 돈이 많은 사람이 아니라 '자신이 하고 싶은 일을 언제든지 할 수 있는 사람'을 의미한다(한동철, 2005). 이는 말하자면 '자신이 원하는 일을 현재 할 수 있는 사람', 이것이 한동철 교수가 내리는 부자의 정의다. 그렇다면 부자의 반대말은? 바로 일반인이다. 자신이 원하는 일을 할 수 없거나 '미래에 할 수 있는 사람'이 일반인이다.

한편, '부자 아빠, 가난한 아빠'의 저자인 로버트 키요사키(Robert Kiyosaki, 2000)는 부자의 정의는 일을 하지 않고도 견딜 수 있는 기간으로 측정이 가능하다고 제시하고 있다. '이웃집 백만장자'(The millionaire next door : The surprising secrets of America's wealthy)의 저자인 토머스 스탠리(Thomas J. Stanley) 박사는 부자란 '부의 물질을 소유한 사람들'이라고 정의하고 부자인지 여부를 판별할 수 있는 부자방정식을 소개하였다(Danko & Stanley, 2002, pp. 26-27).

표 7-1 _ 부자지수 공식

부자지수 공식
• 부자지수(%) = (순자산액 × 10) ÷ (나이 × 연간총소득)
• 여기서 순자산액은 자신의 총 재산에서 부채를 뺀 재산을 의미
• 연간총소득은 연봉이외에도 이자소득 등 모든 소득을 합친 금액을 의미

위의 공식은 주로 직장인들이 부자가 될 수 있는 확률을 점쳐볼 수 있도록 만든 것이다. 계산결과 50% 미만은 지출이 많고 소득관리에 미흡해 문제가 있는 축에 속한다. 50~100%는 보통, 100~150%는 양호, 200% 이상은 아주 양호로 보면 된다. 예를 들면, 40세로 순 자산 1억 원, 연봉 5000만 원이라면 부자지수는 50%다.

KB금융지주 경영연구소(2015)는 '한국의 부자'를 '금융자산 10억 원 이상 보유한 개인'으로 정의하고 있다. 2014년 말 기준 국내 금융자산 10억 이상의 부자는 18만 2천 명으로 추정되는데, 매년 물가상승에 따라 약 1만 명씩 늘어나는 추세이다. 부자의 중앙값 자산은 약 50억 원의 자산을 소유하고 있으며, 연 수입이 최소한 3억 원이 넘어야 부자인 것으로 나타났다. 하지만 정작 응답자(금융자산 10억 원 이상인 400명)의 70% 정도는 자신을 부자로 여기지 않는다. 응답자의 70%는 최소한 100억 원이 있어야 부자로 볼 수 있고, 500억 원 이상을 가져야 한다는 응답도 8%를 넘었다. 한동철(2005)은 행복한 부자로 재산 형성의 원천에 따라 자수성가형 부자, 전문가형 부자, 상속형 부자, 가짜 부자로 분류하였다. 그리고 부의 소유정도인 금액에 따라 1,000억 원 이상의 부의 안전한 이전에 관심이 있는 절대적 부자, 10억~1000억의 부의 지속적 소유에 관심이 있는 상대적 부자, 5억~10억의 부의 획기적 증식에 관심이 있는 한계적 부자로 구분하였다.

부자를 쉽게 판단할 수 있는 경우는 '내 손으로 버는 돈'(직장생활, 자영업), '남의 손으로 버는 돈'(공장, 가게), '자동적으로 벌리는 돈'(임대업, 저축, 연금, 투자)을 서로 비교하여 '자동적으로 벌리는 돈'과 '남의 손으로 버는 돈'이 '자기 손으로 버는 돈'보다 많을수록 부자일 확률이 높다. 즉, 직장인처럼 '자기 손으로 버는 돈'만 있는 경우 몇몇 대기업 임원의 경우를 제외하고 부자와는 거리가 멀다고 할 수 있다.

02 워런 버핏(Warren Buffett)과의 점심에선 무슨 얘기를 할까?

2000년 시작된 세계적 투자자 워런 버핏과의 점심식사 경매는 첫 해 2만 5000달러(약 2,695만원)로 출발, 2012년 최고 낙찰가인 346만 달러(약 37억 3,000만원), 2015년 234만 5,678달러(약 25억 8,000만원)를 기록했다. 경매 낙찰자들은 과연 버핏과 무슨 이야기를 나눌까? 버핏에겐 과연 어떤 특별한 투자 통찰이 있을까?

우리나라 부자들은 어떠한 특성을 가지고 있을까? 한동철(2005)에 따르면, 우리나라 부자들의 60% 이상은 '자수성가형'인 자영업자들로서, 이들은 스스로의 자립력과 상황 돌파력에 의해 적응력을 높여서 부자가 된 사람들이다. 우리나라 부자들은 이 역량을 최대한 활용해서 자신만의 독특한 습관들을 가지고 돈을 벌었다. 지식이 부자를 만든 것이 아니라 습관이 부자를 만든 셈이다. 또한 부자가 된 사람은 일반인(그렇지 못한 사람)에 비해 모든 사람이 가능하다고 생각하는 일들이 아닌, 불가능하다고 생각하는 것에서 할 수 있다는 가능성을 발견하고 이에 매진해 부자가 된 특성을 보이고 있다.

한동철은 국내외 수천 명의 부자들이 어떻게 부자가 되었는지를 분석해 다음 여섯 가지 방법으로 명쾌하게 정리했다. 사업· 자영업(60%), 절약(25%), 정보(7%), 인맥(4%), 출생(2%), 결혼(1%), 행운(1%)순이었다. 이 중 부자가 되는 확률은 '사업'이 60% 정도로 가장 높았으며, '행운'은 1% 미만으로 가장 낮았다. 사업은 자신을 위해 직접 해야 하는 일이기 때문에 '동기유발'이 강하다는 점이 순위 1위의 이유다. 1999년 계란빵 장사에서 시작해 수많은 시행착오 끝에 체인업계의 1천 원 신화를 만들어낸 '영철버거'의 이영철 사장 같은 이가 대표적인 사례이다. 물론 사업 확장으로 실패를 하기도 했지만, 지금은 재기를 노리고 있다. 한편, '절약'으로 부자가 된 부자들의 정신력은 무서울 정도다. 수

백억 원을 가진 한 할아버지는 은행에서 거래를 마친 후, 은행원에게 꼭 1천 원짜리 한 장이라도 받아서 버스를 타고 집에 간다. 수십 억 원을 맡긴 손님이 몇 천원을 받으려고 기다리니 은행원도 미칠 지경이라고 한다. 하지만 그가 수십억 원을 은행에 맡긴 VIP 고객이기에 은행원 그 누구도 그를 탓하지 못한다. 또 다른 관점에서는 자신이 부자라고 으스대거나 비싼 외제차로 자랑을 하지 않는 그 검소함에 '부자가 되려면 저렇게 아끼고 검소한 생활을 습관화해야 되겠구나'라고 생각하는 사람들도 있을 것이다. 사실 간혹 주변에서 가진 것이 많다고 거들먹거리거나 자신이 이 세상의 최고라고 으스대는 사람들을 볼 때가 많다. 과연 그들이 진정한 부자일까? 그러한 그들의 모습이 마냥 부럽기만 한 적은 없었는가? 진정한 부자라면 타인을 배려하고 겸손한 마음을 가진 자가 아닐까? 단순히 그들이 가진 것만 부러워하기보다는 노력을 해야 한다. 진짜 부자가 되고 싶다면 부자들의 생활습관을 잘 관찰해보고, 그들의 장점을 찾아 자신의 생활에 적용시켜 보는 것은 어떨까?

1) 부자가 되는 습관

> "당신에게 1억 원을 주고 마음대로 쓰라고 하면 어떻게 하겠습니까?" 학생들에게 이 같은 제안을 했더니 많은 아이들이 운전면허도 없으면서 자동차를 구입하겠다고 하거나 명품 옷과 가방 사는 데 쓰겠다고 하더군요. 보통 사람들은 그렇게 큰돈을 쓸 줄 모릅니다. 하지만 부자들은 큰돈이든 적은 돈이든, 돈에 대한 통제력이 대단하죠. 부자는 자신이 관심 있는 것에는 큰손이 되나 관심이 없는 경우 짠돌이로 변합니다. 수억 원짜리 자동차를 사면서도 마음에 들지 않는 비서에게는 1000원짜리 한 장도 보너스로 주지 않죠. 자신에게 도움이 될 만한 사람에게는 값비싼 선물을 하는 사모님이 택시 기사가 거스름돈 100원을 내주지 않는다며 시비가 붙기도 합니다. 그렇게 양면성을 띠니 때때로는 제정신이 아닌 것처럼 보이기도 하죠."(한동철, 2005)

이처럼 부자가 되기 위해서는 부자가 되는 습관을 체득할 필요가 있다. 한동철(2005)이 분류한 부자들의 습관 3가지(공격적, 수비적, 일상적 습관)는 다음과 같다.

(1) 공격적 습관

- 힘든 상황으로 자신을 밀어 넣는다(월급이나 버는 돈의 2/3는 무조건 저축하고 나머지로 생활함). 예를 들면, 월급이 400만 원이라면 일반인들은 생활하고 남은 돈을 저축하지만, 부자는 아예 300만 원을 저축하고 나머지 100만 원에 생활을 맞춘다. 어려운 상황에 자신을 몰아넣고는 적극적인 사고와 행동으로 난관을 극복해 나간다.
- 일에 미친다. 자신의 욕구를 자신이 하는 일과 동일시한다. 좋아하는 일을 계속 추진한 결과 부자가 되었으므로 일하는 것 자체가 인생의 목적인 것이다.
- 성공 확률이 낮은 일에 도전한다. 남이 안 하는 것, 즉 성공 확률이 낮은 일에 몸을 던져 성공 확률을 높이고, 그 결과 새 가치를 만들어낸다.

(2) 수비적 습관

- 안전을 제일 우선시한다. 최선의 수비는 최고의 공격이다. 수비적 부자는 나이가 많아 더 이상 재산을 축적하는 것이 힘겹다고 느끼는 경우가 대부분으로 그들은 재산의 축적보다는 재산의 이전에 더 많은 관심을 가진다.
- 하루에도 몇 번씩 돈을 확인한다(입출금 내역관리). 국내 부자 중

에는 은행통장 100개 이상을 가진 이들이 꽤 있다. 그들은 매일 그 100개의 통장을 확인한다.

- 철저히 자신의 사소한 감정과 욕구를 통제한다. 부자는 자신이 추구하는 일에 자신의 몸을 맞춘다. 부자는 자신이 부딪힌 어려움을 해결하는 데 모든 것을 건다. 이와 같은 일을 해오면서 감정통제가 습관이 되는 것이다.

(3) 일상적 습관

- 인적 네트워크를 점검하여 수익성이 나는 인적 네트워크를 구축한다. 수익을 획득하는 데 필요한 인적 네크워크 구축에 들어가는 비용은 수익성 투자라 할 수 있다. 부자는 수익성 투자를 들일 사람을 찾아내는 데 전문가이다.
- TV를 끈다. 부자는 TV나 신문에서 제시하는 다 아는 정보나 지식에 수동적으로 매달리지 않는다. 자신이 직접 정보와 지식을 수집하며, 또한 TV 보는 등의 낭비 시간을 아낀다. 부자는 '시간의 효용성' 감각이 일반인에 비해 월등하다.
- 신용카드를 쓰기 전에 세 번 참는다. 우리나라 부자들 중 상당수의 공통점은 신용카드를 갖고 다니지 않는다. 신용카드를 꺼낼 때는 지갑에서 돈을 꺼낸다는 생각이 안 들기 때문이다.

2) 부자가 되는 능력(금융 IQ)을 길러야 한다

부자라고 돈 문제가 없는 것은 아니다. 부자나 빈자 모두 돈 문제를 가지고 있다(Kiyosaki, 2011, pp. 27-28). 가난한 사람들이 가지는 돈 문제와 그 해결방법은 다음과 같다.

가난한 사람들의 돈 문제	가난한 사람들의 돈 문제 해결방법
- 충분한 돈이 없다. - 부족한 돈을 끌어 쓰기 위해 신용을 이용한다. - 생활을 유지하기 위한 비용이 증가한다. - 수입이 늘수록 세금도 늘어난다. - 위기 상황에 대한 걱정만 한다. - 잘못된 금융정보를 가지고 있다. - 퇴직 후 자금이 충분하지 못하다.	- 돈 문제를 그저 문제로만 바라보며, 대부분은 스스로를 돈의 희생자라고 여긴다. - 자신들만이 돈 때문에 골치를 앓는다고 생각한다. - 좀 더 많은 돈이 있으면 돈 문제가 사라질 거라고 생각한다. - 돈 문제에 대한 자신의 태도가 문제라고 여기는 사람은 거의 없다. 하지만 실상은 돈 문제에 대한 가난한 사람들의 잘못된 태도 때문에 돈 문제가 발생한다. - 해결 능력이 없거나 문제를 해결하려 들지 않고 피하려는 성향을 갖고 있기 때문에 오히려 돈 문제가 오랫동안 지속되고 심각해진다. 그러므로 가난한 사람들은 점점 더 가난해진다. - 가난한 사람들은 금융지능(IQ)을 높이지 않고 돈 문제를 키울 뿐이다.

한편, 부자들이 가지는 돈 문제와 그 해결방법은 다음과 같다.

부자들의 돈 문제	부자들의 돈 문제 해결방법
- 돈이 너무 많다. - 돈을 안전하게 지키고 투자할 필요가 있다. - 사람들이 내가 가진 돈을 좋아하는 건지, 나를 좋아하는 건지 알 수 없다. - 현명한 금융 전문가의 조언이 필요하다. - 자식을 망칠 수 있다. - 재산 및 유산 계획을 세워야 한다. - 과도한 세금을 내야 한다. - 부자가 되기 위해 진짜 필요한 것을 알고 싶어 한다.	- 부자는 돈 문제를 해결하는 법을 배우기 때문에 더욱 부자가 될 수 있다. - 부자는 돈 문제를 무언가 새롭게 배우고 더 성장하고 현명해지고 더 큰 부자가 되기 위한 기회라고 여긴다. - 부자는 금융지능(IQ)이 높을수록 더 어려운 문제를 해결할 수 있다는 사실을 잘 알고 있다. 그래서 부자들은 돈 문제가 닥쳐도 도망치거나 피하거나 문제가 존재하지 않는 것처럼 굴지 않고 오히려 환영한다.

이처럼 부자들은 가난한 사람들에 비하여 상당히 높은 금융지능(IQ)을 가지고 있다. 즉, 부자들은 금, 주식, 부동산, 근면, 돈 자체가 아니라 금, 주식, 부동산, 근면, 돈에 대한 정보와 지식에 관심을 둔다(Kiyosaki, 2011). 기요사키(2011)는 부자가 되기 위한 5가지 금융IQ를 다음과 같이 제시한다.

(1) 첫 번째 금융IQ

더 많은 돈을 벌기 위한 모험을 해야 한다. 이 세상에는 셀 수 없을 만큼 많은 문제가 존재하므로 그 문제를 해결하기 위한 방법, 즉 돈을 벌 수 있는 방법도 셀 수 없이 많다. 건강이 필요한 사람에게는 건강 해결책을, 허기와 굶주린 사람에게는 좋고 맛있는 음식을 제공하는 방법 등이다. 아무것도 하지 않고 문제를 해결할 수는 없는 것이다. 물론 그 해결과정은 두렵고 쉽지 않다. 따라서 그 해결방법을 위해 포기하지 않고, 참을성을 잃지 않고, 계속 배우는 것이 필요하다. 특히 새로운 도전을 받아들이는 쪽을 택하는 것이 안전한 쪽을 선호하는 것보다 훨씬 돈을 더 많이 벌 수가 있다. 물론 그렇다고 어리석고 위험한 도전을 해야 한다는 뜻은 아니다. 진정한 삶을 원한다면 끊임없이 무언가를 배워야 하고, 무언가를 배운다는 것은 곧 모험과도 같다.

(2) 두 번째 금융IQ

벌어 놓은 돈은 약탈자로부터 합법적으로 보호해야 한다. 예를 들어, 갑은 연간 1억 원의 급여를 받는 사람으로 50%의 세금을 낸다. 갑의 총 수익은 5천만 원이다. 을은 절세방법을 이용하여 연간 10만 달러를 벌고 세금으로 15%를 낸다. 총 수익은 8천 5백만 원이다. 병은 연간 1억 원을 벌고 세금으로 한 푼도 내지 않는다. 총 수익은 1억이다. 누가 가장 금융IQ가 높은가? 두 번째 사람이 가장 높다. 왜냐하면 세금으로 나가는 돈이 가장 적기 때문이다. 물론 병은 세금 탈루자로서 문제가 된다. 기요사키(2011)에 따르면, 약탈자는 크게 6가지 유형이 있다.

첫째, 우리 수입에서 가장 큰 지출 항목으로는 그 세금을 거두어들이는 공무원이다. 우리는 수많은 부분에서 세금을 내고, 세금의 세금을 낸다. 세금은 문명사회에서 살아가기 위해 반드시 지출해야 하는 비용이지만 그 비용은 매년 늘어난다. 결국 우리의 부를 갉아먹는 가장 큰 약탈자가 세금인 것이다.

둘째, 은행이다. 은행은 우리의 돈을 보호하기보다는 더 많이 빼앗아간다. 은행은 매일 가짜 돈을 찍어 내서 예금자들의 부를 갉아먹는다. 예를 들어, 은행은 고객의 돈을 맡아주고 약간의 이자를 지급한다(거의 0~2%금리). 하지만 고객이 사용한 대출이나 신용카드에는 20%의 금리를 적용한다.

셋째, 중개인이다. 좋은 중개인은 고객을 부자로 만들어주고, 나쁜 중개인은 변명만 늘어놓는 사람이다. 요즘 주식이나 부동산 관련 중개인들이 쉴 새 없이 전화를 걸어 당신을 부자로 만들어 준다고 한다. 하지만 대부분의 경우 중개인들은 고객의 손에 들어올 수익이 아니라, 자신이 벌게 될 수수료에만 관심을 갖는다. 좋은 중개인은 자신의 수수료와 손에 쥐어질 수익 둘 다 중요하게 여기면서 살인적인 거래 수수료와 세금을 최소화하는 방법을 알고 제공해 준다.

넷째, 기업이다. 기업은 새로운 상품이나 서비스로 우리를 더욱 부자로 만들기보다 가난하게 만든다. 대표적인 예가 수입보다 지출을 유발시켜 가난을 초래하는 신용카드이다. 부자가 되고 싶다면 고객을 부자로 만들어 주기 위해 노력하는 기업의 고객이 되어야 한다.

다섯째, 배우자, 가족, 친척이다. 돈을 보고 결혼하거나 우리가 죽고 나면 탐욕스러운 약탈자로 변한다.

여섯째, 변호사이다. 고객을 법정에 세워서 돈을 버는 것을 목표로 삼는다.

(3) 세 번째 금융IQ

시간과 돈의 예산을 세워야 한다. 수입을 능가하는 지출을 해서는 안 되며, 흑자이더라도 가난한 사람처럼 맥주, 새 신발, 새 텔레비전, 축구경기관람, 새 옷, 새 차 등에 시간과 돈을 사용해서는 안 된다. 부자들은 저축, 투자 서적 구입, 투자 세미나 참가, 스포츠센터 이용, 자선단체 기부, 개인 취미강습 등에 시간과 돈을 투자한다. 특히 소비에 있어서도 먼저 자산항목을 저축하고 난 후 남은 금액으로 지출하는 것이 필요하다. 가능하면 수입의 약 70~80%를 자산 항목에 넣어 두고 20%만으로도 살아가야 한다. 물론 수입을 일부라도 떼어 놓는 것이 힘들다면, 3%에서부터 시작해서 남은 자원으로 어려움을 헤쳐 가며 살아가는 지혜를 개발하는 것이 필요하다.

(4) 네 번째 금융IQ

자신이 통제할 수 있는 수익증대 지렛대(레버리지)를 이용하라. 저축, 주식, 채권, 펀드와 같은 명목자산이 안고 있는 가장 큰 문제점은 바로 마음대로 통제할 수 없다는 점이다. 주식이나 뮤추얼 펀드 투자를 꺼리는 이유는 비용, 특히 경영진에게 지급되는 급여, 보너스, 수수료 등을 전혀 통제할 수 없기 때문이다. 주주가치는 하락하는데 탐욕스러운 CEO가 자신의 급여를 올려도 통제할 수 없다. 통제를 할 수 없다 보니 레버리지를 사용하기 힘들고 위험성도 커진다. 따라서 자신이 통제 가능한 수익증대 지렛대(예 : 상가 투자 등)를 찾는 것이 필요하다.

(5) 다섯 번째 금융IQ

재무정보를 개선한다. 변화하는 정보와 지식을 가지고 매번 자신의 자산 가치를 높일 수 있는 방법을 만들어야 한다. 특히 부자가 되고 싶다면 재무 정보 개선을 위한 훌륭한 회계사와 변호사를 두어야 한다. 현재 수많은 법률과 규칙, 규제가 너무도 많고 자주 변하기 때문에 한 사람이 모든 내용을 숙지하고 이해하기는 불가능하다. 전문가들의 도움을 받는 덕에 줄어드는 고통과 늘어나는 수익을 생각하면 비싼 돈을 주고 고용할 가치가 충분하다.

(6) 여섯 번째 금융 IQ

성공적인 은퇴 설계를 해야 한다. 이제는 평균 수명이 120세는 기본이고, 앞으로는 150세까지 늘어날 것으로 예측되고 있다. 지금처럼 60세 전후에 은퇴를 한다면 적어도 살아온 기간만큼 더 살아가야 한다는 것이다. 벌어 놓은 돈을 어떻게 아껴 가면서 남은 시간을 살아가야 하는가? 이는 은퇴 세대에게 심각한 문제로 떠오르고 있다. 김진영(2013)은 「우물쭈물하다 이럴 줄 알았다」는 책에서 은퇴에서 만나는 여러 가지 문제를 이야기하고 있다.

첫째, '반드시 넘어야 할 은퇴 5년 이내에 맞이하는 함정과 적'을 이야기하고 있다. 함정은 크게 5가지이다. '창업 함정'으로 퇴직 후에 생활비로 쓸 제2의 월급을 만들기 위해 창업 전선에 나섰다가 당하는 경우다.

둘째, '사기 함정'으로 퇴직금 사기 같은 날벼락을 맞아서 그나마 쥐고 있던 목돈을 다 날리고 빚더미에 앉게 되는 경우다.

셋째, '건강 함정'으로 본인이나 가족이 중병에 걸리거나 사망함으로써 몸과 돈이 둘 다 병원에 묶이는 경우이다.

넷째, '부부 함정'으로 황혼이혼 등으로 인해 전혀 예상치 못한 노년을 보내야 하는 경우이다.

다섯째, '자식 함정'으로 은퇴생활의 보루였던 자식이 결혼은커녕 취직도 못한 채 빈둥거리거나 사업을 한답시고 설치는 통에 밑 빠진 독에 물 붓기가 되어버리는 경우이다. 반드시 막아야 할 은퇴 4적으로 0%의 은행금리, 10%의 체감물가 상승, 30%의 세금 부담, 50% 떨어진 집값에 대해서도 현실적 대안이 필요하다.

이를 위해서는 과거의 은퇴 5계명은 버려야 한다.

첫째, 재산 문제는 누구도 못 믿으니 내가 직접 관리한다.

둘째, 예금과 부동산이 제일이다. 주식은 절대 안 된다.

셋째, 어떤 상황에서도 원금은 보장되어야 한다.

넷째, 나의 노후는 자식이 알아서 해줄 것이다.

다섯째, 재산은 죽기 전까지 절대 자식들에게 미리 주면 안 된다.

그리고 새로운 은퇴 5계명을 다음과 같이 실천해야 한다.

첫째, 시대착오적인 재테크는 잊고 현재의 시장상황을 파악하기 위하여 머리를 비우고, 처음부터 다시 배워야 한다.

둘째, 경험이나 감으로 된 은퇴 설계는 안 된다. 은퇴설계는 5년 단위로 지속적으로 설계를 해야 한다.

셋째, 정확한 자기 자산 파악이 필요하다. 놀고 있는 보험증서나 부동산 등의 자산을 찾아내어 적극적으로 운영할 필요가 있다.

넷째, 은퇴자산은 은퇴할 당시에 가지고 있는 전체 재산을 말하는 게 아니라 그 재산 중에서 부부가 은퇴생활비로 직접 쓸 수 있는 돈을 말한다. 자녀 결혼자금이나 의료비 등은 은퇴자산에 포함시켜서는 안 된다. 따라서 정확한 은퇴자산을 계산하여 나만의 은퇴계좌에 모아서 관리할 필요가 있다.

다섯째, 세금폭탄을 피하기 위한 사전 증여 등의 절세전략을 짜야 한다. 또한 연금상품, 월지급식 상품, 수익상품, 절세상품, 장기투자상품 등의 은퇴금융전략을 설정해야 한다.

03 부자로서 부자경영하라

부자가 되기 위해서는 우선 다음과 같은 기초체력을 길러야 한다.

첫째, 부자가 되고 싶다면 끊임없이 학습을 해야 한다. 자신의 금융지능을 높이기 위한 최고의 방법은 적어도 일주일에 한 번은 도서관에 가서 자신이 닮고 싶은 사람이 집필한 책을 읽거나 부자가 되는 방법을 보는 것도 한 방법이 될 수 있다.

둘째, 속칭 '장돌뱅이' 정신을 배워야 한다. 투자자는 사업이 적자가 나면 사업을 접지만, 장돌뱅이는 장사가 되지 않으면 잘 될 때까지 더 잘 할 수 있는 방법을 탐색해가며 굶는다. 그리고 누구에게나 용기를 갖고 조언이나 피드백을 구하고, 그 피드백이나 조언을 통해 자신을 끊임없이 성찰하고 성장할 기회로 삼는다.

셋째, 사업을 한다는 것은 무엇보다 영업을 해야 하는 일이 제일 우선이라는 것을 깨달아야 한다. 재무제표를 이해하거나 직원들을 체계적으로 관리하는 업무 등도 중요하지만, 무엇보다 자신이 하고 있는 사업에서 고객들에게 보여주는 물건이 관심을 끌고 그들이 구매를 하는 일이 우선되어야만 그 다음이 올 수 있기 때문이다(기요사키, 2005).

넷째, 자기관리가 철저해야 한다. 죽어라고 일하면 죽는다. 스마트하게 일하면서 철저하게 자기 관리를 해야 한다. 끊임없이 자신의 신체적·정신적 건강과 행복에 대해 소홀히 하지 않고 주변 상황에 대해 탐문하고 스스로 본인에 대해서 관리를 해야 한다.

다섯째, 모든 사람에게 적용되는 기본적 습관이 필요하다. 성실하

라. 진실되라. 열정을 가져라. 약속은 지키고, 시간을 낭비하지 않으면서 효율적으로 사용하고, 근검절약하며, 항상 겸손한 자세로 사소한 것이라도 무시하지 말고 노력해야 한다(신동일, 2012).

여섯째, 학교 성적이 경제적 성공의 장애가 되도록 만들지 마라(Danko & Stanley, 2002).

일곱째, 금전적 모험을 감수할 용기를 가져라. 그리고 실패를 극복할 수 있는 법을 배워라(Danko & Stanley, 2002).

여덟째, 독창적이면서도 이윤이 많이 날 수 있는 일을 선택해라. 그리고 자신이 좋아하는 일을 하라.

아홉째, 배우자를 신중하게 선택하라. 경제적으로 성공한 사람은 성공과 조화를 이룰 수 있는 성격을 지닌 사람과 결혼했다.

열째, 경제적으로 생산적인 가계를 꾸려나가라. 많은 백만장자들은 새것을 사기보다 쓰던 것을 고쳐서 쓴다.

열한째, 집을 고를 때는 백만장자들의 예를 따르라. 그들처럼 따져보고, 발로 찾아다니고, 적극적으로 협상하라.

열두째, 균형 있는 생활방식을 택하라. 많은 백만장자들은 '돈 안 드는 활동'을 한다. 가족이나 친구와 즐기는 데는 돈이 많이 들지 않는다.

열셋째, 부자라면 사회적 책임을 잊지 말아야 한다(임태순, 2015). 부자들은 자신의 부를 일구는데 기반이 되어준 사회에 대하여 더불어 사는 관점에서 이웃에게 나눔을 실천하고, 배려를 하기 위한 기부와 자선, 사회봉사를 실천해야 한다.

이러한 기초체력에 이어서 부자가 되기 위해서는 자아경영이 필요하다. 우선 부자가 되어야겠다는 생각으로 변화시키고, 이를 행동으로 옮기며, 행동을 습관화하는 과정을 경영해야 한다(임태순, 2015). 생각의 변화 과정에서는 상황을 인식하고 가난과 부자에 대한 절박감을 기본으로 부자가 되는 습관, 금융IQ, 기초체력에 대한 변화를 유도해야 한다. 이어서 행동의 변화에서는 습관, 금융IQ, 기초체력을 실천하기 위한 머뭇거림 없는 결단력과 추진력, 도전정신이 필요하다. 마지막으로 행동을 습관으로 정착시키기 위한 지속성과 자기확신 및 자기절제가 필요하다. 부자가 되기 위한 자신의 경영에 관한 내용을 작성해 보자.

작성해 보기

부자가 되기 위한 나의 자아경영

자아경영 영역	부자	실천내용
생각의 변화	습관	
	금융IQ	
	기초체력	
행동의 변화	습관	
	금융IQ	
	기초체력	
습관화	습관	
	금융IQ	
	기초체력	

성찰 및 계획하기

본 장의 내용에 기초하여 아래의 질문에 대한 자신의 생각을 정리해 보세요.

① 본 장의 요약

1.

2.

3.

② 자신의 의견(학습한 점, 느낀 점)

1.

2.

3.

③ 실천해야 할 사항

1.

2.

3.

행복
하이소

제 II 부

비움

제8장 거짓나(假我)를 내려놓으니 참나(眞我)가 거기 있네

【제 8 장】

거짓나(假我)를 내려놓으니 참나(眞我)가 거기 있네

1. 나를 버리는 것이 나를 찾는 것이다
2. 거짓나를 정리정돈하자
3. 지금 여기, 참나 있으라

01 나를 버리는 것이 나를 찾는 것이다

초월적 자아 행복은 거짓나(假我)를 버리고 참나(眞我)를 찾는 과정에서 생겨난다. 거짓나를 버리고 참나를 찾아가는 일련의 과정은 주로 사찰 법당의 외벽에 벽화로 많이 그려지며 인간의 본성을 회복하는 과정을 소를 찾는 것에 비유하여 그린 선화(禪畵)의 일종으로서, 열 단계의 장면으로 구성되어 있는 십우도(十牛圖)에서 많이 볼 수 있다(월호, 2009). 십우(十牛)란 불교 선종(禪宗)의 수행 입문(入門) 과정에서 '깨달음(覺)'의 경지에 이르기까지를 열 단계로 나누어 비유적으로 설명한 것을 일컫는다. 십우도(十牛圖)는 심우도(尋牛圖)라고도 하는데, 이는 소를 찾아 나서는 것에 비유하여 선수행의 단계를 그림으로 묘사하고 있다.

십우도의 각 단계를 살펴보면, ① 심우(尋牛 : 소를 찾아 나서다), ② 견적(見跡 : 소의 자취를 보다), ③ 견우(見牛 : 소를 보다)는 거짓나의 정리정돈의 과정(① ~ ③)으로 볼 수 있고, ④ 득우(得牛 : 소를 얻다), ⑤ 목우(牧牛 : 소를 기르다), ⑥ 기우귀가(騎牛歸家 : 소를 타고 집으로 돌아가다)는 참나 방향의 정립 과정(④ ~ ⑥)으로, ⑦ 망우존인(忘牛存人 : 소를 잊고 사람만 남다), ⑧ 인우구망(人牛俱忘 : 소와 사람, 둘 다 잊다), ⑨ 반본환원(返本還源 : 근원으로 돌아가다)은 참나에 대한 깨달음(空)의 과정(⑦ ~ ⑨)으로, ⑩ 입전수수(入纏垂手 : 저자에 들어가 중생을 조화롭게 하다)는 이타행(利他幸) 즉, 타인의 행복을 향한 과정으로 볼 수 있다.

이러한 십우도와 비움 과정 간의 관계에 대하여 내용을 살펴보면 다음 〈표 8-1〉과 같다.

표 8-1 _ 십우도와 비움 과정

단계	벽화	비움 과정
① 심우(尋牛) : 동자가 소를 찾고 있는 장면이다. 자신의 본성을 잊고 찾아 헤매는 것은 불도 수행의 입문을 일컫는다.		거짓나의 정리정돈
② 견적(見跡) : 동자가 소의 발자국을 발견하고 그것을 따라간다. 수행자는 꾸준히 노력하다보면 본성의 발자취를 느끼기 시작한다는 뜻이다.		거짓나의 정리정돈
③ 견우(見牛) : 동자가 소의 뒷모습이나 소의 꼬리를 발견한다. 수행자가 사물의 근원을 보기 시작하여 견성(見性)에 가까웠음을 뜻한다.		거짓나의 정리정돈
④ 득우(得牛) : 동자가 드디어 소의 꼬리를 잡아 막 고삐를 건 모습이다. 수행자가 자신의 마음에 있는 불성(佛性)을 꿰뚫어보는 견성의 단계에 이르렀음을 뜻한다. 즉, 이제 본성을 찾았지만 아직 번뇌가 완전히 없어지지 않았으므로 더욱 열심히 수련해야 한다는 것을 비유한 것이다.		참나 방향의 정립
⑤ 목우(牧友) : 동자가 소에 코뚜레를 뚫어 길들이며 끌고 가는 모습이다. 얻은 본성을 고행과 수행으로 길들여서 삼독(三毒 : 탐욕, 분노, 어리석음)의 때를 지우는 단계로 소도 점점 흰색으로 변화된다. 깨달음 뒤에 오는 방심을 조심해야 한다는 것을 비유했다.		참나 방향의 정립

단계	벽화	비움 과정
⑥ 기우귀가(騎牛歸家) : 흰 소에 올라탄 동자가 피리를 불며 집으로 돌아오고 있다. 이것은 더 이상 아무런 장애가 없는 자유로운 무애의 단계로, 더할 나위 없이 즐거운 때를 나타내며, 드디어 망상에서 벗어나 본성의 자리에 들었음을 비유한 것이다.		참나 방향의 정립
⑦ 망우존인(忘牛存人) : 소는 없고 동자만 있다. 소는 단지 방편일 뿐 고향에 돌아 온 후에는 모두 잊어야 한다. 즉, 본각무위(本覺無爲)로 돌아왔으나 쉬지 않고 수련해야 한다는 것을 비유한 것이다.		참나에 대한 깨달음(空)
⑧ 인우구망(人牛俱忘) : 소도 사람도 실체가 없는 모두 공(空)임을 깨닫는다는 뜻으로, 텅빈 원(圓)상만 그려져 있다. 즉, 정(情)을 잊고 세상의 물(物)을 버려 공(空)에 이르렀다는 것을 비유한 것이다.		참나에 대한 깨달음(空)
⑨ 반본환원(返本還源) : 강은 잔잔히 흐르고 꽃은 붉게 피어 있는 산수 풍경만이 그려져 있다. 있는 그대로의 세계를 깨닫는다는 것으로, 이는 우주를 아무런 번뇌 없이 참된 경지로서 바라보는 것을 뜻한다. 즉, 그의 본심은 본래 청정하여 아무 번뇌가 없어 산은 산대로, 물은 물대로 보게 되며 있는 그대로를 볼 수 있는 참된 지혜를 얻었음을 비유한 것이다.		참나에 대한 깨달음(空)
⑩ 입전수수(入廛垂手) : 지팡이에 도포를 두른 행각승의 모습으로 많이 그려진다. 이는 육도중생의 시장골목에 들어가 손을 드리운다는 뜻으로 중생제도를 위해 속세로 나아감을 뜻한다. 즉, 이타행(利他行)을 한다.		이타행(利他行)

출처 _ 서울 봉국사 만월보전 외벽의 십우도

여기서 진정한 참나의 의미는 과연 무엇인가? 누구에게나 참나의 의미는 각자의 생각이 다르듯이, 그 해석 또한 다를 것이다. 여기에서 참나는 다음 〈표 8-2〉와 같이 사분면을 통하여 구분한다.

<table>
<tr>
<td>참나(자신의 본질)
- 정체성(identity)
- 생애 미션·소명
- 삶의 가치관, 신념
- 초월적 자아
- 공(空)</td>
<td>우리로서의 나
- 가족의 일원
- 친구의 일원
- 조직의 일원(종교단체, 학교, 기업, 기관 등)
- 공동체의 일원(지역주민, 시민, 국민, 글로벌 사회)</td>
</tr>
<tr>
<td>내면적 나(마음)
- 역량
- 성격
- 욕망, 욕구(타인이 본 나, 타인에게 인정받고 싶은 나, 후회스러운 나, 자랑스러운 나)
- 감정(희노애락喜怒哀樂, 사랑, 정情)
- 심리적 특성(자존감 등)</td>
<td>그것으로서의 나
- 물질적 그것(직업, 재산, 학력, 지위 등)
- 정신적 그것(종교, 취미, 관심사, 봉사 등)</td>
</tr>
</table>

[그림 8-1] 참나와 거짓나의 유형

참나는 자신의 본질로서, 자신의 생애 미션과 가치관이 여기에 속하는 것으로 삶의 방향성을 제시해주며 장기간 변함없는 나침반과 같은 정체성, 생애 미션·소명, 삶의 가치관과 신념, 초월적 자아, 공(空) 등이 여기에 해당된다. 물론 참나에서 보면 정체성, 생애 미션·소명, 삶의 가치관과 신념은 표층적 참나(표면적 본질)이고, 초월적 자아와 공(空)은 심층적 참나(심층적 본질)로 이원화해서 구분할 수 있다. 왜냐하면 심층적 참나는 무상(無常), 무아(無我)이기 때문에 본질이 있으면서도 없는 것이기 때문이다(色卽是空 空卽是色). 하지만 심층적 참나를 통해서 표층적 참나가 현실로 구현된다.

내면적 나, 우리로서의 나, 그것으로서의 나는 거짓나에 해당된다. 내면적 나는 언제든지 변할 수 있는데 역량이나 성격, 욕망 및 욕구(타인이 본 나, 타인에게 인정받고 싶은 나, 자랑스러운 나, 후회스러운 나 등), 감정(희노애락)(喜怒哀樂), 심리적 특성(자존감 등) 등이 여기에 속한다. 우리로서의 나는 가족, 친구, 조직, 공동체의 일원으로서 대변되는 것이다. 그것들은 물질적 그것(직업, 재산, 학력, 지위 등)과 정신적 그것(종교, 취미, 관심사 등)으로 나뉠 수 있다.

우리 주변을 돌아보면, 참나인지 거짓나인지 구분하지 않고 수없이 많은 것들로 채워진 인생을 살고자 노력하는 사람들이 많다. 그러한 채움의 인생을 만족해하면서 하루하루를 살아가는 사람들도 있지만 이에 만족하지 않고 자신의 새로운 삶을 향해 무언가를 갈망하는 사람들도 존재한다. 하지만 채운 것을 비우지 않고 작은 것 하나라도 변화시킬 수 있는 것은 없다. 그 어떤 노력과 정성을 기울인다 해도 이미 채워져 있는 것에 담을 수 있는 것은 없기 때문이다. 새로운 것을 채우고자 한다면 비우는 것이 우선되어야 한다. 그러한 새로움의 삶을 살기 위해서는 거짓나를 비우고 참나를 찾을 줄 아는 지혜가 필요하다.

단풍드는 날

도종환

버려야 할 것이
무엇인지를 아는 순간부터
나무는 가장 아름답게 불탄다.
제 삶의 이유였던 것
제 몸의 저부였던 것
아낌없이 버리기로 결심하면서
나무는 생의 절정에 선다.

방하착(防下着)
제가 키워온,
그러나 이제는 무거워진
제 몸 하나씩 내려놓으면서
가장 황홀한 빛깔로
우리도 물이 드는 날

도종환 시인의 '단풍드는 날'이라는 시에서 의미하는 참나는 무엇인가? 가을 단풍나무의 예쁜 단풍이 참나인가? 아니면 쓸쓸한 겨울 낙엽과도 같이 새봄 새싹을 틔우기 위해 자신의 아름다운 낙엽을 버릴 줄 아는 것이 참나인가? 어쩌면 참나의 의미는 강물이 자신을 버려야 바다로 흘러가듯이, 거짓나를 내려놓고 참나를 찾아 스스로 인생의 주인이 되어 자신의 본질을 실천하고 이루는 것이 필요하다.

02 거짓나를 정리정돈하자

거짓나의 정리정돈은 삶을 잘 돌아볼 수 있게 하여 우선 '내면적 나'와 '우리로서의 나', 그리고 '그것으로서의 나'에서 불요불급한 것을 정리정돈한다는 의미이다. 정리정돈이란 무엇인가? 일반적으로 책상이 깔끔하게 정돈되어 있는 것과 같은 수납의 의미로 오해한다. 여기서의 정리(organizing)란 어떤 것을 체계화하여 자원을 효과적으로 통제하는 기술, 더 나아가 정리란 자신의 삶과 공간의 혼란을 지배함으로써 인생의 주인이 되어 자신의 삶을 컨트롤하는 것을 의미한다. 정리는 모든 참나 찾기의 출발점으로, 지갑 하나를 정리할 수 있으면 곧 인생까지 정리할 수 있게 된다.

또한 정리정돈은 여유와 자신만의 공간을 비워둔다는 것이다. 비워

둔다는 것은 해야 될 일과 반드시 필요한 일을 우선적으로 선별하게 해 준다. 그리고 무언가 시작할 동기를 부여해주는 힘을 준다. 여기에서의 정리정돈은 세 가지에 초점을 맞추고 있는데, 첫째, '내면적 나(마음)'의 정리정돈, 둘째, '우리로서의 나(인간과의 관계)', 셋째, '그것으로서의 나(사물)'의 정리정돈이다.

1) 정리정돈의 과정

일반적으로 정리정돈 과정의 두 가지 요소는 정리와 정돈이다. 정리는 필요한 것(마음, 사물)과 불필요한 것(마음, 사물)을 구분한다는 의미이다. 정돈한다는 것은 거짓나는 버리거나 나누고, 참나를 찾거나 창조하기 위한 기회를 늘린다는 의미이다. 참나 찾기를 위한 정리정돈의 과정은 버림, 나눔, 기회창조의 3단계로 이루어져 있다.

첫 번째 단계인 버림은 좀 더 참나다운 인생을 살고 싶다면, 거짓나를 버리는 작업이 필수이다. 사람에 대한 애착과 물건에 대한 소유가 인간의 본능이지만, 사실 이것들의 80%는 필요 없는 것이다.

두 번째 단계인 나눔은 자신에게 필요 없는 물건이 누군가에는 필요한 물건일 수 있으므로 나눈다는 것이다. 나눔은 물건의 순환을 가져오고, 순환을 통해 세상과 생명을 연장한다. 물론 공감 등으로 표현될 수 있는 마음의 나눔도 필요하다.

세 번째 단계인 기회창조는 버림과 나눔으로 생긴 내면적 공간에 진정한 참나를 채울 차례로서, 진정으로 원하는 것과 하고 싶은 것을 할 수 있는 기회를 찾아 실천하는 것이다. 참나다운 삶을 위해서는 삶에 어우러져 있는 마음(내면적 나), 인간관계(우리로서의 나), 사물(그것으로서의 나)을 버리고, 나누며, 본질로서의 나를 만들기 위한 기회를 창조해야 한다.

(1) '내면적 나'의 정리정돈

일전에 바닷가를 지나가다가 타다 만 사연 담긴 편지와 일기, 사진, 손으로 만든 정성 가득한 종이접기들을 보았다. 타다 남은 편지 일부를 들여다보니 평생 함께 가자고, 좋아한다는 말이 적혀 있었다. 얼마나 가슴 아팠기에 멀리서부터 기차를 타고와 인적 드문 바닷가에서 아픈 마음을 달랬을까? 이처럼 그리운 마음을 비우고, 좋아하는 마음을 비우고, 사랑하는 마음을 비우고, 아픈 마음을 비우고, 미워하는 마음을 비우고, 싫어하는 마음을 비우고, 비우는 마음도 비우고, 타다 남은 흔적처럼 마음을 비우는 일은 실제로 너무나 어렵다.

우리 삶의 그릇에도 물을 채워야 할 때가 있고, 물을 비워야 할 때가 있다. 가령 농사를 모르는 사람들은 논에 물이 가득 차 있으면 벼가 잘 자라는 줄 안다. 하지만 논에 항상 물이 차 있으면 벼가 부실해져서 작은 태풍에도 잘 넘어진다. 그래서 가끔씩은 물을 빼고, 논바닥을 말려야 벼가 튼튼해진다.

인생은 흘러가는 것이 아니라, 채우고 비우는 과정의 연속이다. 오늘은 무엇을 채우고 또 무엇을 비우겠는가? 채우고 비우기 위해서는 가끔씩 마음이 가리키는 무게를 체크해보아야 한다. 열정이 무거워져 욕심을 가리키는지, 사랑이 무거워져 집착을 가리키는지, 자신감이 무거워져 자만을 가리키는지, 여유로움이 무거워져 게으름을 가리키는지, 자기 위안이 무거워져 변명을 가리키는지, 슬픔이 무거워져 우울을 가리키는지, 주관이 무거워져 독선을 가리키는지 말이다. 마음이 조금 무겁다고 느껴지면 저울을 한 번 들여다 볼 필요가 있다.

앞의 타다만 흔적 이야기처럼 마음에도 다이어트가 필요하다. 왜냐하면 인생은 잠시 스쳐 지나가는 바람이기 때문이다. 우리는 이 세상에 잠시 소풍 온 사람들이다. 같이 웃고 같이 슬퍼해 줄 사람이 곁에 있다는 것만으로도 기쁘고 행복해서 손 모아 기도해야 한다. 다만 자기 자신의 마음에 대한 문제, 특히 가슴 아픈 문제는 태운다고 사라지지도 않고, 남들이 대신 풀어줄 수도 없고, 남들의 위로로도 풀리지 않는다. 그렇다고 '이 또한 지나가리라'라고 세월에 맡겨 둘 수가 없다. 세월에 내버려 두는 과정에서 생겨나는 좌절감, 죄책감, 비애, 불안, 외로움, 자기 비난, 삶의 목적과 희망의 상실, 사회적 철회와 고립, 자존감의 저하 등의 부정적인 증상을 경험하게 된다. 마음의 문제를 정리정돈하기 시작하면 헤쳐 나올 수 있고, 더 큰 어려움에 빠지는 것을 막아줄 수 있고, 개인 내적으로 상처를 통하여 성장하기 때문에 비우기부터 먼저 하는 것이 필요하다.

한 사례를 들자면, 중부대학교의 정태훈 교수는 2013년 2월 빙판길에 미끄러져 경추 2, 3번을 다쳐서 전신마비가 되었다. 고작 빙판길에 넘어져 전신마비가 되었다는 사실이 그에게는 너무나 큰 시련으로 다가왔다. "억울한 감정이 들더군요. 그런데 하루는 입원동기 한 명이 '누가 더 억울한가' 내기를 하자는 겁니다. 그래서 차례대로 사고를 당한 경위를 얘기하게 됐죠. 가게를 뚫고 들어온 트럭에 치여 장애를 입은 사람부터, 나무에서 떨어져 장애를 입은 사람까지 ……. 얘기를 듣다 보니 억울하지 않은 사람이 없더라구요. 원망해선 아무것도 해결될 게 없구나. 현실에 빨리 순응하자 싶었어요."(이선주, 2014, p. 18)

이처럼 정태훈 교수가 마음을 정리정돈하는 단계는 엘리자베스 퀴블러-로스(Elizabeth Kubler-Ross, 1969)가 제시한 다섯 가지 애도과정과 비슷한 단계를 거친다.

첫째, '충격의 단계'로 생겨난 생애사건으로 충격에 휩싸이고 정신이 멍해지면서 망연자실한 모습을 보이며 이는 현실이 아닐 것이라고 부정한다.

둘째, '분노의 단계'로 생겨난 사건을 막지 못했던 자신과 예기치 못했던 부당한 상황에 대한 여러 분노의 감정들이 서서히 터져 나온다.

셋째, '타협과 죄책감의 단계'로 그 사건에 대해 자신의 잘못을 발견하고, 그 상황과 다르게 행동할 수 있었던 부분을 생각하면서 그 사건의 고통으로부터 벗어나고자 한다.

넷째, '절망과 슬픔의 단계'로 현실에 대한 공허감으로 왜 살아야 하는지에 대한 의문을 던지는 동시에 슬픔이 깊게 침투한다.

다섯째, '수용의 단계'로 현재의 현실을 받아들이고 본래의 모습을 되찾는다.

이 책에서는 마지막 단계로 '성장과 희망'의 단계를 추가한다. 미처 해결하지 못한 문제를 직면하고 해소함으로써 우리는 한층 더 성숙해진다. 살아가면서 겪는 마음속 생채기들이 아물고 또 아물어 간다는 것은 성장과 새로운 희망, 새로운 삶의 조용한 속삭임이다(한준상, 2009). 이를 살펴보고 다시 삶을 새롭게 출발하는 과정이 필요하다. 이제 자신이 비워야 할 내면적 나가 있는지에 대해 성찰하고 이를 작성해보자.

작성해 보기

'내면적 나'에서 비워야 할 것 성찰하기

비워야 할 '내면적 나'	'내면적 나' 비움의 장애요인	'내면적 나'의 비움 실천계획
역량		
성격		
욕망, 욕구		
감정		
심리적 특성		

(2) '우리로서의 나'의 정리정돈

자신의 사회적 참여 모임이 많다고, 인맥이 넓다고, 친구가 많다고 반드시 참나로서의 삶을 사는 것은 아니다. 특히 최근에 일어나고 있는 다양한 취미 동호회나 같은 관심사를 가진 블로그나 페이스북, 밴드, 카카오톡 등의 SNS에서의 다양한 모임들은 개인의 발전과 인맥 확산에 도움도 주지만, 공해(公害)라고 표현될 정도로 개인의 삶에 부정적 요소를 끼치는 경우도 많다. '우리로서의 나'를 정리정돈할 필요가 있다. 그 기준은 '나'와 '나를 제외한 우리'가 서로 참나를 찾고 실천하도록 상호 성장과 학습을 지원하고 지지하는가 하는 여부이다.

이러한 참나에 도움이 되지 않는 '우리로서의 나'에 대한 정리정돈은 다음과 같이 할 수 있다.

1단계로 '우리로서의 나'에서 무늬만 있거나 도움이 되지 않는 '우리'의 리스트를 찾아내는 것이다. 지난 1년간 서로 간에 연락하지 않았거나, 만남에도 불구하고 참나의 실천에 도움이 되지 않았다면 과감하게 자신의 '우리'를 정리할 필요가 있다. 명함, 이메일 주소록, 스마트폰 주소록, SNS상의 연락처를 정리하는 것이 필요하다. 특히 정리정돈에서 참나 되기에 장애가 되거나 방해 요소를 가진 사람은 우선적으로 정리한다.

2단계로 자신이 참나 되기에 필요한 사람과 참나로서의 자신을 필요로 하는 사람을 만들기 위하여 새로운 사람을 만나는 것이 필요하다. 상호 간 참나되기에 도움을 줄 수 있는 새로운 인간관계를 만드는 것이 필요하다.

3단계는 '우리'에서 상호 성장을 위한 교류 시스템을 만드는 것이다. 정기적으로 이들의 메일링 리스트를 만들고 메일을 보내고, 온·오프라인에서의 참나로의 성장을 위한 만남 등의 활동을 가진다. 다음은 자신이 비워야 할 '우리로서의 나'에 대한 내용이다.

작성해 보기

'우리로서의 나'의 정리정돈하기

비워야 할 '우리로서의 나'	'우리로서의 나' 비움의 장애요인	'우리로서의 나'의 비움 실천계획
가족(친척)		
친구		
조직		
공동체		

(3) '그것으로서의 나'의 정리정돈

'그것으로서의 나'에서 정리의 핵심은 불요불급(不要不急)한 것을 버리고, '참나' 창조의 여유공간이나 추가 시간을 만든다는 것이다. 예를 들어, 그것의 정리를 위해서는 다음 두 가지 단계가 필요하다.

첫 번째 단계는 필요한 그것과 필요하지 않은 그것을 구분하는 단계이다. 지난 6개월이나 1년간 사용하지 않은 사물이 있는지, 필요한 물건과 불필요한 사물을 구분하는 것이 필요하다. 아마도 절반 이상은 사용하지 않았거나 없어도 좋을, 버릴 수가 있는 것들이다. 과거에 우리는 방 한 칸에 온 가족이 모여 살다가 지금은 식구 수만큼 넓어진 방에 사는 경우가 많이 생기고 있다. 넓어진 방에는 각 방마다 덩그러니 덩치 큰 침대와 가구들이 들어가기 시작해서 사람이 사용할 수 있는 공간은 예전 한 칸 자리 방이랑 그다지 별반 차이가 없는 경우가 많다. 또한 예전에는 제사를 지내고 나서 먹을 것이라도 생기면 저장할 공간이 없고 음식이 쉽게 상하기 때문에 자연스럽게 이웃에 나누어 주었다. 하지만 지금은 기능성 냉장고가 등장했고, 냉장고 공간마다 음식을 신선하게 보관할 수 있지만, 아이러니하게도 냉장고 음식이 상할 때까지 이웃과 나누어 먹을 줄 모른다.

두 번째 단계는 필요하지 않은 그것을 버리거나 나누는 단계이다. 객관적인 시각으로 물건을 봐야 한다. 필요한 지, 필요하지 않는 지 당장 판단하기 어렵다면 임시 보관함을 만드는 것도 좋은 방법이다. 객관적인 시각에서 주인으로서 사용할 수 있는 물건만 갖고, 나머지는 버리거나 그 물건을 꼭 필요로 하는 사람에게 나눠 줄 필요가 있다. 그것을 우리가 버리지 못하는 이유는 첫째, 물건에 감정적으로 집착하거나, 둘째, 버릴 기준을 세우지 못했기 때문이며, 셋째, 나중으로 미루기 때문이고, 넷째, 현재의 물건을 과거 구입했을 때의 가치로만 보기 때문이다. 필요하지 않은 물건은 필요하지 않은 물건일 뿐 그 이상도 그 이하도 아니다. 다음은 자신이 비워야 할 '그것으로서의 나'에 대한 성찰이다.

작성해 보기

비워야 할 '그것으로서의 나' 성찰하기

비워야 할 '그것으로서의 나'	'그것으로서의 나'의 비움의 장애요인	'그것으로서의 나'의 비우는 실천 계획
물질적 그것으로서의 나		
정신적 그것으로서의 나		

03 지금 여기, 참나 있으라

1) 삶의 유한성

우리의 인생은 무한하지 않다. 현재를 기준으로 보면 최장수한다고 하더라도 120년에 불과하다. 한편, 이 세상에 오는 것은 순서가 있으나 저 세상으로 가는 것은 순서가 없다는 말처럼 그 누구도 자신의 죽음이 언제 닥쳐올지는 아무도 모르는 사실이다. 세월호 사건이나 예측하지 못한 쓰나미나 교통사고 등의 재난 등 여러 일련의 사건을 돌아보면, 자신이 원치 않는 시간에 생을 마감할 수도 있다.

이에 따라 나이가 들어갈수록 죽음에 관해, 남은 인생에 대하여 한 번쯤 생각해 볼 필요가 있다. 가끔씩 주변에서 유언장 쓰기나 임종 체험하기 프로그램을 경험한 사람들의 얘기를 들어보면 그 사람들은 한결같이 체험에 몰입하는 순간 감정이 북받쳐 오르며 눈물이 걷잡을 수 없이 흘렀다는 얘기를 듣곤 한다. 그만큼 죽음이라는 자체가 인간 본연의 모습으로 돌아가게 하면서 정작 내가 그동안 지내왔던 모든 것들과의 이별이라는 생각과 약간의 두려움이 복합적으로 밀려오기 때문일 것이다. 누구에게나 삶의 끝은 온다. 거부할 수 없는 죽음의 순간은 그 누구도 피할 수 없다. 만약 나 자신이 이 세상에 존재하지 않는 죽음의 순간을 맞이하게 된다면, 나는 어떠한 말들을 누구에게 남기고 싶을까? 내 인생이 향후 1년밖에 남지 않았다면 꼭 하고 싶은 일은 과연 무엇일까? 이러한 상상을 하면서 내 인생의 마지막 날에 남기고 싶은 단어 글이나 단어 세 가지를 작성하고, '내 인생의 마지막 남은 1년' 동안 하고 싶은 일을 작성해보자.

작성해 보기

'내 일생의 남기고 싶은 글, 마지막 남은 1년' 동안 하고 싶은 일

구분	내용
마지막으로 남기고 싶은 글이나 단어 3가지	
내 인생의 마지막 남은 1년간 하고 싶은 일	

마지막으로 남기고 싶은 글이나 단어 세 가지로 무엇을 적었는가? 호스피스 운동의 선구자이자 죽음학의 선구자인 퀴블러-로스 박사는 다음과 같은 마지막 글(유언)을 남겼다. "뒤돌아보고 삶을 헛되이 보냈다고 후회하지 않도록 살아가세요. 해 온 일을 후회하지 않도록, 또는 다른 삶을 바라지 않도록 살아가세요. 정직하고 충만하게 삶을 살아가세요."

또한 남은 기간 동안 하고 싶은 일로 무엇을 적었는가? 남은 가족 보살피기, 세계여행, 자신의 인생 정리, 사회봉사활동, 자서전 쓰기, 장기 기증, 개과천선, 종교 귀의, 사과나무 심기, 생명보험 가입, 자신의 묏자리 보기 등을 생각할 수 있을 것이다. 미국의 발티모어 선(Baltimore Sun) 신문사가 독자를 대상으로 "당신이 앞으로 1년 동안만 살 수 있다면 그 1년을 어떻게 사시겠습니까?"라는 설문조사를 한 결과에 따르면, '타인에게 더 많은 도움을 주겠다.', '더 많은 사랑을 주겠다.', '이 세상을 조금이라도 더 밝게 해 보겠다.'라고 답한 이들이 상당수였다.

스티브 잡스(Steve Jobs)는 매일 아침 거울을 보면서 "오늘이 내 인생의 마지막 날이라면, 내가 오늘 하려는 것을 하게 될까? 그리고 여러 날

동안 그 답이 '아니요'라고 나온다면, '삶에서 무언가를 바꿔야 한다.'고 깨달았다."라고 말했다. 또한 그는 "여러분들의 시간은 한정되어 있습니다. 다른 사람의 삶을 사느라고 시간을 허비하지 마십시오. 다른 사람들이 생각한 결과에 맞춰 사는 함정에 빠지지 마십시오. 다른 사람들의 견해가 여러분 자신의 내면의 목소리를 가리는 소음이 되게 하지 마십시오. 가장 중요한 것은 당신의 마음과 직관을 따라가는 용기를 가지라는 것입니다. 당신이 진정으로 되고자 하는 것이 무엇인지 마음은 이미 알고 있을 것입니다. 다른 모든 것들은 부차적인 것들입니다."라는 명언을 남겼다.

2) 참나에 대한 깨달음(空) : 무상(無常), 무아(無我)

성난 물소 놓아주기

아잔 브라흐마(Ajahn Brahmavamso Mahathera)

사람들은 대지에 온갖 쓰레기를 내버리지만
대지는 결코 불평하지 않는다.
그것은 그저 묵묵히 모든 걸 받아들일 뿐이다.
사람들은 대지에 아름다운 일을 하기도 한다.
화사한 꽃이나 수려한 나무를 심기도 하고 절을 짓기도 한다.
하지만 대지는 자신에게 어떤 일이 일어나든
전혀 반응을 하지 않는다.
대지처럼 살아가라.
사람들이 당신에게
무슨 말을 하고 무슨 행동을 하든 미동도 하지 말라.
그들이 당신을 칭찬하거나 비난할 때
그것은 그들의 일이다.
좋은 말이든 나쁜 말이든 다른 사람의 말에

영향을 받을 이유가 전혀 없다.
당신이 '내 일이 아냐'라는 마음자세를 꿋꿋하게 지닐 때
그런 말은 결코 당신의 마음을 어지럽히지 않을 것이다.

우리는 성난 물소를 잡고 있다가 손가락을 잃을 수도 있고, 술 취한 코끼리를 길들이다가 밟힐 수도 있다. 우리의 마음도 여러 가지 주변의 일로 슬픔, 기쁨, 우울 등의 감정들이 들 때면 우리의 마음은 흔들린다. 이런 일로 기쁘기도 하고, 슬프기도 하고, 때로는 상처받기도 한다. 하지만 시간이 흐르면 성난 물소나 술 취한 코끼리가 다시 정상을 찾듯이 우리의 마음도 다시금 잔잔히 제자리를 찾아온다. 물소나 코끼리는 인간(情), 물질(物)에 대한 추구이다. 성남이나 술 취함은 비정상적인 욕심, 화(분노), 어리석음이다. 혹시 나의 '참나'는 사람이나 사물에 대한 욕심이나 화, 어리석음이 담겨있지 않는지 생각해 보아야 한다. 특히 내가 재구성한 '참나'가 그냥 '참나'로 받아들여지고 있는 것은 아닌지 공(空)의 관점에서 성찰할 필요가 있다.

한편, 불교에서는 공(空)에 대한 상징으로 원거울에 비유하여 설명한다. 왜냐하면 거울은 그 앞을 지나가는 모든 것을 반영하나 오염되지 않은 채 남아 있으며, 아무 것도 소요하지 않으니 거울은 의식과 모든 집착에서 벗어나 있기 때문이다. 또한 「잡하함경」(雜阿含經)에서는 공을 물거품으로 묘사한다. 물거품을 관찰하다가 그 거품 하나하나가 모두 비어 있으며, 실재하는 것이 아님을 깨달은 것처럼 감각의 인상, 인식, 느낌, 생각, 우리가 경험하는 모든 것은 비어 있으며 공허하며 자아가 없는 것임을 깨달을 수 있다. 말하자면, 자아는 비어 있다. 생각과 감정, 몸의 감각의 총합을 자신이라고 간주하지만 생각, 의견, 감정과 몸이 시시각각 변하므로 분리된 자아의 느낌은 진실이 아니라는 의미이다.

작성해 보기

공(空)의 관점에서 비추어 본 표층적 · 심층척 '참나'는 무엇인가?

구분	내용
표층적 참나	
심층적 참나	

참나를 찾기 위한 공(空)의 깨달음을 이해하고 실천해야 한다.

첫째, 모든 것은 변화한다는 무상(無常)을 인식한다. 모든 존재는 연기의 원리에 의하여 일시적으로 조건이 결합된 것이므로 영원한 것은 아무 것도 없다. 따라서 원래 모든 것에 '나'라고 할 만한 실체가 없다. 모든 것은 인연에 따라 이루어지기 때문에 모든 것은 다른 것과의 관계 속에서만 존재할 뿐, 스스로 나라고 할 만한 것은 없다(자신을 내세워서는 안 된다).

둘째, 모든 삶이 번뇌인데, 번뇌는 인간의 쓸데없는 욕망에서 싹트므로 욕망을 없애야 한다. 싯타르타는 이러한 해탈의 수행 방법으로 계(戒) 수행, 정(定)수행, 혜(慧)수행의 삼학(三學), 즉, 욕망과 증오의 불길을 끄고 청정 본연의 모습을 되찾는 법, 한결같이 마음을 집중하여 번뇌는 벗어나는 법, 정각에 이르는 길을 설파했다. 계(戒)란, 우리의 행동과 말, 그리고 생각을 통제함으로써 자신과 남에게 해악을 끼치지 않고 덕을 쌓는 것이다. 정(定)은 우리 내부와 외계를 파악할 때 어떻게 주의를 집중할 것인가에 관한 문제이다. 우리의 뇌는 집중하고 있는 대상으로부터 주로 정보를 얻게 되기 때문에 정은 좋은 경험을 받아들이는 데에, 아울러 그것을 우리의 일부로 만드는 관문이 된다. 혜(慧)는 상식에 관한 것으로 우리는 무엇이 우리를 상처 입히고, 도움을 주는가 하는 고통의 원인을 깨닫고 고통을 끝내는 법을 일컬음이다. 계수행으로 바른 말(正語), 바른 행동(正業), 바른 직업관(正命), 혜수행으로 바른 소견(正見), 바른 사색(正思), 정수행으로 바른 노력(正精進), 바른 생각(正念), 바른 명상(正定)의 여덟 가지 바른 길을 제시하였다.

이런 팔정도는 불교 수행의 세 기둥이라 할 수 있으며, 행복의 원천이 될 뿐 아니라, 심리적 성장과 함께 영적 깨달음의 근간이 된다. 이러한 계수행, 혜수행, 정수행에 대해 좀 더 자세히 살펴보면 다음과 같다.

첫째, 바른 말(正語)이다. 이는 바르게 말하는 것이다. 말은 부드러워야 한다. 욕설(악구), 강요, 명령을 하지 않는다. 없는 말을 있는 듯이 꾸며 말하지 않는다. 여기서는 이 말하고 저기 가서는 저 말하지 않는다.

둘째, 바른 행동(正業)이다. 이는 바르게 행동하는 것이다. 남을 때리거나 다치게 해서는 안 된다. 남의 물건을 뺏거나 훔쳐서는 안 된다. 음행을 하면 안 된다.

셋째, 바른 생활(正命)이다. 이는 바르게 생활하는 것이다. 검소하게 생활하고 바른 직업관을 가져야 한다.

넷째, 바른 노력(正精進·正勤)이다. 이는 바르게 정진하는 것이다. 선정을 닦음에 꾸준한 연습을 한다. 항상 정진하고 부지런히 정진한다. 방심하지 말고 방일하지 않는다. 꾸준히 해 나가야 한다.

다섯째, 바른 생각(正念)이다. 이는 바르게 깨어 있는 것이다. 깨어 있는 정신으로 알아차린다.

여섯째, 바른 명상(正定)이다. 이는 바르게 삼매(집중)하는 것이다. 고요한 가운데 뚜렷이 깨어 있는다.

일곱째, 바른 소견(正見)이다. 이는 바르게 보는 것이다. 사물을 있는 그대로 알아차리고(지혜) 고집멸도(苦集滅道)를 아는 것이다.

여덟째, 바른 사색(正思·正思惟)이다. 이는 바르게 생각하는 것이다. 바른 상황 판단에 의해 바른 사유를 하는 것이다.

작성해 보기

개인별 팔정도의 수행수준

수행 형태	팔정도	개인별 수준 (1 : 매우 낮음, 5 : 보통, 10 : 매우 높음)	수행행동 및 희망목표 (수준 숫자 기입)
계 수행	바른 말	(1 2 3 4 5 6 7 8 9 10)	
	바른 행동	(1 2 3 4 5 6 7 8 9 10)	
	바른 생활	(1 2 3 4 5 6 7 8 9 10)	
정 수행	바른 노력	(1 2 3 4 5 6 7 8 9 10)	
	바른 생각	(1 2 3 4 5 6 7 8 9 10)	
	바른 명상	(1 2 3 4 5 6 7 8 9 10)	
혜 수행	바른 소견	(1 2 3 4 5 6 7 8 9 10)	
	바른 사색	(1 2 3 4 5 6 7 8 9 10)	

3) 이타행(利他行) : '나눔'

이타행의 방법으로는 가장 먼저 '나눔'을 생각해 볼 수 있다. 나눔은 일반적으로 '자선이나 기부를 통해 타인을 위한 선의, 인류애, 돌봄, 공익을 위해 자신의 시간, 재능, 재산을 계획적이고 지속적으로 대가 없이 전달하는 것'이다(Hoover & Wakefield, 2000). 인간은 삶 속에서 서로 나눔을 실천하고 행하는 경험을 많이 하게 되면 삶이 윤택해지고, 기쁨을 느끼며 살아가게 된다. 또한 사람과 사람 사이에 '나눔'이 행해짐으로써 서로의 관계가 윤택해지고, 가치가 있게 된다. 이러한 나눔은 공유, 기부와 타인의 꿈을 이루게 해주는 꿈 너머 꿈으로 나누어 볼 수 있다.

나눔은 첫째, 인간애(人間愛)를 타인과 공유하는 것이다. 인간애의 행위로는 인사, 미소, 친절, 칭찬, 배려, 공감, 위로, 경청, 존중 등이 있는데,

이것들은 누구나 갖추고 있으며 누구에게나 무한정 가지고 있는 것이다. 우리는 이를 공유함에 있어서 남의 눈치를 볼 필요도, 아낄 필요도 없다. 자신이 인간애를 실천할 수 있는 대상과 자신이 실천할 수 있는 것은 무엇인지 작성해보자.

작성해보기

인간애 실천사항 적어보기

대상	인간애 실천사항

둘째, 나눔은 일반적으로 단순히 내가 가진 채움의 것들을 타인에게 주는 기부행위(giving)이다. 우리는 기부행위로 흔히 물질을 기부하거나 자원봉사 형태의 재능기부 등을 생각해 볼 수 있다. 한편, 우리는 진정한 봉사와 나눔의 천사로 오드리 햅번(Audrey Hepburn)을 기억할 것이다. 오드리 햅번은 배우로서 전 세계인의 사랑을 한 몸에 받았던 명성보다는 남을 위해 봉사하고, 나누는 삶의 모습을 통해 수많은 사람들에게 감동을 주었던 것으로 아름답게 기억되고 있다. 오드리 햅번은 생의 마지막 시간에 그녀의 가족들에게 유언으로써 다음 시를 남겼다.

먼저 아름다운 입술을 가지고 싶으면 친절한 말을 하라. 사랑스런 눈을 갖고 싶으면 사람들에게서 좋은 점을 보라. 날씬한 몸매를 갖고 싶으면 너의 음식을 배고픈 사람과 나누라. 아름다운 머리카락을 갖고 싶으면 하루에 한번 어린이가 손가락으로 너의 머리를 쓰다듬게 하라. 아름다운 자세를 갖고 싶으면 네 자신이 결코 혼자 걷고 있지 않음을 명심해서 걸어라.

사람들은 상처로부터 치유되어야 하며, 낡은 것으로부터 새로워져야 하고, 병으로부터 회복되어야 하고, 무지함으로부터 교화되어야 하며, 고통으로부터 구원받고 또 구원받아야 한다. 결코 누구도 버려서는 안 된다.

기억하라! 만약 내가 도움을 주는 손이 필요하다면 너의 팔 끝에 있는 손을 이용하면 된다.네가 나이가 들면 손이 두 개라는 사실을 발견하게 될 것이다. 한 손은 너 자신을 돕는 손이고, 다른 한 손은 다른 사람을 돕는 손이다.

이처럼 오드리 햅번의 삶은 나눔에 대해 많은 것을 생각하게 해 준다. 그녀는 나눔의 삶을 살면서 늘 이런 말을 하였다. "절망의 늪에서 나를 구해준 것은 많은 사람들의 사랑이었다. 이제 내가 그들을 사랑할 차례다." 그녀는 진정으로 따뜻한 가슴으로 세상을 구하려고 애썼으며, 봉사와 나눔을 몸소 실천한 삶이였다.

작성해 보기

기부 가능한 자원과 실천방법 적어보기

구분	기부 가능한 자원	실천방법
물질적 그것으로서의 나		
정신적 그것으로서의 나		

셋째, 이러한 나눔은 대가를 바라지 않고 단순히 누군가를 돕는 것에서부터 더 나아가 개인이나 사회 자체를 변화시키는 일에 노력하는 것까지 포함한다고 할 수 있다. 특히 개인의 변화 중에 가장 소중한 나눔은 개인의 꿈을 이루게 도와주는 '꿈 너머 꿈'의 실천이 아닌가 싶다.

꿈 너머 꿈

고도원

백만장자가 되기를 꿈꾸는 사람이라면
백만장자가 된 다음에 무엇을 하겠다는,
바로 그 '무엇'이 있어야 한다.
그것이 꿈 너머 꿈이다.
꿈이 있으면 행복해지고,
꿈 너머 꿈이 있으면 위대해진다.

'꿈 너머 꿈'이란 무엇인가? '꿈 너머 꿈'은 꿈을 갖되, 그 꿈을 이룬 다음에 무엇을 할 것인가를 한 번 더 생각하는 비전이다. 적어도 백만장자를 꿈꾸었으면, 백만장자가 된 뒤에 그 꿈을 징검다리 삼아 더 의미 있고 이타적인 발걸음을 한 번 더 내디뎌야 한다. 그래서 꿈 너머 꿈은 단순히 개인의 행복이나 훌륭함을 넘어 그 사람을 위대하게 만든다. 꿈 너머 꿈의 출발점은 삶의 방향을 자기중심에서 단 한 걸음, 꼭 한 걸음만큼이라도 남을 위한 이타적 방향으로 내딛는 것이다. 그것은 곧 자기성숙이며 성장의 발걸음이 된다. 자신이 도와줄 수 있는 대상과 자신이 실천할 수 있는 '꿈 너머 꿈'에는 어떤 것들이 있으며, 이를 어떻게 행동으로 옮길 것인가? 이처럼 꿈 너머 꿈의 행동실천을 통해 행복한 삶의 모습을 아름답게 만들어 가는 것도 진정한 '나눔'을 실천하는 삶이 된다.

작성해 보기

지원 가능한 꿈 너머 꿈과 실천사항 적어보기

대상	지원 가능한 꿈 너머 꿈	실천사항

4) 참나 창조전략

참나로서 살아가기 위해서는 자신에게 가장 소중한 것이 무엇인지 알아야 하며, 자기 자신이 진정으로 되고자 하는 일을 찾아서 하도록 노력해야 한다. 타인에게 끌려가는 인생은 중요하지 않다. 남의 눈치를 보며 살아가기보다는 '참나'만의 삶을 살아가야 한다. 그러기 위해서는 다음 [그림 8-1]처럼 참나 창조전략을 스스로 찾아야 한다. 우선 '거짓나'를 탐색하기 위해 내면적 나, 우리로서의 나, 그것으로서의 나 등을 적는다. 이어서 '참나"를 찾기 위해서 내가 이 세상에 태어난 궁극적인 목적에 비추어 나다운 나, 생애 미션·소명, 삶의 가치관과 신념, 초월적 자아, 공(空)에 관하여 생각해 본다. '거짓나'의 내용과 '참나'의 내용을 비교·분석하면서 '참나'를 한 문장으로 정리한다. 이어서 이런 '참나'를 창조하기 위해서 자신을 어떻게 개선해야 하는지, 자신을 어떻게 혁신해야 하는지, 자신을 어떻게 새롭게 창조해야 하는지를 기술하고 실천한다.

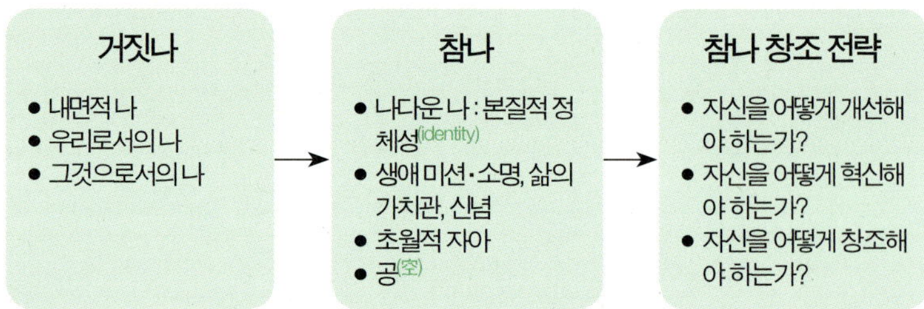

[그림 8-1] 참나 창조 전략

이러한 참나 창조전략에 맞추어 참나를 창조하기 위하여 먼저 쉬운 것과 당장 실천할 수 있는 것부터 적고, 구체적인 목표와 목표 기한, 달성 여부의 평가기준을 적고, 이어서 참나 창조 전략 계획을 눈에 잘 보이는 곳에 두고 생각날 때마다 목표를 이루려고 생각하면서 실천하는 삶을 살아가도록 하자.

작성해 보기

참나 창조전략 작성해보기

구분	번호	목표	목표기한	달성여부
개선 전략				
혁신 전략				
창조 전략				

성찰 및 계획하기

본 장의 내용에 기초하여 아래의 질문에 대한 자신의 생각을 정리해 보세요.

① 본 장의 요약

1.

2.

3.

② 자신의 의견(학습한 점, 느낀 점)

1.

2.

3.

③ 실천해야 할 사항

1.

2.

3.

행복하이소

제 III 부

쉼

제9장 삶에서 가끔은 쉼표를 찍으면서 살아가라

【제 9 장】

삶에서 가끔은 쉼표를 찍으면서 살아가라

1. 쉼은 여행이 아니다. 마음을 보는 것이다
2. 돌아보고, 바라보고, 내다보라

수고하고 무거운 짐진 자들아 다 내게로 오라 내가 너희를 쉬게 하리라
나는 마음이 온유하고 겸손하니 나의 멍에를 메고 내게 배우라
그러면 너희 마음이 쉼을 얻으리니
이는 내 멍에는 쉽고 내 짐은 가벼움이라 하시니라

(마태복음 11장 28-30절)

01 쉼은 여행이 아니다. 마음을 보는 것이다

진정한 '쉼'이란 무엇일까? 쉰다는 것은 내 삶에 어떤 의미를 주는 것일까? 자신이 생각하는 쉼의 요소에는 어떤 것들이 존재하는가? 이러한 쉼에 대하여 마인드맵으로 표현해보자.

작성해 보기

쉼을 마인드맵으로 표현하기

쉼

쉼을 한자로 바꾸면 휴식(休息)이다. 휴식을 생각하면 대다수가 일상으로부터의 탈출로써 여행을 생각하거나, 피곤함으로부터 벗어나서 그냥 잠을 자거나 쉬는 것을 '쉼'이라 생각하는 경우가 많다. 하지만 '쉼 = 여행'이라는 공식은 아마 여행을 떠나 본 사람만이 느낄 것이다. 여행에서 진정한 쉼을 경험하기 위해서 설렘을 안고 훌쩍 떠났다가 생각하지 못한 여러 일들로 인해 낭패를 본 적이 있었을 것이다. 정작 여행의 설렘을 느끼기보다는 답답한 현실 앞에서 순간적으로 후회를 하는 경우가 발생하기도 한다. 여행을 가는 도중에 차가 막혀서 대부분의 시간을 도로에서 보낸다거나 여행지에서 평상시 먹어보지 못한 새로운 음식을 너무 많이 먹어서 소화불량으로 인해 여행을 망치기도 하고, 여행에서의 음주가무로 도리어 피로를 누적하게 만들기도 한다. 그리고 정작 여행지의 아름다운 모습을 여유롭게 바라보며 힐링을 경험하기보다는 너무나 익숙한 '빨리빨리' 문화에 의해서 유명 관광지나 박물관을 빛의 속도로 돌아보고 사진만 찍고 돌아서기가 다반사이므로 정작 무엇을 보았는지? 어떤 느낌이었는지를 느끼지 못하는 경우가 대부분이다. 이제부터라도 천천히 주변을 돌아보고 여유로운 마음으로 자신주변의 모든 것들을 느낄 수 있는 마음을 가지도록 하는 것은 어떨까?

쉼의 본래 의미인 휴식이라는 글자는 사람이 나무 아래에서(休 = 人 + 木) 스스로 자신의 마음을 들여다 보는 것(息 = 自 + 心)이다. 마음을 들여다 볼 필요성에 대해서 칼 구스타프 융(Carl Gustav Jung)은 '사람은 자신의 마음속을 들여다 볼 때 비로소 시야가 트인다. 밖을 보면 꿈을 꾸게 되지만, 안을 보면 깨어나게 될 것이다.'라고 제시하고 있다(박석, 2007, p. 16).

우리가 일상적인 여행에서는 여유롭게 무언가를 마음속 깊숙이 바라보는 관점을 가지지 못하기 때문에 자신을 향한 진정한 '쉼'을 경험하지 못한다. 자신의 마음을 되돌아보기 위해 많은 사람들이 템플스테이(temple stay)를 한다. 템플스테이는 하루 혹은 이틀을 사찰에 머무르면서 산사의 생활을 체험할 수 있도록 하는 것에서 시작되어, 현재는 보다 구체적인 일정과 다양한 프로그램에 따라 운영되고 있다. 내용은 사찰안내 등 입재식이라 부르는 오리엔테이션으로 시작하여, 발우공양, 예불, 참선, 포행(산책) 등으로 구성된다(http ://www.templestay.com/).

하지만 템플스테이의 현장을 지켜보면 자신의 마음을 돌아보기보다는 낯선 환경에 대한 적응, 즉 스스로가 자신의 마음을 돌아보는 시간을 갖기보다는 입재식, 발우공양, 예불, 참선, 포행(산책) 등의 일정에 끌려 다니기 십상이다. 한편, 많은 마음수련 프로그램은 자연환경에서 의도된 불편함(TV, 냉장고, 스마트폰, 금연, 금주 등)을 겪으면서 억지로 자신을 되돌아보라고 강요한다. 이렇게 억지로 자신을 돌아보는 것이 진정한 자신을 알아가는 것일까? 이것이 진정한 쉼으로의 여행일까? 그렇다면 진정한 쉼에는 무엇이 필요할까?

첫째, 혜민 스님의 「멈추면 비로소 보이는 것들」처럼 우선 멈추어야 한다. 브레이크 없는 자동차처럼 살아온 일상에서는 멈춤이 필요하다. 멈추지 않고 앞만 보고 달려가는 삶에서 멈추고 스스로의 삶을 돌아보는 과정이 필요한 것이다. 최원현(2005)의 「기다림의 꽃」이라는 수필에서는, 사람에게는 반드시 일이 필요하지만 그와 마찬가지로 휴식이 필요하다는 것들을 알게 해 준다. 기계도 쉬지 않고 쓰기만 하면 쉽게 마모가 되어 고장이 나게 된다. 기계를 오랫동안 잘 쓰는 비결은 적당히 사용한 후 적당히 쉬게 하고 때 맞춰 기름도 쳐주는 것이다. 세계적인 피아니스트 아르투르 슈나벨(Artur Schnabel)도 쉼을 강조한다. 그는 "내가 치는 음표는 다른 피아니스트와 다를 게 없다. 하지만 음표 사이의 정지. 그렇다. 바로 그곳에 예술이 존재한다."라는 표현으로 쉼이 얼마나 중요한가를 사람들에게 역설하곤 하였다.

쉼표 없는 악보

최원현

열심히 일하는 중에 갖는
적당한 쉼이야말로 축복이요 행복입니다.
그런데 중요한 것은 우리 인생의 악보에는 쉼표가 없어서
연주자인 내가 직접 필요한 쉼표를 찍어가며
연주를 해야 한다는 것입니다.
쉼표 없는 악보는 좋은 음악이 될 수 없는 것처럼
쉼표 없는 인생 또한 참 인생일 수 없습니다.

둘째, 눈앞의 연필을 보기 위해서는 무엇이 필요할까? 우선 눈앞에 연필이 있어야 한다. 그 다음 빛이 있어야 한다. 그리고 보는 사람이 있어야 한다. 마지막으로 눈앞의 연필과 보는 사람 사이에 적당한 거리가 있어야 볼 수 있다. '적당한 거리' 이것은 모든 것에서 매우 중요한 것이다. 연필이 얼굴에 붙을 정도로 가까우면 연필이 보이지 않고, 너무 멀어도 연필이 보이지 않는다. 따라서 우선 적당한 거리가 필요한 것이다. 많은 사람들이 자신의 삶에서 이 적당한 거리를 갖추기 위하여 산티아고의 순례자길이나 제주도의 올레길 등을 걷는 경우가 많다. 힘든 길을 오래 걷다 보면 걷는 과정에서 저절로 자신을 바라보게 된다. 하지만 일상에서 이렇게 멀리 갈 필요는 없고, 개인에게 맞는 적절한 거리를 가지고 살아가면 된다. 자신에게 맞는 나무 아래의 공간이 있는 곳까지의 거리가 필요한 것이다. 앞으로 적절한 멈춤과 함께 적당한 거리를 갖춘 삶이라면 지금과는 다른 여유롭고 쉼이 공존하는 삶이 될 것이다.

02 돌아보고, 바라보고, 내다보라

쉼의 실천방법으로는 3가지가 필요하다. 채움과 비움 간의 관계와 흐름을 조절하기 위한 멈춤으로서의 쉼은 돌아봄(과거의 성찰과 반성), 바라봄(현재에 대한 자신의 느낌), 내다봄(삶에 관한 관점, 존재론적 본성 회복, 한계상황에 대한 고찰)의 3가지 과정이 필요하다.

1) 돌아봄

돌아봄 과정의 일환으로 많이 활용되는 방법은 인생 곡선 그리기이다. 이것은 누구나 한 번쯤은 접해 보았을 것이다. 태어나면서부터 지금까지 자신이 살아온 시간들을 선으로 표현해보는 것이다. 이를 그리는 과정에는 태어나서부터 살아가는 동안에 자신이 행복했던 시간도 있었을 것이고, 불행했던 시간도 있었을 것이다. 어느 시기에 어떤 일들로 자신의 삶이 채워져 왔는지? 그 시기에 행복한 감정을 느꼈을 경우에는 왜 행복했는지? 또 행복했다는 감정을 느꼈다면 그러한 행복한 감정 안에 존재하는 행복의 조건은 무엇이었는지? 또 이와 반대로 불행했다면 무엇 때문에 불행했고, 이것을 예방하는 차원에서는 무엇을 해야 하는지를 돌아보게 된다. 무작정 앞만 바라보고 가기보다는 잠시 지나온 삶을 돌아보는 경험을 통해 새로운 성찰과 깨달음을 경험하게 되고, 그러한 깨달음이 새로운 에너지로 생성되어 더욱 적극적인 삶을 살게 해주는 에너지원을 만들어주기 때문에 이러한 경험을 하는 것은 필요하다.

한편, 과거의 아픈 감정이나 사건은 빨리 지워버리는 것이 필요하다. 지워버리고 싶은 과거는 영화의 페이드 아웃(fade-out) 기법처럼 어느 장면을 처음에는 크고 밝게 했다가 차츰 작고 어두워져서 사라지는 기법을 활용하는 것이다. 과거의 아픈 기억을 사라지게 만드는 것이다. 다음으로 가장 행복한 감정이나 기억하고 싶은 것은 연극이나 영화에서 어두운 무대나 화면이 점차 밝아지는 기법인 페이드 인(fade-in) 기법을 적용하는 것이다. 이를 통하여 지나간 과거의 아쉬움을 빨리 잊어버리게 하고, 현재에서 행복한 감정을 느끼고자 하는 과정이 중요하다. 즉, 스스로의 행복감을 즐기는 것이다. 이처럼 과거의 성찰과 반성을 통하여 자신의 행복과 불행의 감정을 자신이 통제할 수 있다.

2) 바라봄

바라봄의 핵심은 지금 여기(here and now)에 초점을 두고 삶을 성찰하는 것이다. '당신은 누구입니까?', '지금 여기는 어디입니까?'라는 질문에 눈을 감고 생각을 해보라. 자신이 누구이며 어디에 있는지를 답하는 과정에서 비움에서 말하는 공(空)의 개념처럼 시시각각으로 변하는 자신을 알 수 있을 것이다. 이런 질문을 통하여 자신이 서 있는 현재 이 자리가 진정 행복한지를 성찰해야 한다. 지금 여기 나 자신이 진정 내 인생을 살고 있는지를 성찰해야 한다. 그리고 현재(present)는 선물(present)이라는 측면에서 내가 즐겁게 오늘이라는 선물을 받고 있는지를 살펴보아야 하며, 내 인생의 채움과 비움을 잘 하고 있는지를 살펴보아야 한다.

현재를 바라봄에 있어서 중요한 것은 전략적 변곡점(strategic inflection point)을 찾는 것이 중요하다. 전략적 변곡점이란 언제나 무언가 크게 변화하는 시기, 무언가 달라지는 시기, 그리고 살아남기 위해 온통 정신을 팔다가 훗날 되돌아보면 그 변화의 무게를 절감하게 되는 시기가 꼭 있는데, 이를 전략적 변곡점, 즉 근본적인 변화가 오는 위기의 시점이라고 말한다. 사업의 예를 들면, SNS의 경우도 여러 가지 변곡점을 거치고 있다. 예를 들면, 1차 파동으로 친구 찾기 사이트인 아이러브스

쿨(I love school)의 가입자가 천 만이 넘었음에도 불구하고 지금은 겨우 명맥만 유지하고 있다. 왜냐하면 친구를 찾기 위해서는 홈페이지로 들어가서 찾아야 하는 번거로움과 함께 수익원이 없었다는 한계를 가지고 있다. 또한 싸이월드 블로그(blog)는 도토리 등의 수익원이 있었으나, 친구의 상황을 알기 위해 친구가 만든 블로그로 들어가야만 하는 불편함이 있었다. 이런 친구 사이트로의 네트워킹 불편함을 해소하기 위해 페이스북(facebook)이나 트위터(twitter) 등이 나타났다. 더 나아가 다음카카오톡은 기존의 문자보내기, 전화 외에 동영상 전화, 인터넷 탐색, 아이템, 게임, 쇼핑, 카카오페이, 카카오TV, 인터넷 은행 등의 다양한 영역 활동을 통하여 수익모델과 네트워킹을 확대하고 있다. 이처럼 전략적 변곡점의 파악을 통하여 현재의 상황과 미래 예측되는 변화를 읽을 수 있어야 한다.

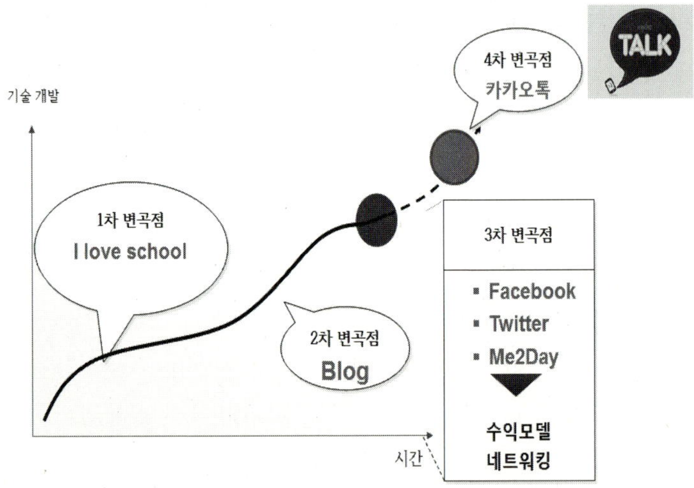

[그림 9-1] SNS 변화과정

3) 내다봄

미래의 내 인생에 생겨날 수 있는 변화는 무수히 많다. 입학, 졸업, 결혼, 취업, 승진, 자녀 탄생, 입원(병, 사고), 실직(정년, 퇴직), 전직, 배우자 사망, 투자 손실, 행운(로또 당첨) 등이 있다. 긍정적인 변화도 있겠지만 부정적인 변화도 있으므로, 미래의 변화에 대한 대처가 필요하다. 미래를 내다봄에 있어서 소극적으로 현재 관점에서 일어날 미래의 변화를 예측할 수도 있다. 하지만 전향적으로 미래를 우선 창조하고 이를 현실에 대비하여 미래를 구축하는 것도 가능하다. 이런 전향적인 측면에서 미래를 그리기 위해서는 우선 미래를 다양하게 상상하며 설계하는 것이 필요하다. 생애 목표나 꿈을 기초로 하여 소망하는 미래(일어날 가능성 5~10%), 선호하는 미래(10~20%), 일어날 가능성이 높은 미래(70% 이상)를 설계하는 것이다. 특히 소망하는 미래나 선호하는 미래를 설계하는 것은 자신 스스로 다양한 미래를 찾고, 기대하고 있는 것을 탐색하고, 피해야 할 사건들을 찾아내어 밝은 미래를 창조하는 것이기 때문에 반드시 필요하다. 이런 미래 창조 설계는 미래의 모습을 선명하게 보여주는 창문과도 같다. 이를 통해 소망하거나 선호하는 미래의 발생 가능성을 높이고 이를 달성하기 위한 구체적인 실천 방안을 세울 수 있다. 말하자면 내다봄을 통하여 우리 스스로가 다양한 미래를 창조하고, 우리에게 적합한 최적의 이상적 미래를 선택할 수 있도록 하게 해 준다.

4) 채움과 비움의 돌아봄, 바라봄, 내다봄

채움, 비움의 행복 영역 관점에서 하루에 5분만이라도 쉼의 시간을 가질 필요가 있다. 잠시 하던 일을 멈추고 자신의 몸과 마음을 느끼고, 자신의 채움과 비움을 성찰할 필요가 있다.

작성해 보기

나의 채움과 비움에 대한 쉼의 성찰은 무엇인가?

영역		돌아봄, 바라봄, 내다봄
채움	꿈, 목표	
	지혜	
	지식, 전문성	
	건강	
	대인관계	
	부	
비움	내면적 나	
	우리로서의 나	
	그것으로서의 나	

1. 쉼의 쉼 : 쉼의 성찰과정을 통해 자신이 느낀 점은 무엇인가?

1.

2.

3.

2. 진정한 쉼을 위해 어떤 것들이 더 필요하다고 느꼈는가?

3. 현재 자신이 생각하는 쉼의 의미 외에 또 다른 쉼을 생각한다면 어떤 것들이 있는가?

이와 같이 쉼을 통한 삶을 돌아보고 실천방향 제시를 통해 새로운 삶을 설계해보았다. 이러한 돌아봄, 바라봄, 내다봄의 세 가지는 우리 삶의 방향과 이정표를 새롭게 정립해 준다. 이러한 과정은 삶의 원동력이 될 뿐만 아니라, 스스로의 삶의 만족도를 높여줌과 동시에 행복감 또한 높여준다.

성찰 및 계획하기

본 장의 내용에 기초하여 아래의 질문에 대한 자신의 생각을 정리해 보세요.

① 본 장의 요약

1.

2.

3.

② 자신의 의견(학습한 점, 느낀 점)

1.

2.

3.

③ 실천해야 할 사항

1.

2.

3.

행복하이소

제 Ⅳ 부

실천

【제 10 장】

언젠가 없어질 나를 완전연소 시켜라

1. 그대가 그대 인생의 주인이다
2. 삶은 열정적인 사람의 것이다
3. 내 삶을 완전연소 시켜라

신께서 사막의 뜨거운 햇볕 아래 걷고 있는 3명의 나그네에게 물어 보았다. "무슨 일로 이렇게 뜨거운 사막에서 걷고 있습니까?" 그 물음에 대해 첫 번째 나그네는 '지도자가 사막에 가보라고 해서 왔다.'고 했고, 두 번째 나그네는 '친구가 사막에 가길래 자기도 무작정 따라 나섰다.'고 했고, 세 번째 나그네는 '사막을 탐사하기 위해 왔다.'라고 했다. 그렇다면 만약 사막이 당신의 삶이라면 당신은 어떠한 대답을 하겠는가?

01 그대가 그대 인생의 주인이다

자신이 지금까지 자신의 삶의 주인이 되어 살고 있는지 생각해보자. 과연 내가 내 삶의 주인인지? 아니면 타인의 삶처럼 살고 있는 것은 아닌지? 다음의 이야기는 유럽의 민화에서 나오는 얘기이다. A 이야기가 원작인데 B는 A의 내용을 새롭게 각색한 것이다. 이 이야기를 읽고 A와 B 중에서 당신의 삶과 가까운 이야기는 어느 쪽인지 생각해보고, 어떻게 살아야 남이 아닌 주인으로서 사는 삶인지 생각해보자.

A. 옛날 옛날에 네 사람이 살았답니다. 그들의 이름은 각각 '모두가', '누군가', '누구나', '아무도'였습니다. 어느 날 중요한 일이 생겨 모두가 그 일을 하도록 요청받았습니다. 누군가 하리라고 모두가 확신했습니다. 누구나 그 일을 할 수 있었습니다. 그러나 아무도 하지 않았습니다. 모두가 해야 할 일이었기에 누군가 이 일을 두고 화를 냈습니다. 누구나 할 수 있다고 모두가 생각했지만, 모두가 하지 않으리라고는 아무도 깨닫지 못했습니다. 모두가 누군가를 꾸짖었고, 누구나 앞장서서 할 수 있는 일을 아무도 하지 않은 것으로 끝났습니다. 최근에 들리는 소식에 의하면, 해야 될 일이 여전히 이루어지지 않았음을 두고 이 네 사람은 지금도 다투고 있답니다.

B. 옛날 옛날, 한 옛날에 네 사람이 살았답니다. 그들의 이름은 각각 '모두가', '누군가', '누구나', '아무나'였습니다. 어느 날 중요한 일

이 생겨 아무나 그 일을 하도록 요청받았습니다. 누구나 할 수 있다고 모두가 확신했습니다. 그럼에도 모두가 그 일을 했습니다. 그래서 모두가 했습니다. 아무나 할 수 있는 일이었지만 모두가 이 일을 하였기에 서로 칭찬을 했습니다. 아무나 할 수 있다고 모두가 생각했지만, 모두가 하리라고는 아무도 깨닫지 못했습니다. 모두가 누군가를 칭찬했고, 아무나 앞장서서 할 수 있는 일을 모두가 협력해서 한 것으로 끝났습니다. 최근에 들리는 소식에 의하면, 해야 될 일에 여전히 모두가 서로 하겠다고 지금도 다투고 있답니다.

A쪽의 이야기는 남이 해주기를 바라는, 아니면 남이 하라고 요구해야 하는 타인지향(노예적인) 삶을 보여주지만, B의 이야기는 누구나 주인적인 삶을 살고 있다는 예를 보여주고 있다. 흔히 주변의 일상에서 이와 비슷한 경우를 많이 보게 된다. 한 예로 할 일이 너무 많아 바쁜데 팀 동료가 프로젝트에서 맡은 분야를 잘 이행하지 않는 경우 갈등상황이 연출되는 경우가 종종 있다. 그렇다면 이러한 상황에서 어떻게 할 것인가에 관해 A와 B의 이야기로 나누어 볼 수 있다. A쪽의 사람들은 '그 사람은 정말 사람을 미치게 한다. 다시는 그 사람과 프로젝트를 같이 하는 일은 없다.' 등의 말을 할 것이다. 이에 반해 B쪽의 사람은 '용서해주자. 내 기분이 어땠는지 얘기하자. 그 친구도 다른 이유가 있겠지' 등의 선택을 할 수가 있다. 또 다른 예로 도로에 차가 막혀있을 경우 뒤차가 갓길로 새치기를 한다면, A쪽의 사람들은 그 차를 보면서 화를 내거나 같이 갓길로 가서 새치기를 할 확률이 높다. 하지만 B쪽의 사람들은 새치기하는 차를 보며 '바쁜 일로 시간에 쫓기는구나.'라고 생각할 것이다. A쪽은 일어난 일을 보는 사람, 발생한 일을 걱정하는 사람이 많은 반면, B쪽은 어떤 일이 일어나게 만드는 사람, 즉, 주인이 많은 곳이다(Pitt, Ewing & Berthon, 2002). 살아가면서 이와 같은 경우들을 마주했을 때 자신이 어떠한 쪽으로 선택하는 삶을 살고 있는지 돌아보는 시간도 필요하다. 자신의 삶에서의 주인은 바로 자기 자신

이기 때문이다. 절대로 남이 내 인생을 대신 살아주지 않는다. 이러한 주인으로서의 삶을 살아가기 위해서는 다음 세 가지가 필요하다.

첫째, 스스로의 삶에 있어서 주도적인 사고와 행동으로 살아야 한다. 타인지향적인 삶에 익숙한 사람은 스스로 행하기보다는 소극적이고 불평불만을 토로하며 살아가는 경향을 보인다.

작성해 보기

내 삶에서 주인적 삶과 타인지향(노예적) 삶의 사례 찾아보기

주인으로서의 삶	
타인 지향 (노예)의 삶	

둘째, 주인으로서의 삶은 스스로 자신의 삶을 즐긴다는 것이다. 삶을 즐기기 위해서는 일상에서의 지루함을 추방하는 것이 필요하다. 긍정적인 사고와 넘치는 에너지 활동으로 하루하루를 채우며 자신의 삶을 사랑하고 즐기는 것이다. 때로는 어려운 상황이 닥치더라도 당장 눈앞에 보이는 고통보다는 미래에 나타나게 될 축복을 생각하며 삶을 즐길 필요가 있다. 그리고 가끔씩 누군가 자신을 비난하거나 비판한다면 타인이 질투할 만큼 무언가를 탁월하게 잘하는 관심의 대상이 되었다 생각하고, 그럴수록 더욱더 타인을 의식하지 말고 적극적으로 삶을 즐겨야 한다. 그리고 이렇게 즐기기 위해서는 자신의 행동이 옳다는 생각을 가지고 행복한 미래를 상상하면서 마음속으로 느끼는 것을 적극적으로 행할 필요가 있다.

셋째, 주인다운 삶을 살기 위해서는 언어나 행동이 주인다워야 한다. 다음에서 자신이 즐겨 하는 언어나 행동과 관련된 항목을 체크하고 세로로 합을 더하여 보자. 이 과정을 통해 자신이 타인지향인지 주인지향인지 항목을 비교해보고, 진정한 삶의 주인으로서 스스로 살아가고 있는지를 판단해보자.

작성해 보기

내가 즐겨 하는 언어나 행동

타인 지향(반응적) 언어/행동	체크	주인 지향(주도적) 언어/행동	체크
- 무슨 날씨가 이렇게 더워		- 더우니까 부채를 부쳐야겠네	
- 내가 왜 이걸 해야 하나!		- 내가 해 볼게요	
- 어떻게 약속을 어길 수가 있어		- 늦는데 어떻게 된 상황인지 알아봐야지	
- 난 원래 이렇게 생겨먹었어		- 내가 노력이 부족했네. 다시 해보자	
- 너 때문에 오늘 기분 망쳤어		- 남 때문에 우울하면 안 되지	
- 난 못해. 방법이 없어		- 방법을 찾아보자	
합계		합계	

02 삶은 열정적인 사람의 것이다

안도현 시인의 '너에게 묻는다.'라는 시를 감상하여 보자. 이 시는 많은 사람들에게 깊은 생각을 하게하고 새로운 감동을 준다. 그렇다면 이 시를 통해 당신은 무엇을 느끼는가?

너에게 묻는다

안도현

너에게 묻는다
연탄재 함부로 발로 차지 마라
너는 한번이라도 누군가에게 뜨거운 사람이었느냐

작성해 보기

안도현의 시를 통해 느낀 점

뜨거운 사람은 열정적인 사람이다. 다음은 축구선수 박지성이 고백한 '인생을 바꾼 말 한마디'라는 제목의 글이다. 여기서도 열정적인 삶을 느낄 수 있다.

인생을 바꾼 정신력

박지성

나는 수원공고를 나왔다. 어려서부터 축구를 했고, 집안 형편이 넉넉하지 않아 축구 하나만을 보고 살면서 고등학교를 졸업하면 당장 프로구단에 입단할 생각만 했다. 그런데 대기업 프로축구단 테스트에서 번번이 고배를 마셨다. 난 그때 별 볼일 없는 까까머리에 말라깽이 고등학생에 불과했다. 프로 입단을 희망하는 풋내기 축구선수가 어디 나뿐이었겠는가? 수십, 수백 명의 학생 중에서 계산 빠른 프로축구단의 감독이나 스태프의 눈에 들려면 뭔가 남들과는 달라도 분명히 달라야 했다. 키가 크거나 체격 조건이 좋거나 그것도 아니면 공격이건 수비건 여하튼 특별히 잘하는 장기라도 있어야 하는데 난 그런 조건 중에 하나도 맞아떨어지는 것이 없었다. 게다가 외모도 평범하고 성격도 내성적이라 좌중을 휘어잡는 스타성마저 없었으니 그들이 탐내지 않는 것은 당연한 일이기도 했다. 대학팀도 사정은 다르지 않아 관동대 동국대 할 것 없이 다 퇴짜를 맞았다.

그러다 우여곡절 끝에 명지대학교 김희태 감독님 눈에 들어 어렵사리 대학에 진학했다. 그때까지 내 인생은 늘 그랬다 남들 눈에 띄지 않으니 깡다구 하나로 버티는 것이었고, 남이 보든 안보든 열심히 하는 것을 미덕인줄 알고 살았다. 덕분에 허정무 감독님이 사령탑으로 계시던 올림픽 대표팀에 합류했고 얼마 안 있어 일본 교토팀 선수로 스카우트 되었다. 그리고 지난해 월드컵 평가전에 우리나라 대표팀에 합류했다. 그 당시 나는 일본에서 활동했던 탓에 국내 선수 중에 가깝게 지내는 동료도 딱히 없어 늘 혼자 다녔다. 나를 주목하는 사람도 없었고 각기 포지션에는 이미 이름난 선수들이 꽉 들어차 있어 갓 스물 넘은 어린 나에게까지 기회가 올 것이란 욕심은 애당초 부리지도 않고 있었다. 경험 쌓는 거고 본선 때 한 경기 뛰면 좋겠다는 소박한 마음으로 평가전에 임했다.

그런데 히딩크 감독님은 평가전에서 나에게 예상 외로 많은 기회를 주었다. 처음엔 10분 정도 시합에서 뛰게 하더니 다음번에 20분을 그 다음번엔 전반전을 모두 뛰게 하는 식이었다. 그러다 감독님은 평가전이 있을 때마다 꾸준히 나를 시합에 내보낼 뿐 다른 언질은 전혀 없었다. 언어소통이 안 돼 감독님이 하는 말 중 내가 알아들을 수 있는 것은 오른쪽(right) 왼쪽(left)뿐이라 다른 말씀을 하셨다 해도 알아듣지 못했을 테지만 언론도 나에 대해 별다른 언급을 하지 않았다. 난 언제나처럼 눈에 띄지 않는 선수였을 뿐이고 감독님의 작전지시나 전략은 지금껏 내가 알고 있던 축구와는 또 다른 세계라 그걸 이해하느라 다른 생각을 할 여력도 없었다.

그런데 그 날은 달랐다. 미국 골드컵 때라고 기억된다. 나는 왼쪽 다리에 부상을 입어 시합에 나가지 못해 텅 빈 탈의실에 혼자 남아 있었다. 잘할 수 있는 기회를 조금이라도 더 많이 보여야 할 그 중요한 때에 하필이면 부상을 당했나 싶어 애꿎은 다리만 바라보며 맥이 빠져 앉아 있었다. 그런데 어디선가 히딩크 감독님이 통역관을 대동하여 나타났다. 성큼성큼 나에게 다가오신 감독님은 영어로 뭐라고 말씀하셨다. 무슨 말인지 몰라 통역관을 바라보았다. "박지성 씨는 정신력이 훌륭하대요. 그런 정신력이면 반드시 훌륭한 선수가 될 수 있을 거라고 말씀하셨어요." 얼떨떨했다. 뭐라 대답도 하기 전에 감독님은 뒤돌아나가셨고 나는 그 흔한 땡큐 소리 한 번 못했다. 가슴이 두근거렸다. 늘 멀리 있는 분 같기만 했는데 그런 감독님이 내 곁에 다가와 내 정신력이 훌륭하다는 말을 했다는 것만으로도 힘이 솟았다. 더욱이 그 말은 내 심중을 꿰뚫고 있었다. 정신력 내세울 것 하나 없는 나일지라도 오래전부터 내가 믿어왔던 것은 죽는 한이 있어도 버티겠다는 정신력이었다.

초등학교 땐가 중학교 땐가 축구부 감독님이 술에 취해 제 정신이 아닌 상태로 선수들에게 자신이 올 때까지 팔굽혀펴기를 하라고 지시하곤 휑하니 가버린 일이 있었다. 다른 친구들은 대충 상황을 파악하고 해가 뉘엿뉘엿 지면서 집으로 돌아가 버렸을 때도 나는 감독님이 오시기만을 기다리며 자정이 넘도록 팔굽혀펴기를 했다. 비록 술에 취해 한 말일지언정 감독님의 지시라 따라야 한다는 고지식한 성격에다 어디까지 할 수 있나 나 자신을 시험해보고 싶은 오기가 생겨 했던 일이었다. 한 가지 덧붙이면 나는 평발이다. 한 병원 의사는 내 발을 보고 평발인 선수가 축구를 하는 것은 장애를 극복한 인간 승리라 말하기도 했다. 난 그렇게 보잘 것 없는 나의 조건을 정신력 하나로 버텼다. 그러나 어느 누구도 눈에 띄지 않는 정신력 따위를 높게 평가하지는 않았다. 당장에 눈에 보이는 현란한 개인기와 테크닉만 바라보았다.

그런데 히딩크 감독님은 아무도 알아주지 않는 여드름투성이 어린 선수의 마음을 읽고 있기라도 한 듯 정신력이 훌륭하다는 칭찬을 해주셨던 것이다. 그 말은 다른 사람이 열 번 스무 번 축구의 천재다 신동이다 하는 소리를 듣는 것보다 내 기분을 황홀하게 만들었다. 어려서부터 칭찬만 듣고 자란 사람은 칭찬 한 번 더 듣는다고 황홀감에 젖지 않을지도 모르지만, 난 그 칭찬을 듣는 순간머리가 쭈뼛 설만큼 나 자신이 대단해 보였다. 그리고 월드컵 내내 그날 감독님이 던진 칭찬 한마디를 생각하여 경기에 임했다. 내 정신력이면 분명 훌륭한 선수가 될 수 있을 거란 생각을 하며 공을 몰고 그라운드를 누비며 달렸다. 침착하고 조용한 성격이라 남의 눈에 띄지 않는 것이 달갑지 않을 때도 있었지만 히딩크 감독님이라면 어디선가 또 나를 지켜보며 조용한 눈빛으로 격려하고 있을 거란 생각에 자신감이 생겨났다.

만약 내가 히딩크 감독님을 만나지 못했다면 지금의 나도 없었을 것이다 지금의 나라는 사람이 이름 꽤나 알려진 유명 스타가 되었다거나 부모님께 45평짜리 아파트를 사드릴 만큼 넉넉한 형편이 되었다는 것을 의미하지 않는다. 예전보다 더 나 자신을 사랑하는 나가 되어 있다는 것이 감독님이 던진 채 1분도 안 되는 그 말 한마디는 앞으로 내가 살아갈 나머지 인생을 바꾸어 놓았다.

각성해 보기

박지성의 이야기를 통해 느낀 점

안도현의 시와 박지성의 정신력에 관한 글을 통해 당신은 다음 [그림 10-1]의 인간 유형 중에 어디에 속하는지 생각해보자. '스스로 의욕이 불타오르는 자연성(自燃性) 인간인가?', '타인이 불을 붙여주면 의욕적이 되는 타연성(他燃性) 인간인가?', '상황에 따라서 의욕적이 되는 선연성(選燃性) 인간인가?', '전혀 의욕적이 될 수 없는 불연성(不燃性) 인간인가?', '주변 사람들의 의욕을 말살시키는 소연성(消燃性) 인간인가?'

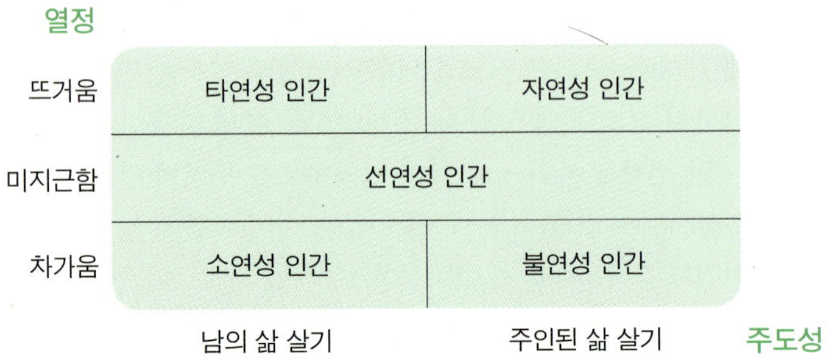

[그림 10-1] **인간의 유형**

자신이 어떠한 사람인가를 돌아보기 위해서는 우선 자신이 어떠한 삶을 살고 있는가를 판단해야 한다. 그런 판단을 하기 위해서는 다음의 세 가지 조건을 고려할 필요가 있다(Vallerand et al., 2003). 첫째, 어떠한 일을 행함에 있어서 좋아하면서 행동하는가? 누구나 좋아하지 않는 일은 열정적으로 할 수 없다. 그렇기 때문에 열정적 삶을 살기 위해서는 먼저 삶에서 행하는 활동을 좋아해야 한다.

둘째, 행하는 활동이 자신의 삶에 있어서 최우선적으로 중요한 것이어야 한다. 아무리 일을 좋아하더라도 중요하게 생각하지 않는 활동은 열정적으로 행할 수 없다.

셋째, 열정적인 삶을 산다는 것은 일시적인 현상이 아니라 일정 기간 이상의 시간과 에너지의 투입이 충족되어야 한다는 것이다. 열정은 일시적 현상이 아니라, 개인 정체성의 일부가 되어 삶에서 지속되는 나타나는 지속성의 특징을 가지고 있다.

열정적 주인으로서의 삶이란 자신의 삶에 스스로 책임을 지고 열정적으로 임하며, 힘든 상황에서는 좌절하지 않고 스스로가 자신과 환경을 적극적으로 변화시키기 위한 행동을 취하는 것을 의미한다. 열정적 주인으로서의 삶을 살아간 인간에 대한 이야기는 빅터 프랭클(Victor frankl)의 일화에서 찾아볼 수 있다.

집단 수용소에 수감되어 있던 사람들이라면 죽기 전에 자신들의 마지막 빵까지 나누어 주면서 친지들을 위로해주려고 막사를 찾아다닌 사람들을 기억할 것이다. 그런 사람들의 숫자는 소수일지 몰라도 그들은 어떤 상황에서도 자신의 행동을 선택하는 즉 자신의 운명을 스스로 선택하였고, 제한된 공간에서도 삶을 열정적으로 살았다는 것을 충분히 증명해 주었다.

빅터 프랭클은 이처럼 누구도 생각하지 못하는 극한의 순간에서도 좌절하지 않고 열정적으로 행동하는 사람들의 삶을 관찰한 후 이를 「죽음의 수용소에서」라는 제목의 책으로 출간하였다. 지금 이 순간부터 당신의 삶도 이러한 열정적 삶을 살아갈 수 있다는 생각으로 하루하루를 살아가면 어떨까?

03 내 삶을 완전연소 시켜라

열정적 주인으로서의 삶을 완전연소 시키기 위한 방법에는 다음 두 가지가 있다.

첫째, 자기 삶의 주인이 되라는 것은 삶의 과거, 현재, 미래의 모든 행동과 결과에 책임을 진다는 것이다. 주변의 시선에 따라 움직이는 것이 아니라, 자신이 원하는 방향으로 움직인다는 것이다. 누구나 자신의 삶에서 생겨나는 일은 조상 탓도, 부모 탓도, 가족 탓도 아닌 바로 자기 자신 탓이다. 또한 학벌, 가정환경, 과거의 성공이나 실패 등 과거의 것이 자신의 현재를 발목잡거나 미래에까지 영향을 주게 해서는 안 된다(Covey, 2003). 과거에 얽매이는 것은 단지 자신을 희망적인 미래로 나아가게 하기보다는 현재의 모습에서 누구 탓만 하는 인생이 되게 하고, 늘 불평불만을 늘어놓는 부정적인 삶으로 만들어 줄 뿐이다. 그렇기 때문에 이제부터라도 당신은 주인의식을 가지고 스스로 자신을 통제할 수 있는 삶에 매진해야 한다. 흔히 자신의 삶과 그다지 관련되지 않은 일에 관심을 두는 사람들이 많다. 정치나 스포츠, 가십거리 등 자신의 삶과 무관한 것에 너무 많은 시간을 소요한다. 자신과는 무관하거나 자신 삶의 영향력 밖에 있는 일들에 관심을 두기보다는 자신이 통제하거나 영향력을 마칠 수 있는 삶 속에서 행복을 찾고 만드는 것에 관심을 가져야 한다. 다음은 자신이 자주하는 대화나 생각, 행동을 기술하고 자신의 삶의 통제 범위 내에 있는지 통제 밖에 있는지 구분해보자.

작성해 보기

자신의 삶의 통제 범위 알아보기

내가 즐겨 하는 대화나 행동	통제 범위 내	통제 범위 밖
(예시) 로또 당첨		○
(예시) 감사일기 쓰기	○	

둘째, 삶에서 중요하고 가치 있는 일을 하며 살아가자. 예를 들면, 자신의 목표나 꿈을 찾고 좋아하며, 이를 포기하거나 좌절함 없이 뜨겁게 살아갈 수 있는 삶이 되도록 실천해야 한다. 열정은 나이와 무관하다. 다음 사례에서 보듯이, 모제스(Moses)와 옥스(Ochs)처럼 언제든지 불꽃을 피울 수 있다.

미국의 민속화가인 앤나 모제스(Anna Mary Robertson Moses)는 어린 시절부터 그림을 그리고 딸기즙이나 포도즙으로 색깔을 칠하곤 했다. 모제스는 남편이 죽은 뒤 소모사로 수를 놓은 그림을 창조했다. 관절염 때문에 바늘을 움직이기가 어려워지자 그림으로 방향을 바꾸었다. 그녀가 처음에 그린 그림들은 후식폴스의 잡화점에서 팔렸다. 그러나 1939년에 이르자 미국과 유럽(모제스는 유럽에서 15차례의 개인전을 가졌음) 전역에서 그녀의 작품이 전시되었다. 1952년에 모제스는 그녀의 그림처럼 활기찬 문체로 「내 삶의 역사」(My Life's History)라는 자서전을 썼다.

놀라 옥스(Nola Ochs)는 2007년 5월 포트 헤이스 주립대학(Fort Hays State University)에서 95세 학사 학위를 취득하였고, 98세에 석사 학위를 취득했다. 학부 졸업당시 95세로 가장 나이 많은 대학 졸업생은 기네스 세계 신기록을 세웠다. 100세의 생일날에 포트 헤이스 주립대학에서 그녀는 대학원 강의조교로 활동하고 있었다.

앞의 두 사례처럼 우리는 스스로의 인생을 후회 없이 살고 있는지 돌아보아야 한다. 나이에 상관없는 뜨거운 열정이야말로 자신의 삶을 진정으로 가치 있는 삶이 되도록 만들어 준다.

작성해 보기

자신의 삶을 열정적으로 완전연소 시키기 위해 실천해야 하거나 변화해야 할 3가지

열정적 완전연소	구체적 실천(변화) 계획

본 장의 내용에 기초하여 아래의 질문에 대한 자신의 생각을 정리해 보세요.

① 본 장의 요약

1.

2.

3.

② 자신의 의견(학습한 점, 느낀 점)

1.

2.

3.

③ 실천해야 할 사항

1.

2.

3.

【제 11 장】

미치도록 몰입하는 나를 만나라

1. 시간이 벌써 이렇게 되었나?

2. 현재에 몰입할 수 있다면 행복할 것이다

3. 정신일도 하사불성(精神一到 何事不成)

서한(西漢) 시대 명궁으로 유명한 이광(李廣)이 어느 날 사냥을 가는데, 바로 앞 풀숲에 큰 호랑이 한 마리가 숨어 있는 걸 발견하고 급히 활을 꺼내 온 힘을 다해 호랑이를 명중시켰다. 그 다음날 사람들을 시켜 호랑이를 찾았으나 호랑이는 보이지 않고 대신 호랑이 모양의 바위에 화살이 박혀 있는 것이었다. 그것도 화살촉은 물론 화살 뒤쪽의 깃털마저 바위 속에 완전히 들어가 있을 정도였다. 이를 몰석음우(沒石飮羽) 혹은 중석몰촉(中石沒鏃)으로 표현한다. 이 광경을 본 이광 자신도 놀라 몇 걸음 떨어져 다시 바위에 활을 쏴 봤으나 화살만 부러질 뿐 다시는 바위에 꽂히지 않았다. 사람들이 신기해서 대학자인 양웅(揚雄)을 찾아가 그 연유를 물으니, "호랑이의 위협에 목숨을 잃을 수도 있다는 그 절박함이 자신도 모르게 바위를 꿰뚫는 놀라운 집중력을 불러온 것이다. 정성이 지극하면 금석도 열 수 있는 법이지(精誠所至, 金石爲開)"라고 했다고 한다.

01 시간이 벌써 이렇게 되었나?

김연아, 강수진, 박지성, 스티븐 스필버그(Steven Spielberg), 알버트 아인슈타인(Albert Einstein)의 공통점은 무엇일까? 이들은 모두 자기 분야에서 성공을 이루거나 위대한 업적을 남긴 사람들이며, 자신의 일을 사랑하는 사람들이다. 그렇다면 일반 사람들이 이들과 다른 점은 무엇일까? 일반 사람은 자신의 능력을 10%만 사용한 데 반하여 이들은 자신의 능력을 10% 이상 사용했다는 점이다. 그렇다면 누구나 자신에게 숨겨진 나머지 90%를 끌어내는 방법은 무엇일까? 칙센트 미하이(Mihaly Csikszentmihalyi, 2007)는 미술가, 음악가, 스포츠 선수들에 관해 연구하면서, 이들이 작업할 때 다른 모든 것을 잊고 집중하는 모습에 깊은 감명을 받았다고 한다. 모든 것을 잊고 집중하는 것을 통하여 최고의 능력을 발휘한다는 것을 발견하면서 그는 이렇게 집중하는 모습을 몰입(flow)이라고 명명하였다. 또한 아인슈타인은 "나는 몇 달이고 몇 년이고 생각하고 또 생각한다. 그러다 보면 아흔아홉 번은 틀리고, 백 번째가 되어서야 비로소 맞는 답을 얻어 낸다."라고 말했다. 또 1998년 노벨 생리의학상을 받은 루이스 이그내로(Louis Ignarro)도 상을 받게 된 비결을 묻자 "과학은 9시 출근, 4시 퇴근하는 일이 아니다."라며, 매일 24시간 '왜, 어떻게'가 머리를 떠나지 않아야 한다고 강조했다.

이러한 몰입의 사전적 의미로는 깊이 파고들거나 빠지는 행위를 일컫는다. 칙센트 미하이에 따르면 몰입은 '무언가에 흠뻑 빠져 있는 심리적 상태'를 의미하고, 현재 하고 있는 일에 심취한 무아지경(無我地境)의 상태라고 할 수 있다(권석만, 2008). 또한 몰입은 주위의 모든 잡념, 방해물을 차단하고 자신이 원하는 어느 한 곳에 모든 정신을 집중하는 것이다.

[그림 11-1] 몰입의 순간

칙센트미하이는 몰입했을 때의 느낌을 '물 흐르는 것처럼 편안한 느낌', '하늘을 날아가는 자유로운 느낌'이라고 했다. 일단 몰입을 하면 몇 시간이 한 순간처럼 짧게 느껴지는 시간 개념의 왜곡 현상이 일어나고, 자신이 몰입하는 대상이 더 자세하고 뚜렷하게 보인다. 그리고 몰입 대상과 하나가 된 듯한 일체감을 가지며 자아에 대한 의식이 사라진다. 몰입 현상은 학습과 노력을 통해 도달할 수 있다. 자신이 몰입하고 있는 대상에 대해서는 단시간에 혹은 빠르게 흡수할 수 있지만, 반대로 관심이 없거나 집중도가 떨어지는 대상에 대해서는 기억조차 못할 수도 있다. 이것이 바로 몰입의 장점이자 단점이 될 수 있다.

02 현재에 몰입할 수 있다면 행복할 것이다

1) 몰입 경험의 특성

개인적으로 몰입한 경험을 하나 떠올리고, 이에 대한 다음 내용을 기술해보자.

작성해 보기

개인적 몰입 경험하기

어떤 상황에서? (언제, 어디서, 무엇을, 어떻게)	
몰입했을 때의 느낌은?	

몰입 경험은 자신이 가장 좋아하거나 하고 싶은 일을 할 때 나타나는 경우가 다반사이다. 이런 몰입 경험의 특성을 살펴보면 다음과 같다(권석만, 2008).

첫째, 몰입 상태에서는 현재 과업에 대한 강렬한 주의집중이 일어난다. 제한된 과업 영역에 모든 주의 용량을 집중하기 때문에 과업 이외의 활동에 대한 인식이 현저하게 약화된다. 이러한 주의집중은 애써 노력하여 일어나는 것이 아니라, 과제에 대한 흥미와 즐거움으로 인해 자발적으로 일어난다. 특히 이런 집중은 호흡처럼 그것에 대해 생각하지 않는다. 이는 천장이 무너져도 자신에게 떨어지지 않으면 인식하지 못할 정도이다.

둘째, 몰입 상태에서는 행위와 인식의 융합이 일어난다. 자신이 하는 일에 몰두해서 자신에 관해서는 생각하지 않으며, 현재 하고 있는 활동에 푹 빠져 그 활동을 관찰하고 평가하는 관찰자적 인식이 존재하지 않는 것, 즉 자신은 더 이상 참여관찰자가 아니라 참여자이다. 스키를 타고 산비탈을 질주할 때는 누구라도 몸의 움직임, 스키의 위치, 얼굴을 스치며 지나가는 바람, 눈 덮인 나무 등에 주의를 집중한다. 조금이라도 마음이 흐트러지면 넘어지기 십상이므로 다른 생각이 비집고 들어올 틈이 없다.

셋째, 몰입 상태에서는 현재 하고 있는 활동을 장악하고 있는 듯한 강력한 통제감을 느끼며 실패 등의 두려움에서 벗어난다. 활동의 진행이나 성과에 대한 걱정이 사라지고 주의 집중이 일어남에 따라 완전한 통제력을 지니고 있는 것처럼 느끼게 된다. 또한 자신의 길에 아무 것도 방해 받지 않을 것처럼 느낀다. 무엇이든 맞서 싸우고, 무엇이 일어나도 두려움이 없으며, 활력이 넘친다.

넷째, 자아의식이 사라진다. 의사의 경우 수술을 위한 자신의 손을 제외하고 신체를 인식하지 못하며, 자신이나 자신의 문제를 인식하지 못한다. 수술 중에는 아픈 팔이나 자신을 알아차리지 못한다.

다섯째, 몰입 상태에서는 자신과 환경의 구분이 거의 사라질 뿐만 아니라 시간의 흐름도 망각한다. 시간의 흐름에 대한 지각이 변형되어 시간이 보통 때보다 빨리 지나가고, 많은 일들이 짧은 시간 안에 펼쳐지는 것처럼 느껴진다. 몇 분 지나지 않은 것 같은데 벌써 몇 시간이 흐른 것을 인식한 경우이다.

여섯째, 몰입 경험은 그 자체가 즐거운 것으로서 자기 보상적인 속성을 지닌다. 몰입하고 있는 활동은 다른 목적을 위한 것이 아니라, 그 자체를 위한 내재적 동기에 의해 일어난다.

칙센트미하이는 이러한 특성이 몰입 경험에서 모두 나타나는 것은 아니지만, 강렬한 몰입 경험일 때에는 대부분 이런 특성들이 나타난다고 말한다. 이러한 몰입의 경험을 통한 자신의 실천행위의 결과물로서 행복이라는 부산물을 생성시키는 것이다. 이러한 몰입은 진정으로 자신이 좋아하는 일일수록 그 효과가 매우 크고 강하며, 몰입의 정도가 강렬하여 더 좋은 결과를 나타내게 된다.

2) 몰입의 조건

칙센트미하이는 몰입을 잘 하는 사람의 특징을 자기 목적적인 성격(autotelic personality)이라고 지칭한 바 있다. 이러한 성격을 지닌 사람은 어떤 일을 하더라도 적극적이고 열정적으로 한다. 이들은 내재적 동기가 강한 사람들이어서 외부적 보상보다 일 그 자체를 위해 열심히 끈기 있게 일한다. 이들은 자율성과 독립성이 강해서 다른 사람의 간섭을 싫어하며, 개인적 목표나 야망으로부터 자유로운 경향이 있다. 즉, 성과에 집착하지 않으며 다른 사람의 시선과 평가에 신경을 쓰지 않는다. 칙센트미하이에 의하면 자기 목적적인 성격을 가진 사람 외에 보통 사람도 어떤 활동을 할 때는 몰입을 경험하는데, 몰입을 촉진하는 과제의 특성이나 조건에는 다음과 같은 특징이 있다(권석만, 2008).

첫째, 분명한 목표가 있는 활동에서 몰입이 잘 일어난다. 이 목표는 몰입을 위한 자기 촉매 역할을 한다. 현재 하고 있는 일의 목표가 모호하거나 장기적일 때에는 몰입이 잘 일어나지 않는다. 너무 거창하고 원대한 목표보다는 그것을 이루기 위한 단기적 목표가 분명할 때 몰입이 쉬워진다. 예를 들어, '성적을 올려야 겠다.'는 막연한 목표보다는 '이번 시험에서 수학 점수를 90점 이상으로 올려야 겠다.'는 목표로 공부할 때 몰입을 경험할 가능성이 더 높다.

둘째, 즉각적인 피드백이 주어지는 활동에서 몰입이 잘 일어난다. 스포츠나 전자오락을 할 때 쉽게 몰입하는 이유는 추구해야 할 분명한 목표가 있을 뿐만 아니라 매 순간 즉각적인 피드백이 주어지기 때문이다. 즉각적인 피드백은 목표 달성을 위해 현재 자신이 어떤 위치에 있으며, 어떤 행위를 해야 하는지를 분명하게 알려 주는 기능을 한다. 따라서 몰입을 증가시키기 위해서는 자신의 활동에 대한 즉각적인 피드백이 필요하다.

셋째, 몰입 상태를 촉발하기 위해서는 개인의 역량 수준과 과제의 난이도가 적절한 균형을 이루는 것이 매우 중요하다. 분명한 목표와 즉각적인 피드백이 주어지더라도 너무 쉬운 과제는 몰입하기 어렵고, 너무 어려운 과제는 흥미를 잃게 하거나 포기하게 만들기 쉽다. 따라서 상당한 역량을 요구하는 도전적인 과제를 할 때 몰입을 경험하기 쉽다.

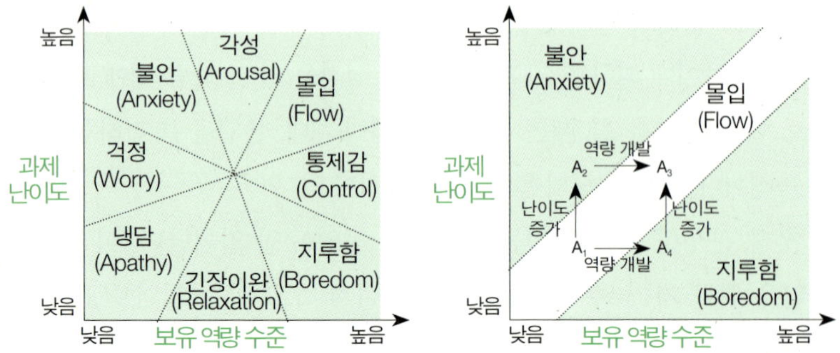

[그림 11-2] 몰입 경험 : 과제의 난이도 및 보유역량과의 관계

[그림 11-2]에서 볼 수 있듯이, 과제의 도전 수준과 개인의 역량 수준이 모두 높을 때 몰입 상태를 경험하기 쉽다. 한편, 왼쪽 그림의 긴장이완과 지루함은 칙센트미하이가 제시한 것과 달리 서로 위치를 바꿔 제시하는 것이 적절하다고 생각하여 변경하였다. 보유 역량수준에 비해 과제의 난이도 수준이 높으면 걱정이나 불안을 경험하게 된다. 그와 반대로 역량 수준에 비해 과제의 난이도 수준이 매우 낮으면 권태감을 느끼고, 적당히 낮으면 편안한 이완감을 느낀다. 개인이 지닌 최고의 기술 수준을 발휘해야 하는 도전적 과제를 수행할 때 몰입이 잘 이루어지는 것이다. 특히 강렬한 몰입 경험은 상황적 요구가 그 사람의 보유 역량 수준에 압박을 가할 때(과제의 A1에서 A3로의 이동) 발생한다. 즉, 상황적 요구의 수준이 높아 잠시도 한눈을 팔지 못하고 매 순간 그 과제에 정밀한 주의를 기울이도록 요구해야 하고, 과제 수행 자체와 수행에 대한 평가가 분리되지 않아야 한다.

칙센트미하이에 따르면, 몰입은 사람들로 하여금 인생을 더 즐기고 행복하게 살게 하며, 다양한 상황에서 더 잘 기능하도록 만든다. 하루 종일 몰입하는 시간이 많을수록 삶의 질이 향상되는 것이다. 또한 몰입하는 사람들은 칭찬과 같은 외부적 보상이 따르지 않아도 몰입을 경험하는 활동을 지속한다. 따라서 우리 자신이 행복해지고 싶다면 몰입할 수 있는 의미 있는 목표를 가지는 것이 중요하다. 자신이 정한 인생의 목표를 수립하게 되면 우리는 그 목표 달성을 위해 노력하게 되고, 그로 인해 생긴 삶의 목적의식으로 인해 삶에 몰입할 수 있기 때문이다.

03 정신일도 하사불성(精神一到 何事不成)

정신일도 하사불성(精神一到 何事不成)은, 주자(朱子)의 「주자어류」(朱子語類)에 나오는 말로, '정신을 한 곳으로 하면 무슨 일인들 이루어지지 않으랴'라는 뜻으로, 몰입하여 노력하면 어떤 어려운 일이라도 성취할 수 있다는 말이다. 몰입 역량을 개발하기 위해서 칙센트 미하이 교수는 "마음의 근육, 심리적 자산을 늘려라"라고 하였다. 이러한 삶에서 몰입 역량을 개발하기 위해서는 다음과 같은 연습이 필요하다.

첫째, 마음의 근육을 늘려라. 즉 '자신이 생각한 시간 동안 집중이 가능한지'를 생각해 보아야 한다. 그러한 경험을 하고 나서 자신이 마치 그것을 할 수 있다는 가정을 하고 행동하면 충분히 가능해진다. 이런 자기암시가 만드는 자신의 변화와 행동을 통해 다른 결과를 나타낸다.

둘째, 자신이 몰입을 할 수 있는 일과 공간을 통해 연습하라. 자주 몰입을 반복적으로 경험하게 되면 그 시간이 더욱 늘어나는 것이다.

셋째, 자신의 삶에서 몰입하기 위한 일주일간의 몰입 이벤트의 리스트를 작성하는 것이다.

작성해 보기

몰입 이벤트 만들어보기

요일	몰입 이벤트
월	
화	
수	
목	
금	
토	
일	

몰입에 최적 상태가 되기 위한 조건 및 몰입을 위한 준비는 다음과 같다.

- 자신이 사랑하는 과업(일, 학습)을 선택하라.
- 그 중에서 자신의 삶과 진로에 영향을 줄 중요한 과업을 선택하라.
- 도전적이지만 너무 어렵지는 않는 것을 확인하라.
- 하루 중 조용하고 정적인 시간을 찾아라. 단, 에너지가 넘치면서 집중할 수 있는 때여야 한다.

- 주변의 미혹을 치워라(음악, 스마트폰, 게임, 인터넷, 책상 정리, 정리정돈 등).
- 가능한 한 과업에 집중하라.
- 자신을 즐겨라. 이런 성취와 기쁨 등을 느낄 수 있는 시간을 가져라.
- 계속 몰입을 연습하라.
- 보상을 가져라.

이처럼 행복은 '몰입하는 삶'을 통해 얻을 수 있다. 내가 몰입하는 삶을 살기 위해서 현재 장애요인은 무엇이며, 갖추어야 하거나 변화해야 할 영역에는 어떤 것들이 있는지 알아보자.

작성해 보기

몰입하는 삶을 살기 위한 장애요인과 변화영역 알아보기

구분	세부내용
몰입하는 삶의 장애요인	
몰입하는 삶을 위한 변화영역	

성찰 및 계획하기

본 장의 내용에 기초하여 아래의 질문에 대한 자신의 생각을 정리해 보세요.

① 본 장의 요약

1.

2.

3.

② 자신의 의견(학습한 점, 느낀 점)

1.

2.

3.

③ 실천해야 할 사항

1.

2.

3.

【제 12 장】

넘어질 때마다 오뚝이처럼 다시 일어서라

1. 어떤 일도 좌절과 방해를 겪지 않고 이루어지는 법은 없다
2. 역경은 극복의 기쁨이자 성장의 기회이다
3. 넘어질 때마다 감사하며 다시 일어나자

흔들리며 피는 꽃

도종환

흔들리지 않고 피는 꽃이 어디 있으랴
이 세상 그 어떤 아름다운 꽃들도
다 흔들리면서 피었나니
흔들리면서 줄기를 곧게 세웠나니
흔들리지 않고 가는 사랑이 어디 있으랴

젖지 않고 피는 꽃이 어디 있으랴
이 세상 그 어떤 빛나는 꽃들도
다 젖으며 젖으며 피었나니
바람과 비에 젖으며 꽃잎 따뜻하게 피웠나니
젖지 않고 가는 삶이 어디 있으랴

01 어떤 일도 좌절과 방해를 겪지 않고 이루어지는 법은 없다

인생을 살아가다보면 예기치 못한 난관에 부딪칠 때가 있다. 그럴 경우 행복한 감정을 잃어버리기도 하고, 회복할 수 없을 만큼의 슬픔에 휩싸이기도 한다. 이처럼 누구에게나 불쑥 찾아올 수 있는 이러한 난관을 슬기롭게 극복하고 행복하기 위해서는 무엇보다도 긍정적 마인드에 기반한 '난관 극복력'이 필요하다. 왜냐하면 행복을 향한 채움과 비움, 쉼의 과정이 계획대로 추진되어 의도하는 결과를 가져오는 경우도 있지만, 실현되지 못한 계획이 있기도 하고, 추진과정에서 새롭게 변화하는 환경이나 어려운 상황이 대두됨에 따라 추진계획을 변경해야 하는 경우도 많다. 특히 개인에게 의미가 적거나 무의미하다면 계획의 실천은 용두사미로 끝나기 쉽다. 실천의지가 약하다고 하면 중도에 포기하는 경우도 많을 것이다. 예를 들면, 대부분의 다이어트 계획은 성공하는 경우보다는 대부분 실패로 끝난다는 것이다.

하지만 행복추진 과정에서 난관이 전혀 없는 삶은 어쩌면 아무 의미와 가치가 없는 무의미한 삶일 수 있다. 예를 들어, 마라톤 코스를 차를 타고 완주한다면 무슨 기쁨이 있겠는가? 난관이야말로 우리 삶에 참된 즐거움과 보람과 함께 기쁨을 주고 삶의 의미와 가치를 더욱 깊게 하는 필수요소이다. 왜냐하면 난관의 본질은 고통이 아니라 극복의 기쁨이기 때문이다. 난관에 부딪칠 때마다 '극복의 기쁨이 또 왔구나!'라고 생각하면 전혀 스트레스 받지 않고, 난관도 가장 효과적이고 쉽게 극복해 낼 수 있다. 도종환 시인이 강조한 것처럼 흔들리지 않고, 젖지 않고 피는 꽃은 없다.

때로는 온갖 비바람에 흔들려도 보고 젖어도 보는 경험을 통해 자신도 모르는 사이에 어떠한 어려움도 극복할 수 있는 내성이 길러지는 것이다. 만약 흔들리지 않고, 젖지 않고 피는 꽃이 있다면 그것은 인위적으로 만들어진 실험실 공간에서는 가능한 것이며, 그렇게 꽃이 피더라도 스스로의 자유의지와 도전 의식이 결여되어 있어 실제 삶에서는 금방 시들어버린다. 그만큼 나약한 존재가 될 수밖에 없는 것이다. 세상의 이치도 이와 마찬가지이다. 온실 속 화초처럼 자라기보다는 무서운 폭풍우도 거뜬히 견뎌내는 잡초 같은 강인함과 꿋꿋함이 현재를 살아가는 사람들에게 필요한 것들이다. 스스로 힘든 난관을 극복할 수 있는 강인함과 끈기를 기르는 자신이 되도록 노력해보자.

작성해 보기

자신이 만난 난관 중 가장 힘들거나 어려웠지만 성공적으로 극복한 경험 작성하기

난관	난관 극복 과정

02 역경은 극복의 기쁨이자 성장의 기회이다

힘든 난관을 뚫고 자신이 실현할 수 있는 최대한의 행복을 구현하기 위해서는 다음의 마음가짐과 실천력이 필요하다(Luthans, Youseff, & Avolio, 2012).

첫째, 자신감이다. 행복을 향한 채움, 비움, 쉼의 도전적 과업을 달성할 수 있다는 자신감이 필요하다. 자신감(자기효능감, self-efficacy)은 자신의 행위를 통해 바람직한 결과를 만들고, 필요한 경우 환경에 영향을 가할 수 있다는 자신의 능력에 대한 믿음이다(Bandura, 1997). 자신감이 낮은 사람들은 목표 과업 초기에 비교적 작은 난관이나 실패에도 자신의 능력에 의문을 가지고 쉽사리 포기하거나, 최선이 아닌 평범한 결과에 만족해버리는 경향을 보인다. 자신감을 갖추기 위해서는 자신이 직접 해보는 경험을 늘리고, 타인의 경험을 모델링하고 모방을 통해서 간접적으로 실천경험을 갖는 것이 필요하다. 특히 자신감을 갖추기 위해서는 몰입에서처럼 달성하기가 쉽지 않은 도전적 과제를 만들고, 그것을 성공으로 이끌어 내는 경험을 자주 하는 것이 필요하다.

둘째, 긍정적 마인드이다. 상황이 좋을 때는 누구나 좋은 생각, 긍정적인 생각을 할 수 있다. 하지만 문제는 나쁜 환경에 처했을 때이다. 행복의 여정에서 난관을 만나도 긍정적으로 바라보는 마음이 필요하다. 왜냐하면 긍정적 마인드는 결과에 연연해하지 않게 하고, 과정에 충실하게 해주며, 사물의 밝은 면과 어두운 면을 모두 인정하고 수용하게 해주기 때문이다. 이러한 긍정적 마인드는 밝은 면의 좋은 점을 삶의 자원으로도 활용할 수 있다. 또한 힘든 상황에서도 자신에 대한 평가와 현실점검을 통해 잠재적 기회에 대한 자신의 기대를 조정하고 평가함으로써 성장과 배움의 기회를 가진다. 그리고 지속적인 동기부여를 통해 할 수 있다는 자신감도 갖게 된다. 물론 실패한 상황이나 어려운 상황에 대한 막연한 대처방안이 없을 경우도 발생한다. 이런 경우 낙관적인 사람은 고난과 역경은 누구에게나 닥치는 보편적 상황이고, 이 상황은 '일시적이기 때문에 조만간에 해결될 것이다.'라고 생각하며, 그것을 해결하기 위한 기회를 계속 탐색할 것이다. 하지만 반대의 경우인 부정적 마인드를 가진 사람은 쉽게 포기를 해 버린다(Seligman, 2000). 따라서 어떠한 난관을 극복하기 위해서는 할 수 있다는 자신감과 긍정적인 사고방식이 그만큼 중요하다. 다음 [그림 12-1]에서 자신은 어디에 속하는지 생각해보자.

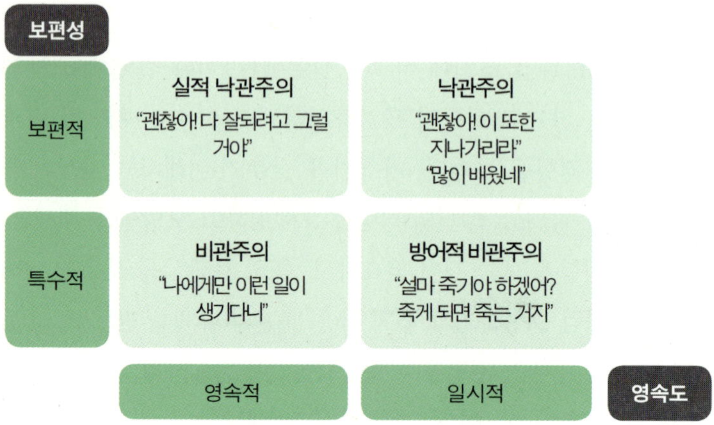

[그림 12-1] 실패 상황에 대한 접근

셋째, 목표에 도달할 수 있는 철저한 계획이다. 행복을 향한 경로를 설정하고 그 경로의 단계마다 중간 이정표를 설치하여 설정된 경로를 부분적으로 나누어 성공적으로 달성할 수 있도록 해야 한다. 목표나 꿈을 달성할 수 있다는 막연한 기대나 희망이 아니라 목표나 꿈의 달성을 위한 현실적인 계획을 세우고, 중요한 목표에 도달할 수 있도록 체계적으로 준비하는 것이 필요하다. 예를 들면, 에베레스트 등산을 가는 과정처럼 준비단계, 베이스캠프, 캠프 1, 캠프 2, 최종 정상 등반처럼 단계적으로 추진할 필요가 있다.

넷째, 복원력(resiliency)이나 회복력이다(Luthans, Youssef, & Avolio, 2012). 이것은 어떠한 문제와 역경에 직면했을 때 좌절을 딛고 원래의 상태로 되돌아오거나, 오히려 그것을 뛰어넘는 것을 말한다. 복원력은 행복 실천과정에서 겪는 다양한 좌절과 슬픔 등을 극복할 뿐만 아니라, 더 긍정적인 결과를 만들어 낼 수 있는 심리적 역량을 의미한다. 이러한 복원력은 극단적인 고난과 역경을 극복하고 성공을 이룬 사람들만이 가진 예외적인 심리적 강점이 아니라, 누구나 가지고 있는 역량이다. 따라서 복원력이 높은 사람은 충격을 받더라도 자신이 가진 에너지와 시간, 자원을 활용하여 그것을 떨쳐내고 다시 균형점으로 회복한다. 이처럼 복원력은 예기치 못한 상황에서 발생한 일들에 대한 즉흥적 대응을 가능케 해주는 긍정적인 심리적 자원이라고 볼 수 있다.

03 넘어질 때마다 감사하며 다시 일어나자

난관을 극복하기 위한 의지와 실천력을 갖추기 위한 방법은 다음과 같다(Luthans, Youssef, & Avolio, 2012).

첫째, '나는 할 수 있는 역량을 갖추고 있다.'라는 자신감을 강화하기 위해서는 ① 삶에서 성공 경험을 늘릴 기회를 가져야 하며, ② 삶을 살면서 다양한 경험을 할 수는 없으므로 타인이 경험한 것을 타산지석(他山之石)으로 삼아 모델링하거나 모방하여 자신의 경험으로 만드는 연습을 거쳐야 한다.

둘째, 실천의지를 강화하기 위해서는 ① 개인적으로 가치 있는 목표의 결과와 측정방법을 설정하고, 목표 달성을 위한 경로와 하위목표(중간 이정표)를 설정한다. ② 목표 달성을 위한 다양한 경로를 탐색한다. ③ 각 경로별로 필요한 자원을 고려하되, 비현실적인 경로는 폐기하고 최선이나 차선의 경로를 설정한다. ④ 각 경로에서 예상되는 장애물을 예측하고, 극복하기 위한 대처방안을 설계한다. ⑤ 스스로 동기를 부여한다. ⑥ 목표를 성취하기 위해 필요한 노력에 투자한다. ⑦ 어려움 또는 난관에 직면할 때 참고 견딘다.

셋째, 낙관주의를 기르기 위해서는 우선 과거의 실패나 좌절에 대한 관대함이 필요하다. 이어서 현재 어떤 상황이라도 그것을 즐기고, 다시 생각할 수 있다는 긍정적 관점을 가진다. 최대한 긍정성에 집중하고 부정성을 회피하면서 미래에 기회가 있을 것이라고 기대하며, 그에 대한 역량개발을 위한 학습이나 준비를 한다.

넷째, 복원력을 강화하기 위해서는 먼저 긍정적인 결과의 가능성을 끌어올릴 수 있는 자기 자신의 자본 수준을 향상시키는 것이 필요하다. 여기서 자본이란 인적자본(교육, 경험, 지식 등), 사회자본(상호관계와 네트워킹), 재정적 자본(경제력)과 난관 극복력을 포함한다. 또한 실패나 좌절의 상황이 주는 위기에서 위험과 더불어 생겨나는 기회를 발전의 기회로 포착하고 활성화해야 한다. 물론 무엇보다도 실패나 좌절의 결과가 생겨나기 전에 예방차원에서 과정에 대한 관리를 강화하는 것은 필수적이다.

각성해 보기

자신이 난관을 극복하기 위해 갖추어야 하거나 변화해야 할 요소

구분	세부내용
자신감	
실천의지	
낙관주의	
복원력	

본 장의 내용에 기초하여 아래의 질문에 대한 자신의 생각을 정리해 보세요.

① 본 장의 요약

1.

2.

3.

② 자신의 의견(학습한 점, 느낀 점)

1.

2.

3.

③ 실천해야 할 사항

1.

2.

3.

【제 13 장】

어떤 일이 일어나든지 무조건 감사하라

1. 감사는 다른 사람을 향한 감정이 아니라 나의 평화를 위한 감정이다
2. 감사는 머리가 아니라 마음으로, 발로써 하는 것이다
3. 무조건 감사하라! 그리고 또 감사하라!

고맙다 고맙다, 다 고맙다

김종원

세상을 산다는 게 문득 외로워져
집을 나와 겨울 거리를 걸어보니
차가운 바람에 한기를 느끼며
그동안 나의 몸을 따스하게 감싸주던
두터운 외투에게 고맙고,
외투가 없으면 춥다는 걸 느끼게 해주는
내 몸에게도 고맙다

사랑에 실패한 후
헤어지고 나서야 비로소
사랑의 소중함을 알게 해 준
이별에게도 고맙고,
쓰린 이별 덕분에
하늘이 무너질 것 같은데도 불구하고
아직도 내 머리 위에서
무너지지 않고 든든하게 서 있는
푸른 하늘에게도 고맙다

푸른 하늘을 바라보다가
문득 흐려져, 비가 내릴 것 같은 하늘을 느끼며
인생을 산다는 건
행복하다가도, 문득 흐려질 수도 있다는 것을
몸소 알려준 하늘에게
다시 또 고맙고
그걸 느낄 수 있게
하늘을 바라볼 수 있는 여유를 주신
하나님께도 감사한다

고맙다 고맙다
다 고맙다
이 세상은 고마운 것 투성이다

01 감사는 다른 사람을 향한 감정이 아니라 나의 평화를 위한 감정이다

어느 평범한 유대인 어머니가 있었다. 그녀는 비록 배운 것이 많지 않았지만, 자식만큼은 너무나 훌륭하게 키웠다. 주변 사람들은 그녀에게 비결이 무엇이냐고 물었다. 그녀는 사람들에게 대답하기를 자신은 자녀를 교육함에 있어서 '딱 세 가지'만을 가르쳤다고 한다. 그녀가 사람들에게 대답한 그 세 가지는 다음과 같다.

첫째, 어떤 경우든 모든 일에 감사하라. 작은 일에나 큰일에나 항상 감사하는 사람이 되어라. 심지어 어려운 일이 닥쳐도 원망이나 불평하지 말고 그저 감사하라. 항상 감사하라.

둘째, 원망하는 사람과 놀지 말고 사귀지 말라. 원망과 불평은 영향을 받기 때문이다.

셋째, 감사하는 사람과 친하게 지내라. 감사하는 사람과 함께하라.

이처럼 주변의 사람을 만날 때에도 감사할 줄 아는 사람과 만나라는 말처럼 자녀에게 진심어린 '감사'를 강조하였다. 이러한 그녀의 양육태도는 주변 사람들이 부러워할 정도로 자녀를 훌륭하게 성장시켰으며, 자녀를 진정으로 감사할 줄 아는 사람으로 자라나게 만든 것이었다.

한편, 범죄심리학자인 소퍼(Soper) 박사는 형무소에 있는 죄수와 수도원에 사는 수도사의 차이를 이렇게 말했다. "둘 다 세상과 단절되어 사는 것 같으나 형무소에 있는 사람들은 하루 종일 불평불만을 내세웁니다. '내가 나가기만 해 봐라. 가만 두나 봐라' 하는 식입니다. 하지만 이와 정반대로 수도원에 있는 수도사는 하루 종일 감사의 기도를 드립니다."(전옥표, 2011) 같은 맥락에서 영국 속담에도 '지옥이란 감사할 줄 모르는 사람들이 가득 찬 곳이고, 천국은 감사할 줄 아는 사람들로 가득 찬 곳이다.'라는 것이 있다. 이처럼 감사란 삶을 지옥과 천당으로 구분지을만큼 중요한 것임을 단적으로 보여준다. 하지만 많은 현대인들은 '감사 불감증'에 걸려 있다. 늘 불평과 불만만을 제시한다면 형무소에 갇힌 사람이나 지옥에 사는 것과 다름없을 만큼 불행한 삶인 것이다. 지금부터라도 하루하루 감사하는 삶을 살도록 하자.

감사는 우리말 사전에 '고마움을 나타내는 인사' 또는 '고맙게 여기는 마음'이라고 정의되어 있으며, 감사를 영어로 표현한 'gratitude'는 '은혜'를 뜻하는 라틴어 'gratia'에서 유래되었다(Seligman, 2002). 또한 우리에게 너무나 익숙한 이 감사의 또 다른 의미로는 '타인이나 사물에 의해 얻게 된 이익이나 자연에 의한 평화로운 축복'이라고도 하며 인간에게 중요한 덕목 중 하나로써 고마움(thankfulness)과 기쁨(joy)으로 반응하는 마음상태로도 정의할 수 있다. 이러한 감사하는 마음을 일상 속에서 쉽게 느껴 볼 수 있는 방법은 누군가로부터 선물을 받았을 때나, 타인이 나에게 친절을 베풀었을 때의 기분을 떠올려 보는 것이다. 지난 한 주 동안 일어난 일들 중에서 감사할 만한 것을 다섯 가지만이라도 적어보자. 그리고 감사해야 할 사람들에게 감사편지를 써보자.

작성해 보기

1. 지난 한 주간 감사한 일 다섯 가지 적어보기

감사할 일 5가지

2. 지난주에 만난 사람 중에 감사해야 할 사람에게 감사편지 쓰기

감사편지

감사관련 연구에 의하면, 이렇게 흔히 하는 감사표현은 기존의 인간관계를 강화하고 새로운 관계를 형성하는 데 도움을 주는 것과 동시에 자기 가치와 자존감을 향상시키는 것으로 밝혀졌다. 상대방에게 감사편지를 직접 전달한 사람들은 우울감이 감소하고, 이러한 양상은 몇 달 동안 지속되며, 그로 인해 감사를 표현하는 사람뿐 아니라 감사를 받는 상대방도 행복감이 증가한다. 고트만과 실버(Gottman & Silver, 1999)의 부부 간 의사소통 연구 결과에서도 연인이나 친구에게 주기적으로 고마운 마음을 자주 표현하는 것이 관계에 대한 인식을 바꾸고, 실제로 긍정적인 상호작용을 촉진하여 대인관계를 증진시킨다고 한다. 또한 결혼한 부부들을 대상으로 만족도를 조사한 결과, 가족관계에서도 이러한 감사표현이 매우 중요하다는 결과가 나왔다.

02 감사는 머리가 아니라 마음으로, 발로써 하는 것이다

오프라 윈프리(Oprah Winfrey)를 모르는 사람은 드물 것이다. 그녀는 자신의 이름을 내건 토크쇼를 25년간 넘게 진행했으며, 특히 그녀는 자신만을 위한 삶이 아닌 모든 이들이 함께 하는 삶을 선택하여 그것들을 위해 실천하며 살고 있다. 그녀는 세계에서 영향력 있는 인물로도 여러 번 선정된 적이 있다. 하지만 그녀의 삶을 돌아보면 매우 힘든 삶을 살아왔다. 그녀는 미시시피 주의 어느 시골에서 사생아로 태어났으며, 열 살 때부터 성적학대를 당했고, 열네 살 때 미혼모가 되었다. 그리고 태어난 지 2주 후 아들이 죽는 고통을 당했다. 하지만 그녀는 이 모든 아픔을 극복하고, 고등학교 시절 라디오 방송에 첫발을 내딛게 되었다. 이후 왕성한 활동으로 20세기 가장 부자인 흑인계 미국인으로 선정되었고, 아프리카계 미국인으로서는 상위 자산가 중 첫 번째이며, 세계에서 유일한 흑인 억만장자로 선정되었다. 그녀는 험난한 자신의 인생을 긍정적 힘으로 이겨냈으며, 지금도 그녀의 에너지를 주위에 나누며 많은 사람들에게 꿈과 희망을 선물하고 있다. 이처럼 오프라 윈프리는 그렇게 힘든 삶을 살아왔지만 결코 포기하지 않고 노력한 결과, 현재는 많은 사람들에게 꿈과 희망을 주는 영향력 있는 사람이 되었다. 이렇게 성공하게 된 원동력은 그녀가 늘 입버릇처럼 외치는 '감사'였다.

첫째, 오늘도 거뜬하게 잠자리에서 일어날 수 있어서 감사합니다.

둘째, 유난히 눈부시고 파란 하늘을 보게 해 주셔서 감사합니다.

셋째, 맛있는 점심을 먹게 해주셔서 감사합니다.

넷째, 얄미운 짓을 한 동료에게 화내지 않았던 저의 참을성에 감사합니다.

다섯째, 좋은 책을 읽었는데 그 책을 써 준 작가에게 감사합니다.

그리고 그녀는 '감사의 실천' 열 가지를 강조하였다.

첫째, 내 맘에 꼭 맞는 작은 노트를 준비한다.

둘째, 감사할 일이 생기면 언제 어디서든 기록한다.

셋째, 아침에 일어날 때나 저녁에 잠자리에 들 때 언제든 하루를 돌아보며 감사의 제목을 찾아 기록하는 시간을 갖는다.

넷째, 거창한 감사의 제목을 찾기보다 일상의 소박한 제목을 놓치지 않는다.

다섯째, 사람을 만날 때 그 사람으로부터 받은 느낌, 만남이 가져다 준 기쁨 등을 기록해 나간다.

여섯째, 학교에서 '감사일기 쓰기모임'을 만들어 함께 쓴다.

일곱째, 버스에 있거나 혼자 공공장소에 있을 때 그동안의 감사 제목들을 훑어본다.

여덟째, 정기적으로 감사의 기록을 나누고 격려한다.

아홉째, 나의 감사제목이 어떻게 변하고 있는지 지켜본다.

열째, 카페나 정원 등 나만의 조용하고 편안한 장소를 택하여 자주 그 곳에 앉아 감사의 일기를 쓴다.

이처럼 오프라는 매일 매일 감사일기를 쓰며 두 가지를 배우게 되었다고 한다. 그 중 하나는 자신의 인생에서 가장 소중한 것이 무엇인지 알게 되는 것, 또 다른 하나는 삶의 초점을 스스로 파악하게 해 준다는 것이었다. 이렇듯 감사일기를 쓰게 되면 자신이 해야 할 일과 해서는 안 되는 일을 스스로 알게 되고, 지나온 시간들의 반성과 함께 새로운 계획을 세우기 쉽다. 존 템플튼(John Templeton)도 마찬가지로 감사의 실천 세 가지를 강조하였다(Steindl-Rast, 2004).

첫째, 감사할 대상을 찾아 감사를 전하라.

둘째, 우리가 열망하는 좋은 일이 일어나기 전에 미리 감사하라.

셋째, 우리에게 닥친 문제와 도전 과제에 대하여 감사하라.

감사도 연습이 필요하다. 매일매일 감사를 연습하거나 하루 일과를 보내면서 다섯 가지 감사한 것을 찾아서 적어보는 것과 주변의 아는 사람들에게 감사의 편지를 쓰는 것을 실천하자. 오늘부터 자신이 실천할 계획을 세워보고, 당장 실천하는 자세는 분명 지금의 나의 모습에서 조금 더 달라진 자신이 될 것이다.

03 무조건 감사하라! 그리고 또 감사하라!

지난 일주일 동안 만난 사람 중에 감사해야 할 누군가에 대해 생각하고, 그 사람에게 감사편지를 써보자.

작성해 보기

감사편지 쓰기

감사편지

다음은 감사릴레이를 실천해 보자. 방법은 오늘을 포함한 3일 동안 하루 3가지씩 총 9가지의 감사 내용을 기록하고, 감사릴레이 배턴을 넘겨줄 3명의 이웃이나 지인을 정하여 감사릴레이에 동참하도록 전달하면 된다.

작성해 보기

감사릴레이 표현해보기

감사릴레이	
1일차 감사	
2일차 감사	
3일차 감사	
감사릴레이 배턴 받을 3인	

성 찰 및 계 획 하 기

본 장의 내용에 기초하여 아래의 질문에 대한 자신의 생각을 정리해 보세요.

① 본 장의 요약

1.

2.

3.

② 자신의 의견(학습한 점, 느낀 점)

1.

2.

3.

③ 실천해야 할 사항

1.

2.

3.

【제 14 장】

행복 고고싱(GoGo~Sing)

1. 지금 여기, 행복을 실천하자
2. 내 삶의 소중한 행복 십계명을 만들자
3. 10년 후의 행복한 나를 만나다
4. '행복의 공식과 비밀'은 나의 행복 나침반!

01 지금 여기, 행복을 실천하자

작성해 보기

채움, 비움, 쉼에 관하여 자신의 실천계획을 다시 한 번 정리해보세요.

구분		하위 영역	실천계획
채움	자아실현	꿈, 목표	
	쾌락	지혜	
		지식/전문성	
		건강	
		대인관계, 사랑	
		부(경제적 풍요)	
비움	자아초월	정리정돈	
		깨달음	
		나눔	
쉼		돌아봄	
		바라봄	
		내다봄	

작성해 보기

행복 실천 방법에 관하여 자신의 실천계획을 다시 한 번 정리해보세요.

구분	실천계획
열정적 주인의 삶	
몰입하는 삶	
극복하는 삶	
감사하는 삶	

02 내 삶의 소중한 행복 십계명을 만들자

작성해 보기

자신의 행복 실천 영역(채움, 비움, 쉼)과 행복 실천 방법을 통합하여 자신에게 맞는 행복 십계명을 만들어 보세요.

1.
2.
3.
4.
5.
6.
7.
8.
9.
10.

03 10년 후의 행복한 나를 만나다

작성해 보기

10년 후의 나에게 편지를 써 보세요. 특히 매우 행복하게 살고 있을 당신을 상상하며 최고로 멋지게 써 보세요.

행복하이소
14

04 '행복의 공식과 비밀'은 나의 행복 나침반!

이 책에서 제시한 행복의 공식을 정리하면 다음과 같다.

$$행복 = \left\{ \frac{채움^{(잘\ 살기)}}{비움^{(참\ 살기)}} \right\} \times 쉼^{(새롭게\ 살기)} \times 실천$$

참다운 행복을 바라는 사람은 주저하지 말고 행복의 공식을 실천하라. 싫으면 그뿐이지만, 그럼 대충 살든지.

프랑수아 를로르(Francois Lelord) 가 쓴 '꾸뻬 씨의 행복 여행'에서 제시한 행복의 비밀 글귀를 떠올리며, 여기에 '참나로서 행복하기'를 추가하였다. 우리 모두 행복 고고싱(GoGo~Sing)!

> 춤추라, 아무도 바라보고 있지 않은 것처럼.
> 사랑하라, 한 번도 상처받지 않은 것처럼.
> 노래하라, 아무도 듣고 있지 않은 것처럼.
> 살라, 오늘이 마지막 날인 것처럼.
> 행복하라, 참나로서.

성찰 및 계획하기

본 장의 내용에 기초하여 아래의 질문에 대한 자신의 생각을 정리해 보세요.

① 행복 고고싱을 실천하기 위한 자신의 의지를 표명하세요.

1.

2.

3.

② 행복 고고싱에서 만나게 될 장애요인이나 난관을 제시하고, 이를 극복할 방안을 적어 보세요.

예상 장애요인 · 난관	극복방안

③ 행복하기 위해 추가적으로 실천해야 할 사항을 적어보세요

1.

2.

3.

참 고 문 헌

권석만 (2008). 긍정심리학: 행복의 과학적 탐구. 서울: 학지사.

김명권 (2003). 자아초월심리학이란 무엇인가?
http://freeview.org/bbs/board.php?bo_table=e005&wr_id=8(2015. 4. 15. 인용)

김상욱 외 (2007). 한국종합사회조사(KGSS2006). 서울: 성균관대학교 출판부.

김진영 (2013). 우물쭈물하다 이럴 줄 알았다. 서울: 홍익출판사.

리크루트 (2002. 5.). 스페셜 리포트: 전직지원제도. 한경리크루트, 18-35.

박정윤 (2011). 행복한 부자학의 설계에 기초한 강의 콘텐츠 개발사례. 로고스경영연구, 9(2), 19-43.

서승연 (2015). 행복의 네 가지 비결. 좋은 생각, 285, 114-115.

손유미, 이성 (2011). 베이비붐 세대 제2인생설계 구축 방안. 서울: 한국직업능력개발원.

신경희 (2015). 삶을 만점으로 만드는 스트레스 관리. 서울: 영림미디어.

신동일 (2012). 슈퍼리치의 습관. 서울: 살림출판사.

안희영, 신경희 (2012). 스트레스와 건강. 서울: 학지사.

오호영 (2014). 지난 10년간 선망일자리의 변화와 청년층 취업. KRIVET Issue Brief, 64, 1-4. 이선주 (2014). 빙판길에서 교단까지. 장애인과 일터, 236, 18-19.

임태순 (2015). 부자의 사례를 통해본 자아경영에 관한 연구. 로고스경영연구, 13(2), 123-138.

전옥표 (2011). 습관부터 바꿔라. 서울: 중앙북스.

정세근 (2014). 행복의 상대성과 균등성. 철학연구, 104, 1-26.

조희경 (2013). 직장인의 경력성공 인식에 관한 탐색적 연구: 국제비교를 위한 기초 연구. 서울: 한국직업능력개발원.

주용국 (2002). 중소기업 사내교육 내실화 방안. 서울: 한국직업능력개발원.

주용국 (2003). 기업조직 구성원의 전문성 지원을 위한 학습공동체 구축 방안. 한국직업능력개발원.

채규만, 김민녀, 김민동, 김용희, 김유정, 김주현, 류명은, 위지희, 이혜정, 임자성, 장미자, 정기명 (2013). 채박사의 중독 따라잡기. 서울: 학지사.

채창균 (2013). 대학생의 실제전공과 희망전공 간 불일치 실태와 과제. KRIVET Issue Brief, 32, 1-4.

최원현(2005). 기다림의 꽃. 서울: 선우미디어.

한동철 (2005). 부자도 모르는 부자학개론. 서울: 씨앗을 뿌리는 사람.

한병철 (2012). 피로사회. 서울: 문학과 지성사.

한준상 (2009). 生의 痂: 배움. 서울: 학지사.

혜민 (2012). 멈추면 비로소 보이는 것들. 서울: 쌤앤파커스.

KB금융지주 경영연구소 (2015). 2015 한국 부자보고서.

Ben-Shahar, T. (2007). Happier: Can you learn to be happy? New York: McGraw-Hill.

Carnegie, D. (2006). How to win friends and influence people [데일 카네기 인간관계론], (강성복, 정택진 공역). 서울: 리베르.

Crooks, H. (1996). Conquering life's mountains: A collection of writings. Redlands, CA: Quiet Hour.

Covey, S. R. (2003). The seven habits of highly effective people [성공하는 사람들의 7가지 습관], (김경석 역). 서울: 김영사.

Csikszentmihalyi, M. (1997). Finding flow: The psychology of engagement with everyday life. New York: Basic Books.

Danko, W., & Stanley, T. (2002). The millionaire next door [이웃집 백만장자], (홍정희 역). 서울: 리드리드.

Diener, E. (2000). Subjective well-being: The science of happiness and a proposal for a national index. American Psychology, 55(1), 34-43.

Diener, E., & Larsen, R. J. (1984). Temporal stability and cross-situational consistency of affective, behavioral, and cognitive responses. Journal of Personality and Social Psychology, 47, 580-592.

Goldberg, C. (2006). Too much of a good thing. Boston: Globe.

Gottman. M., & Silver, N. (1999). The seven principles for marriage work. New York: Crown.

Gray, J. (2006). Men are from Mars, women are from Venus: Practical guide for improving communication [화성에서 온 남자 금성에서 온 여자], (김경숙 역). 서울: 동녘라이프.

Hoover, A. B., & Wakefield, J. (2000). Youth as philanthropists. Fort Wayne, IN: Community Partnerships with Youth.

Kiyosaki, R. T. (2000). Rich dad poor dad [부자 아빠, 가난한 아빠], (안진환 역). 서울: 황금가지.

Kiyosaki, R. T. (2011). Increase your financial IQ [부자의 조건: 금융 IQ], (김현정 역). 서울: 황금가지.

Kiyosaki, R. T. (2012). Unfair advantage [앞으로 10년, 돈의 배반이 시작된다], (고영태 역). 서울: 흐름출판.

Kubler-Ross, E. (1969). On death and dying. New York: Macmillan.

Laslett, P. (1991). A fresh map of life: The emergence of the third age. Cambridge, MA: Harvard University Press.

Luthans, F., Avey, J. B., Avolio, B. J., Norman, S. M., & Combs, G. M. (2006). Psychological capital development: Toward a micro-intervention. Journal of Organizational Behavior, 27, 387-393.

Luthans, F., Youssef, C. M., & Avolio, B. J. (2012). Psychological capital: Developing the human competitive edge [긍정심리자본], (김강훈, 김정기, 박상만 공역). 경기: 럭스미디어.

Lyubomirsky, S. (2007). The how of happiness: A new approach to getting the life you want. New York: Penguin.

Lyubomirsky, S., & Lepper, H. S. (1999). A measure of subjective happiness: Preliminary reliability and construct validation. Social Indicators Research, 46(2), 137-155.

Lyubomisky, S. (2008). The how of happiness: A scientific approach to getting the life you want [How to be happy 행복도 연습이 필요하다], (오혜경 역). 서울: 지식노마드.

Marsick, V. J., & Watkins, K. E. (1990). Informal and incidental learning in the workplace. London: Routledge.

Merrell, K. W. (2011). Helping students overcome depression and anxiety (2nd ed.) [우울·불안의 예방과 개입], (이승연, 신현숙, 이동형 공역). 서울: 학지사.

Morgan, M. (2003). Mutant message from forever: A novel of aboriginal wisdom [무탄트 메시지], (류시화 역). 서울: 정신세계사.

Mosley, M., & Bee, P. (2013). Fast exercise: The simple secret of high intensity training. London: Short Books.

Mosley, M., & Spencer, M. (2015). The fast diet: Lose weight, stay healty, and live longer with the simple secret of intermittent fasting. New York: Atria.

Noe, R. A., Wilk, S. L., Mullen, E. J., & Wanek, J. E. (1997). Employee development: Issues in construct definition and investigation of antecedents. In J. K. Ford, S. W. J. Kozlowski, K. Kraiger, E. Salas & M. S. Teachout (Eds.), Improving training effectiveness in work organizations (pp. 153-189). Mahwah, NJ: Lawrence Erlbaum Associates.

Pitt, L. F., Ewing, M. T., & Berthon, P. R. (2002). Proactive behavior and industrial salesforce performance. Industrial Marketing Management, 31(8), 639-644.

Sandel, M. J. (2010). Justice: What's the right thing to do? [정의란 무엇인가?], (김명철 역). 서울: 와이즈베리.

Seligman, M. E. P. (2002). Authentic happiness: Using the new positive psychology to realize your potential for lasting fulfillment. New York: Free Press.

Seligman, M. E., Rashid, T., & Parks, A. C. (2006). Positive psychotherapy. American Psychologist, 61(8), 774-788.

Steindl-Rast, D. (2004). Gratitude as thankfulness and as gratefulness. The Psychology of Gratitude, 282-289.

Sternberg, R. J. (1986). A triangular theory of love. Psychological Review, 93(2), 119-135.

Swanson, R. A. (2010). Foundations of human resource development (2nd ed.) [인적자원개발론], (오헌석, 이현응 공역). 서울: 학지사.

Tracy, B. (2007). Time power: A proven system for getting more done in less time than you ever thought possible. New York: AMACOM.

Wenger, E., McDermott, R. A., & Snyder, W. (2002). Cultivating communities of practice: A guide to managing knowledge. Harvard Business Press.

〈참고사이트〉

다음 백과사전 http://enc.daum.net/ 색인

Index

용어색인

인명색인

Index

저자 소개

주용국

(참나) 생애 미션은 ① 지식인 육성과 지식공동체 구축을 지원하는 '지식지기', ② 개인과 조직의 이상적인 미래를 창조하고 구현하도록 자문하는 '미래지기', ③ 개인학습과 조직학습을 촉진하는 '학습지기', ④ 개인 삶의 영성 문제와 해결방안을 코칭하는 '의미지기', ⑤ 신뢰와 협력, 상생의 인본공동체를 조성하는 '공동체지기'의 5가지 역할을 수행하는 것이다.

(거짓나) 연세대학교에서 교육학을 전공하고, 미네소타 대학에서 인적자원개발 전공으로 석·박사학위를 취득하였다. 코오롱인재개발원과 PSI컨설팅, Expert컨설팅을 거쳐서 한국교육개발원, 한국직업능력개발원에서 근무하였으며, 현재 경성대학교 교육학과 교수로 재직 중이다. 지금까지 개인·조직·지역사회의 학습과 변화, 영성과 지혜, 성공적 노화, 행복에 대한 교육과 연구, 컨설팅을 수행하고 있다.

신민주

(참나) 생애 미션은 사람들에게 자신이 존재하는 목적인 본질적인 목표인 '꿈너머꿈'과 행복을 찾고 실천하도록 디자인(교육, 상담, 코칭)하는 것이다.

(거짓나) 동아대에서 아동미술로 석사학위를 취득하였고, 경성대에서 평생교육·인적자원개발로 박사과정을 수료하였다. 현재 '꿈너머꿈 행복 디자인센터' 대표와 경성대학교 외래교수로 재직 중이다. 지금까지 청소년의 진로, 노인의 성공적 노화와 웰다잉, 행복에 대한 강연과 연구, 상담과 코칭을 수행하고 있다.

행복하이소(High笑)

초판 1쇄 발행 / 2016년 1월 7일
초판 2쇄 발행 / 2016년 4월 25일

공저자 / 주용국 · 신민주
발행인 / 이 중 수
발행처 / 동 문 사

●

서울특별시 서대문구 홍제원 1길 12
(홍제동 137-8)
Tel : 02)736-3718(대), 736-3710, 3720
Fax : 02)736-3719
등록번호 : 제9-17호
가격 : 15,000원

●

ISBN : 978-89-8251-779-2(93300)
E-mail : dong736@naver.com
www.dongmunsa.com